老 人 學
GERONTOLOGY

彭駕騂／著

一本值得大家都讀的書

——推荐彭著《老人學》

　　彭駕騂教授是全國知名的教育家，門生遍佈世界。他又是一位很成功、很值得驕傲的父親，因爲他的四位子女與他同樣傑出，對社會都各有卓越的貢獻。更難能可貴的是，他更是一位了不起的「養生家」，雖早已逾「從心所欲」之年，卻健壯如四十許人，精神煥發，銳進不已；我自覺也還相當健康，但與駕騂兄比起來，實在相差甚遠。他仍然保持著「中壯之年」，滿身是勁，爲社會不斷的付出；我以做他的朋友爲榮。

　　「著作」就駕騂兄言，好像是「小事一椿」；不僅是「下筆千言，倚馬可待」，而且是「厚書一本，一揮而成」。最近他寫好一本社會急切期待的《老人學》，共十五章，數十萬言，對老人的身心、情緒、家庭有精闢的分析；尤其對政府和社會應該如何因應即將到來的「高齡社會」，有積極而具體的建議，真是「深得我心」，因爲兩年前我寫了一本《不老的秘訣》小書，也曾提出類似的意見。政府與社會各界應該以嚴肅而主動的態度分析老人問題，及早提出有效的對策，不宜只發放一點點「老人年金」就以爲問題解決了！

　　因此，我非常佩服駕騂兄的才華和識見，他的論點應受到政

府與民間的正視與採行。的確《老人學》是一本值得人人一讀之書，特別是中年以上的人和政府有關的官員。把老人問題處理好了，我們的社會才會更祥和、更幸福、更可愛！

梅可望

民國八十八年七月二日序於台灣區域發展研究院，時年八十有二

自　序

　　台灣進入高齡化社會之列所衍生之諸多問題已引起各界有識人士的高度關切，但對此等問題作深入而有系統之研究與剖析，一方面尋求因應之道，作亡羊之補牢；一方面探討其形成之因素，謀未雨之綢繆，尚不多見。

　　筆者不敏，多年來對於年長人士之大多未能盡享桑榆晚景，深表殷切之關懷，猶以個己在歲月不居下，亦早已名登高齡之列，所見所聞，所感所受，頗多切身之痛，乃不計螢光之微弱，集多年所蒐之資料，針對目前老人問題種種，作此《老人學》一書。

　　這一本書是為今日的老人，以及明日可能變老的人，還有那麼多關心老人問題的人而寫。

　　全書共分十五章，從老人生理、心智、保健而談論老人之家庭、社會、國家以至世界。每一章為一主題，前後呼應；但每一章亦可視為一單元，自有其理論架構與實務之探討。

　　本書每一章有前言、主文、結語與進一步思考之題目，可供大專院校社會學系、社會心理學系、社會工作學系、心理學系、輔導與諮商學系、特殊教育學系、教育學系、教育心理學系、成人教育學系、復健學系等相關學系作為教科書或主要參考用書。

　　本書之完成，家人、故友之鼓勵與鞭策良多。尤其吾家諸子

女懷冰、懷恩、彭芸、懷真，或多方代爲蒐集資料，或不斷提供修正意見，使本書得以順利完稿，謹此聊表謝意。

老人學或高齡學在國內尚爲有待開拓之學術園地，前東海大學校長梅可望及前台大教授沙依仁首開風氣之先，筆者有幸追隨驥尾，但盼更多有志老人問題研究之士，共策共力，爲此一領域營造更美好的未來，則不勝幸甚。最後，對揚智文化事業股份有限公司樂於出版本書，主編閻富萍小姐之小心校對，尤表謝意。

彭駕騂

爲七十有五歲自壽
謹誌於民國八十八年九月

目　次

表　次

圖　次

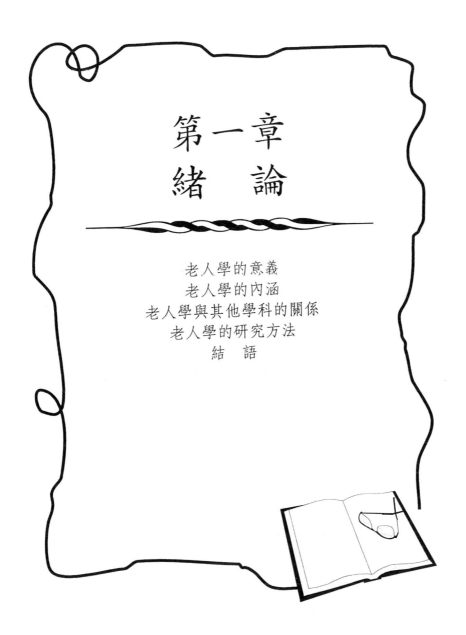

第一章
緒　論

高齡人口逐漸的在任何先進國家中，所佔總人口之中比例愈來愈高。當我們殷切地盼望他們活得更久，也活得更好的時候，很抱歉的是對他們瞭解得實在不多。老人學就在此一背景之下應運而生。本書所談論的主題以瞭解他們、協助他們，並希望向他們學習爲核心。本章則試圖將老人學的意義、內涵、與其他學科的關係以及研究方法，分別加以闡述。

老人學的意義

　　老人學是探討個體老化過程之科學。老人學（gerontology）一詞源自希臘文 geron，它的本意是一位老人。這一字 geron 也是一些相關名詞的字首，如 gerontocracy 指由老人們所領導的政府；geronpsychology 指研究老人心理與行爲的科學。

　　以科學方法研究人類老化，涵蓋了非常博大而高深的許多科技的統整，它包括了生物科學與醫學、社會科學與行爲科學，甚至深入科技與自然科學的領域。它必須運用邏輯、統計分析與實驗工具而進行研究。其研究範圍包括個人之晚年生活中的信仰與態度，更領導我們走入藝術、哲學、文學之國度，並進一步探討社會福利、經濟發展與國家政策對老人的影響。

　　老化本身就是錯綜複雜的變化歷程。在歲月流動中，個體之器官功能逐漸衰微。疾病更加速了人們心理上的焦慮與沮喪，感覺器官與運動能力的退化，也影響了個人心智的活動。同時，由於社會地位之變異，使得老年人士的信仰、態度與個人之品味也隨之起舞。

　　以科學方法研究老人生理、心理與社會行爲，牽涉到三個層

面：理論的、方法的與應用的。理論層面是企圖探討、確定我們從客觀所瞭解老化歷程與其所顯示的特質；方法層面則希望發展更多研究的程序，仔細評估目前對老化本質的研究成果；而應用層面則試圖以各種理論與方法，防患或減輕老化對個人、家庭與社會的影響。

　　一個人的生理年齡對於他生理與心智的機能，抑或他對生命的期待，是有某種關聯，但絕非決定的因素。舉例來說，某一個人的外表，也許的確比其他人顯得成熟，他的年齡的確比其他人大了幾歲，卻不能斷言他的老化腳步，的確比人家快了好多。這就是為什麼現在有了所謂心理年齡與工作年齡的理由。

　　專注於一個人生理年齡或心理年齡，並將之視為老化的指標，是不正確的，因為太多客觀的變項，都可能造成不同老人之中完全不同的思想意念、行為舉止，乃至價值體系。因此，老人學之研究，實在值得有志人士全力以赴。實際上，老人學自從本世紀初葉，崛起於俄國，並只從生物學的現象，探討人類的老化，到晚近幾年中，已成為研究社會學、人口學中最熱門世界學術的一個主流，相信隨著世界老年人口的不斷增加與其所衍生問題之日趨複雜，老人學之研究內涵亦必隨之而不斷擴大與加深。更重要的是，與之相關學科的領域，亦將掀起研究的新浪潮。

老人學的內涵

　　正如前文所述，本世紀初葉，老人學僅注意到生理學的範疇，但是以後不同領域對老人問題感到高度關切的學者專家，都深深地感到實際上導致老化的因素非常複雜，以及老化對個人、家庭、

社會乃至整個國家，都有極其深遠的影響，紛紛投入老人學的研究，因此，老人學的內涵，也就隨之不斷擴大。

筆者集國內外若干專家之論著與實務工作者之經驗，以爲老人學之研究出發點以不同之「我」爲核心，因而「我」之生理層面、心理層面與心靈層面，應爲研究之根基。然後，才是在不同家庭中生活之「我」，如何適應老化之過程；接著再擴充到社會與國家對「我」之影響，以及「我」對他們的影響。

由圖 **1-1** 可以看出，老人學在家庭之研究中，包含了家庭組

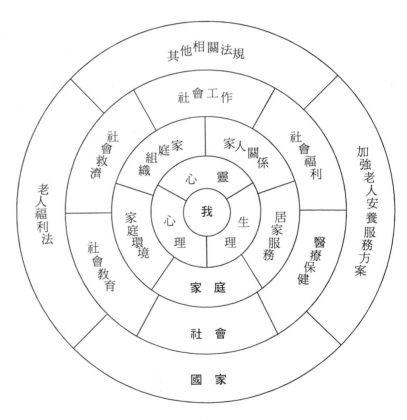

圖1-1　老人學之不同領域

織、家庭環境、家人關係與居家服務以及其他。老人學在社會之研究方面，包含了社會福利、社會工作、醫療保健、社會教育與社會救濟以及其他。老人學在國家此一層次上則研究若干法規、組織等。

此外，筆者再根據系統理論，設計了圖 **1-2**，以供佐證。

當然，老人學之研究方興未艾，而老人問題尤為錯綜複雜，老人學今後研究之範疇，亦必日益擴大，圖 **1-1** 與圖 **1-2** 所提出筆者之觀點，必有掛一漏萬之處，但似可讓讀者先窺其全貌而作為參考。

表 **1-1** 中列出了我國學者在其不同專著中對於老人問題的看法，可供參考。

本書所擬定之內涵，也將參照理論之架構與系統理論以及各家所提出重點，作為探討之範疇。

老人學與其他學科的關係

正如前文所述，最近若干年以來，老人學發展極為快速，與自然科學、應用科學以及人文科學與社會科學之關係，也就愈來愈密切。

從圖 **1-3** 可以看出老人學與自然科學及應用科學之關係：

(1)生理學：老人學的最初研究就是從生理學探討人類所以老化開始的。

(2)醫學：人不能不老、不病，唯有借重醫學中之老人醫學與精神醫學，才能提供老人保健與醫療之正確服務。

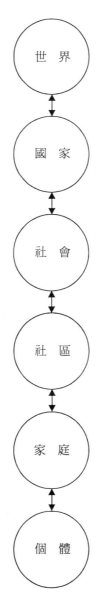

超國家系統
　世界衛生組織
　世界各區域組織
　聯合國
　其他

國家的系統
　行政系統
　立法系統
　其他

社會的系統
　社會福利系統
　醫療保健系統
　社會教育體系
　其他

社區的體系
　社區組織
　社區水準
　社區服務
　其他

家庭的體系
　家庭組織
　家庭環境
　家人關係
　其他

個體的體系
　遺傳基因
　環境
　生理與心理
　其他

圖1-2　老人學研究系統層級圖

表 1-1　我國學者對老人有關問題的看法

問題特質	沙依仁	白秀雄	徐麗君蔡文輝	葉至誠	郭靜晃	程超澤	徐立忠	張鐘汝范明林
人口老化	✓	✓				✓		✓
老人問題	✓	✓			✓	✓		
心理健康	✓		✓	✓				✓
生理變化	✓					✓		✓
家人關係	✓	✓	✓	✓	✓			
人際關係	✓							✓
宗教信仰		✓					✓	
社區發展	✓							
社會福利	✓	✓	✓	✓	✓		✓	
社會工作	✓	✓	✓	✓	✓	✓	✓	
社會變遷		✓	✓			✓		
休閒活動							✓	✓
醫療保健		✓		✓			✓	✓

(3)生物學：人是高等哺乳類動物，對老化的若干研究，往往
　　要利用動物作實驗。

(4)心理學：心理學中之發展心理學、老人心理學與社會心理
　　學，對研究老人之心理、智力、情緒、人格與有關調適自
　　我，都有很大幫助。

(5)營養與衛生：顯然地，對老人之保健與復健有很大幫助。

(6)運動學：與老人之強身以及復健有關。

(7)建築學：提供了居家安全及設計，建造老人醫療、安養機
　　構最重要的理念。

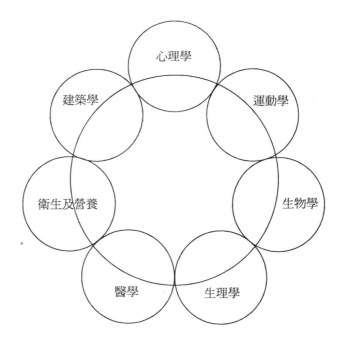

圖1-3　老人學與自然科學及應用科學之相關

從圖 **1-4** 則可看出老人學與人文科學及社會科學之關係：

(1)社會學：老人問題很多是在人際互動關係上產生；另一方面，社會變遷、人口結構、社會組織也直接或間接地影響到老人問題。

(2)社會工作：老人福利與服務，都需要社會工作學。

(3)經濟學與政治學：也都直接、間接地與老人有關。

(4)教育學：牽涉到老人的終生學習與成人教育。

(5)宗教學：開啓了老人之心靈，給予信仰和力量。

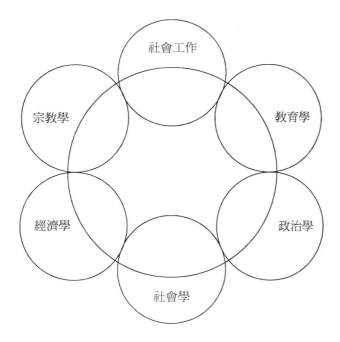

圖1-4　老人學與人文暨行為科學之相關

老人學的研究方法

　　老人學與其他行為科學相比，有大致相同的方法，又因為其研究對象的特殊，乃有其單獨之研究方法。

　　在相同方法方面，它運用了與自然科學和社會科學所必用之邏輯學，以便主觀意識反映客觀的存在，並透過思維形式與思考方法，對事物的基本原則有進一步認識。同時，廣泛地透過調查研究、收集資料，並使用統計學的原理與方法，加以整理分析。

　　在不同方法方面，老人學的研究，據沙依仁（民85）之意見，

包括了田野研究、歷史研究、文獻分析、主題統覺測驗、大眾傳播分析、語意差別及標準調查等[1]。

專家們並進一步提出，大多數老人學之研究策略，還包括下列四大方面（沙依仁，民85）：

(1)橫斷面的研究法：採用此一方法研究老人問題，乃對不同發展階段個體的某種或多種行為，同時進行研究。如此，在短時間內即可獲得各年齡階段老人發展或心理問題的資料。這種方法在時間上較為經濟，但因資料並非得自同組個體，不能用以解釋前後的因果關係。

(2)縱斷面的研究法：採用此方法研究老人行為發展時，乃對同一老人或同一組老人的某種或多種行為特徵作追蹤研究，其優點是符合個體行為發展的本義，由同一對象所得資料，便於解釋發展過程中行為改變的因果關係。但是這一方法不易實施，一則是時間上曠日持久，另則研究對象常常流動，不易維持原有關係。

(3)回溯性研究方法：此一方法乃是以回溯的方式搜集個體過去的生活史料，如家庭情況、服務資料、病歷、家庭關係等，從而分析研討與目前行為的關係。所謂個案研究（case study），其實就是用回溯法從事個體以往行為發展的研究，此一方法目前普遍應用於老人學之研究中。

(4)同輩分析（cohort analysis）：針對縱貫式與橫斷面各有其優缺點，此一方法乃運用許多不同的抽樣調查法，在不同時間收集調查問卷或相同的資料，或者過了一段時間再收集另外一些問卷，以便瞭解不同年齡的老人其意見及行為

---

[1] 沙依仁，《高齡學》，五南圖書公司，p.12。

與其同輩有何不同，以及過了若干時間之後，其意見及行為又有那些改變。

結　語

「老吾老，以及人之老」是我國幾千年最好的傳統之一，可是對於老人，我們究竟瞭解多少？又有多少亟待澄清的迷思？老人最需要的是什麼？我們又該如何去研究他們的心態與有關的問題？

這些的這些，新興的老人學，正在企圖透過各種學科的統整，以及日益增多老人族群所面臨的實際問題，探求有效的輔導策略，希望從而提高他們生活的品質，讓他們活得久，更活得健康而幸福。

老人學是一個開始不久的學術園地，等待更多有志在這方面一齊開墾的園丁，共同奉獻心力，相互共勉，你，可有興趣？

進一步思考的問題

(1)何以迄至本世紀中葉之後，老人學才蔚成大家所樂於關切的學術？

(2)如果你有志在未來投入老人學研究的領域之中，現在你該努力裝備自己的是什麼？

第二章
老人的生理

在過去，一想到老，很多人馬上就會聯想到「雞皮鶴髮」、「老態龍鍾」、「步履蹣跚」、「風中殘燭」、「形容枯槁」、「桑榆晚景」等等習慣性用語，以描繪一個老年人的畫像。

不錯，人都會在無情歲月流動中，或早或遲的老化。所謂「日月逝於上，形體衰而下」，是自然的定律，也是每個人都要走的路。

生老病死，自古以來，是宇宙中最公平的一個定律，只不過，人為什麼會老，人又為什麼一出生就開始走向老化之路，倒是許多人要問的一個問題，也是科學家一直解不開的謎。

本章將試圖歸納不同專家學者對老化的一些理論，然後從老人軀體與感官的蛻變，來看老化的足跡，最後要討論的是老年人的性生活問題。

老化理論簡介

儘管多少年來，不同領域的科學家都在探討人為什麼會老，卻始終無法有所突破。因為我們無法用人作實驗研究，因此有關老化之理論，仍有待更多專家學者之更多努力。目前我們所獲得之一些共識是「老化乃某些特定生理機能，隨著年齡的增加而改變的過程」，而任何生理上的改變必須符合下列四項條件才屬於老化過程[1]：

(1)普遍性（universality）：儘管老化程度可能因人而異，但同種生物內的每一成員都一定會發生相似的現象（如白髮

---

[1] 王瑋等，《人類發展學》，偉華書局，p.1043。

或禿頭）。

(2)內因性（intrinsicality）：也就是老化的因子必須是源於生物內在生理上的改變（如白內障）。

(3)進行性（progressiveness）：老化的因子必須隨著年齡的增加而快速、持續地發展，並且在某一年齡後的發生率會增加（例如動脈硬化）。

(4)有害性（deleteriousness）：老化現象一般與膠原纖維（collagen fiber）的跨鏈連結增加有關。有些老化理論指出大部分的老化生理現象都與膠纖維的密度有關。

近代有些心理學家提出了「基因論」與「用久必損論」，來解釋老化主要的原因，茲分述如下：

一、基因論

基因論主張身體的發展由基因控制，老化現象也是因為基因功能改變而形成。人類的壽命大部分由基因決定，並且可以從父母、祖父母與外祖父母的平均壽命來預測。此外，全身不同組織的細胞，也會以不同的速率繁殖分裂，同種動物的平均壽命，似乎是由代代相傳的遺傳因子所決定。Spence（1989）由同卵雙胞胎比異卵雙胞胎更容易死於相近的年齡的事實，推論有機體的基因如果相似，其生命之發展也是接近於相似。但是另一派基因突變理論則認為在生命全程中，基因突變發生在組織的細胞內，而且大部分的變化是使細胞功能變差，因而持續的變化會使身體衰弱，最後死亡。這種理論也強調一個人變老的時候，他的細胞比較呈現不正常特質，而影響老年行為。

另外一些基因論者則認為有一些基因可控制核酸的修復，並

可藉著去除適當的抑制而達成轉化（transcription）過程，而抑制物的產生由一特定的調節基因（regular gene）控制，因而間接控制細胞的功能。

二、用久必損理論

用久必損理論（wear and tear theory of aging）假設有機體的老化，就像衣服就容易破舊。這理論說明了當細胞的代謝功能增加時，也加速細胞耗損而死亡。老化可以視爲一種受內分泌或神經控制的功能的破壞而受損，而非只是歷經時間的耗損[2]。這一派學者也主張個體日常生活會逐漸傷害生物系統，當傷害逐漸累積到損壞了某一功能，才會被發現。其中最受人注意的是：

(一)DNA修補論

在新陳代謝過程中，受污染或放射的關係，造成了 DNA 的傷害，雖然它會自行修補，但其修補的速度永遠趕不上傷害的速度，未能修補的 DNA 累積就會造成老化。

(二)自動免疫論（auto-immune theories）

此一理論認爲免疫系統喪失能力去區分自己體內的蛋白質和外來的侵略物質，因此會攻擊自己身體的系統以致老化。

除了上述兩大理論之外，細胞老化論（cellular aging theory）也很受到大家的認可。這種理論認爲細胞有其自己生命期限。人越老，細胞分化的速度就越慢，因此雜質累積，導致細胞死亡，終至生命終結。

總而言之，這些生物學家只解釋「老化」的部分原因，卻不能說明「老化」是如何發生的。也沒有一種理論已被證明可以解

---

[2] 王瑋等，《人類發展學》，偉華書局，p.1046。

釋所有生物的老化。

老人軀體的變化

老，是先從一個人軀體的變化開始。

人與人之間的個別差異，是非常明顯的，就算是在老化的過程，也顯現相當大的不同。

有的人，不過四、五十歲，卻已是白髮蒼蒼，兩眼花花，微現老態；有的人年過七十，猶精神抖擻，不減當年。因此，只憑一個人的外表與舉止，來推測一個人的年齡，往往是是差之毫釐，失之千里。

不過，一個人如果有什麼生理機能的老化現象，最早顯現的應該是早生華髮吧！接著是失去光澤與彈性的皮膚。我們將就老人軀體的種種變化，作進一步的分析。

一、頭　髮

多少詩人雅士所常常感慨的是華髮之早生。

頭髮所以由黑轉白，肇因於毛髮中色素開始減產。可是，迄至今日還沒有一個科學家可以斷言，這種減產的過程什麼時候開始，以及頭髮變得稀薄與老化的過程，究竟如何隨著年齡而進展。他們只能提出一種看法，那就是基因在白髮取代個體的本來髮色方面，扮演了很重要的角色。絕大多數人在四十多歲，頭髮就白了，可是也有不到二十幾歲就出現白髮，與六十多歲的人卻沒有一根白頭髮。

不同性別之間，頭髮之量與質是不同的。

過了三十歲的男人，本來很短的眉毛、鼻毛與耳毛，又細又沒有顏色，可能逐漸變長、變粗又變色。某些五、六十歲的女性，嘴唇上、雙頰中，慢慢出現了一些從來未有的毛髮。

　　頭皮上的頭髮變化，卻剛相反的。隨著年齡不斷增長，而開始轉變，有的是鬢如霜，有的髮漸禿。

　　禿頭是一種隨著年齡增長而出現的遺傳現象。約有百分之四十的男子會變成禿頭。婦女一般不會出現禿頭，但步入中年之後全頭的頭髮會變得較為稀薄。

　　青春期之後，所有男子的頭髮都會落掉一些。當雄激素增多時，會使得前額和額角的髮際略向後移，有禿頭遺傳的人，頭頂也開始掉髮，然後向四周脫落。男性禿頭的比例比女性多九倍。儘管大多數男子認為禿頭是衰老過程中的一種自然現象而加以接受，但女子頭髮愈來愈稀薄心中會感到比較痛苦。目前還沒有預防或治療禿頭的方法。最近有醫學報告指出，服用降壓藥物「敏樂密」有時能阻止禿頭的繼續發展。

　　至於頭髮移植的效果，到目前為止仍然很少能夠令人滿意。頭髮移植成功與否，取決於移植的毛囊能否繼續生長。移植的頭髮很可能還是會脫落的。

　　按照頭髮的質地作合適的護理，是很必要的，要記得，塗在頭髮上的物質，可能被皮膚吸收。有些人對染髮劑會發生過敏反應。因此中年以上男女，如果因為覺得頭髮漸漸灰白而想染色，不妨先仔細觀看藥品的說明，請有正式立案藥房的藥劑師提供意見。儘量選用沒有刺激性的草本和植物性染料染髮，以免像化學染髮劑那樣刺激。

　　其實，染色固然也是一種可行之道，讓自己覺得年輕一點，更重要的是勤於梳洗，保持光鮮的面目，以免蓬頭垢面，給人一

種老而不修的印象。

二、皮　膚

　　皮膚是人體最大的器官。皮膚的顏色反映了身體的健康狀況，也充份反映了人的情緒。恐懼時皮膚蒼白，興奮時臉色通紅，寒冷時臉色發青。

　　皮膚掩蓋並保護著我們所有內部的結構。它為多層的器官，由內向外生長，底部是一種厚薄不同的脂肪，脂肪上面是真皮層和表皮層。在真皮和表皮的接合處是基底細胞層，它分裂、生長、老化而逐漸死亡，並且不停地經表皮到達皮膚的表面，形成一層稱為角蛋白的物質，一方面防止身體內部水分的損失，一方面防止有害物質和細菌的侵入。

　　皮膚的神經具有觸覺、感受著壓力和疼痛。陽光下，皮膚能夠製造身體中不可缺少的維他命 D，同時透過汗腺調節體溫及排出廢物。

　　年齡改變了身體的外表，尤其是在臉部。對於年齡慢慢老大的人來說，皺紋、失去光滑的膚色與失去彈性的皮膚是越來越明顯。同時，慢慢的臉上出現了一些小黑斑，臉色也逐漸蒼白，曲張的靜脈血管也依稀可見。這些都顯示了一個人已經離老化的路愈來愈近了。

　　比起頭髮的老化，皮膚的老化對一個人的自我形象，有著更大的干擾，因為頭髮可以染色，皺紋卻很難用什麼藥物來有效地處理。更年期以後的婦女，由於皮膚油質腺體的萎縮，皺紋就愈來愈深，也越來越明顯。相反地，男性油質腺體卻一直在運作，皮膚也越來越厚，越有油質，因此延緩了皺紋的出現。此外，經常刮鬍鬚，也使得皮膚外層的老細胞脫落，加速皮膚內層細胞的

成長，因此使得同年齡的男性，會比女性看起來年輕一些。

此外，陽光的照射對皮膚老化也是一個很重要的原因。陽光中的紫外線干擾皮膚蛋白質的組合，嚴重地影響著皮膚的新生，而造成永久性的皺紋、乾燥與皮革性的表皮。更可怕的是，過度陽光照射是肇致皮膚癌的主因。目前坊間所出售的一些防曬油，是有些效果，可是醫學界已發現它有不少的副作用。

有趣的是不同人種對於陽光紫外線的反應，有著顯著的差異。皮膚愈黑，抗拒性愈大。因此黑人是很少有皮膚癌的民族，可是卻還免不了在五十歲以後出現皺紋。

陽光與風吹雨打也是造成皺紋的主要原因，那是由於皮膚在冷熱變化下的伸縮結果。

隨著年齡增加與皮膚內層的變化，使得柔軟的纖維硬化，皮膚逐漸失去彈性。同時，由於皮膚內層脂肪的儲存明顯不足，使得肌肉慢慢萎縮、變型，造成更多的皺紋。

不少年長的人們，埋怨皮膚常常發癢、龜裂，覺得非常乾燥，那都是維他命 A 不足的結果。當然也可能是因為擦些不良的油膏的副作用。

還有一個皮膚老化的徵象，是年長的人會覺得汗流得少了。那是因為只有少數汗腺還在運作。汗少了，人體調節體溫的功能也就減弱。老年人對於冷熱特別敏感的原因就在此。

許多六十五歲以上的老人的皮膚顯得乾而薄，而且不具彈性，當被捏起的時候，可以被拉得很高，這是因為膠原及彈力纖維變質的結果。

年齡漸長，皮膚上的小血管變得脆弱，以致皮膚上經常可見淤傷，輕輕撞擊，都會造成一大片的紫斑。汗斑、痣，以及各種良性斑點，也都會出現在身上。

老年人的皮膚癌多歸因於皮膚功能的改變，皮膚過於乾燥，以及長期的環境因素和過度暴露於太陽及紫外線之下。基底細胞癌瘤是最常見的一種皮膚癌。皮膚癌的出現是皮膚慢慢隆起，皮膚表面變得不平滑，且結構被破壞。若能早期發現治療，則皮膚癌的治療率是很高的。

還有一點，就是爲什麼老年人臉上往往顯得蒼白，那是因爲隨著年齡的增加，皮膚之黑細胞減少的緣故。黑細胞負責皮膚色素的沉澱，所以老人的臉色似乎都有貧血的現象。

總而言之，老年人的皮膚狀況，反映了其全身血氧的狀態、衛生照護情形、營養狀況、心理社會壓力，及所處的生活環境。老年人應對自己的皮膚善加照顧。

三、肌肉與體格

我們先請各位注意的是，爲什麼不少老年人的姿勢會變成彎腰駝背的樣子？爲什麼兩腳分開的時候，需要有較大的底面來支持體重？爲什麼他們的步伐變得比較小，走路的時候，步態不穩，甚至拖著腳板走路？

又爲什麼人到老了，身長會變短？

請先看肌肉的問題。

不像皮膚的細胞會自然生生滅滅，肌肉的細胞一旦死亡或萎縮，就無法再生。個體肌肉的密度到二十五歲的時候，到達了最高峰，以後就慢慢地走下坡，而且隨著肌肉纖維量的減少與長度的稀鬆，肌肉逐漸出現了收縮的現象。同時，累積的脂肪慢慢地取代肌肉的組織體素，使得身體出現了很多的贅肉。縱然一個男性到六十歲時候的體重還是跟他二十五歲的時候差不多，但是他的脂肪含量已遠超過肌肉的正常組織。

絕大多數的男性在五十五歲前後，還會繼續發胖，而女性甚至在六十五歲左右，還是在不斷增加體重。這種現象一直到八十歲前後才開始明顯地消瘦。

　　隨著身體的發胖，肌肉的力道、彈性、色調以及運動時的速度，都逐漸地消退。許多測驗都指出，在標準的生命週期之中，肌肉的力道與彈性，在三十歲以後就日漸走下坡，從運動員生涯往往在二十幾歲達到高峰以後，就風光不再的情況，也可以證明。不過，肌肉的功能的衰退，在三十幾歲以後至七十歲以前並不如何明顯。到了七十歲以後，它的功能可能只有年輕時的一半。也因為如此，個體才會顯得臃腫不堪，反應遲鈍，甚至上下樓梯都會氣喘。

　　當然，一個經常運動的人，會比從來不運動的人，有更好的體格。此外，少吃過於營養的肉類，不暴飲，不暴食，多吃一點菜蔬果類，保持適當的體重，以維繫良好體格，對年長的人士來說也是非常重要的。

　　接下來討論骨骼的問題。

　　一個人的骨骼是由骨、韌帶與軟骨所合成。每一個人身上都有兩百零六塊的骨頭，每一塊骨頭都有其功能。骨骼是身體的架構（framework），它與肌肉和諧地一起工作，保護著身體最重要的器官，如肋骨與胸骨保護著心與肺，頭骨則保護著腦。正因為肌肉與手上小骨頭的合作，一個人才能輕易地用手操控一些東西。在骨頭中空的部分，包含了無數的骨髓，紅血球就是在那裡製造出來的。

　　一個人出生時，骨骼並不像現在這樣堅硬，它是由無數的軟骨所合成。軟骨在逐漸長大的過程中，被由礦物質與骨細胞所組合的骨化作用所產生的硬骨而取代。可是鼻與耳朵的外圍一直保

持著軟骨的狀態。

　　骨骼需要吸收足夠的鈣與磷才能不斷地運作。中年以後，骨骼中的鈣質就開始以每年約 0.5% 的流失量開始流失，於是骨骼愈來愈細，裡面出現了海綿狀的空洞。至於爲什麼有這樣的現象，是因爲身體其他部分，吸收著骨骼中的鈣質，又沒有給予再生的機會所致。

　　骨骼需要好好地保健，才能維持其活力。茲將老年人常見的骨骼系統問題分述如下：

(1)骨刺：年過六十五歲，百分之八十的老人家會長骨刺。理論上，人體每一個關節都有機會長骨刺，但脊椎的頸、腰關節是人體活動最頻繁的地方，也是最常見長骨刺的部位。當脊椎關節因退化或受傷，而慢慢在椎骨上下緣形成骨芽，中醫就稱之爲骨刺。在 X 光片下，可以明顯地看到類似魚刺的東西。長在椎骨後面的骨刺，假如壓到頸神經，會造成病人頸、肩、手的酸、麻、痛，上肢無力，手指酸麻。假如壓到腰神經，會造成坐骨神經痛，患者除感到腰部在長期站立及彎腰時疼痛之外，這些疼痛也會傳到小腿側邊或腳趾。經常使用頸、腰部工作的人，比較容易長骨刺，其中包括終日伏案的學者教授，睡覺習慣墊高枕頭的人，以及挑重物、彎腰耕作的工人與農人。長骨刺並不可怕，但是超過六十歲以上的老人，如果因爲長了骨刺而感到劇烈且反覆的疼痛，或神經症狀繼續惡化，日常生活顯然受到影響，甚至大小便失禁，雖經針灸、復健、吃藥多時迄未見效者，恐怕就要考慮手術治療了。

(2)骨折：老年人若跌倒，因下意識的反應，會以手掌撐地，

所以手腕的橈骨最容易斷裂，七十歲以上老人因為反應不靈敏，跌倒時往往就地跌坐，結果脊椎及股骨頭的跌斷機會也就最大。

其他如肌腱炎也是中老年人常見的，原因是年齡一大，肌肉的柔軟度降低，關節的靈活性也不如年輕時，因此稍一運動，又沒有注意事先暖身，就很容易有肌腱的傷害。總而言之，骨骼要好好地愛護，讓它支撐我們的身體，維護快樂的健康生活。

四、神經系統

年齡愈大，腦細胞數目漸減，腦的重量愈輕，腦皮質組織的帶狀物就愈來愈狹窄，而側腦髓腔就顯得比較大。腦組織隨著年齡增加，對於外在刺激的接受、傳達和反應能力，似乎越來越差。老人對於體溫的調節和疼痛的感受，也比較遲鈍。老人比較怕冷，即使在溫暖室內，還需要一些厚的衣服。對於疼痛刺激的降低，使得即使被燙傷，當時都沒有感覺。同樣的，有了凍傷，老人似乎也無所謂。

生物學家指出老人中樞神經系統的變化，似乎與血液循環或細胞代謝無關，卻是因為活動性的降低，使得老年人知覺感受能力變慢或者改變，造成反應及動作時間增長。譬如說，對一個商品的單價，他總是要花上一些時間，才能數出正確的錢數。

對於老年人來說，僅以觸覺來認出物件，是比較有困難的。因為他們知覺接受能力和敏覺度都減低。以老人的聽覺為例，因為聽神經纖維退化，耳膜變厚，聽力變差，以致造成對聲音的扭曲，常常誤會他人對他的談論。同樣的，隨著年老視力也會漸減，尤其是對黑暗的適應能力降低，瞳孔對光線的反應減慢，對光線

變化之適應能力減弱，周邊的視力也有減弱的現象。

　　隨著老化的進展，其平衡感和細微動作的操作能力，也受到很大的影響。老人通常都扶著門口、椅子和欄干移步走動，以維持其平衡。一位曾經能輕易製作精細、美麗手織品的老人，上了年紀就發現手指、眼睛都越來越不聽話了。

　　總而言之，人類老化過程受中樞神經與心臟血管系統的控制。心臟供應了中樞神經所需要的氧氣，兩者的功能在老年期就出現機能衰退的現象，年齡愈老，衰退愈快，這也解釋了為什麼老人的反應比較遲鈍的理由。

五、內　臟

　　人的身體為一充滿生命生機之有機體，這個有機體內各器官組織不停地運作，使得生命得以完美地維持。心臟、肺臟、肝臟、腎臟等等，一方面各司其能，一方面又與其他器官組織連貫、互動。

(一)心臟

　　心臟與肺臟是人體內最重要的維生器官，心臟一旦停止跳動，肺臟一旦停止呼吸，生命也就告一段落。正如李世代（民88）所說，呼吸吐納、心臟搏動都不可片刻中斷。兩者之衰退老化，對健康保健自然形成重點。

　　心臟的功能，是衡量健康的首要指標。心臟及有關之血管循環系統遍佈全身各部位，無時無刻地透過心臟規律性的搏動，搭配著自主神經及內分泌系統的調控與節制，供應全身維持生機之營養素與氣體，扮演著生命力源頭的角色。所以心臟血管系統健康與否，攸關全身健康甚鉅。

　　隨著年齡的增長，心臟及關聯之血管循環系統，也就必然逐

漸地衰退老化。要想讓老化緩和下來，就要設法改變影響老化之因子。如果每一個人都能讓生活充分有規律、飲食有節制、減少身心壓力、積極參與運動、避免通宵熬夜、戒除吸煙和飲酒等不良習性、遇有任何病況立即求醫診治，當能讓心臟血管循環系統的衰退老化趨緩，維繫最佳生命機能。在高度開發中的國家和地區，死亡率最高的是心臟與其有關血管的疾病，因此，應予特別注意。至於其他血管硬化的各種併發症，也是我們應該注意的。

(二)肝臟

談到心，就難免聯想到肝臟。

肝臟位於人體的右上腹，醫學上習慣把它分成兩葉，連在一起，重約 1.5 公斤，是人體第二大的器官（最大為皮膚），肋骨像籬笆似地保護著它。它刻苦耐勞地工作，更是人體唯一可以再生的器官，就算切除 90％，還是可以發揮它的一定功能，再長回原來的形狀。

肝臟是一個複雜的化學工廠，在人體營生系統中，扮演許多複雜的功能：分解食物，製造膽汁，把有利營生的吸收或儲存起來，把不利人體的排出體外。

據《康健雜誌》（1998 年 11 月出版）之報導，肝臟也是解毒中心，吃進來食物或有毒物質中所產生的各種有毒物質，在肝臟中轉變成無毒物質後，再經由尿液或膽汁排出體外。同時，它也會把衰老的紅血球所釋放出來的血紅素，加工後變成膽紅素，排入膽汁後，再排出體外。

可惜的是全台灣大約每六個人就有一人體內潛伏肝炎病毒，其中三百萬人是 B 型肝炎帶原者，三十萬名是 C 型肝炎患者。這些人如果不追蹤治療，有不少人會在中老年以後，變成肝硬化、肝癌。

台灣一九九七年死於肝病的約為一萬零六百人，其中半數是肝癌，另外一半是慢性肝病與肝硬化，其中尤以五十歲以上為最多。

最近醫學還發現，老年人因為喜歡用補藥強身，反而造成肝臟無法承受的負擔而失去功能，產生各種症狀。

（三）泌尿系統

人類的泌尿系統由腎臟、輸尿管、膀胱和尿道所組成，其中腎臟擔負著整個系統的大部分工作，其他器官則負起輸送和儲存尿液的作用。

腎臟同時還負起保持體液和化學物質的平衡，血液流過腎臟的血管網時，清除了廢物並透過調節，達到化學平衡。腎臟還分泌激素，協助保持血壓正常。

腎臟功能的衰退，也是老化很重要徵象之一，其中最擾人的是尿失禁，以及男性的攝護腺肥大的問題。

尿失禁即不能隨意控制排尿。六十五歲以上老人中，尤其是獨居與安老院中的老人，有此問題者更分別高達 10％至 30％。

尿失禁問題在女性中更為普遍，有的是暫時性，有的是比較長期。老年女性因為支持膀胱和控制排尿的肌肉鬆弛，以及多次生育、肥胖或更年期激素變化，也影響控制排尿的肌肉功能，常常導致在咳嗽、大笑、打噴嚏、提起重物或其他增加腹壓活動的時候，流出少量尿液。

至於男性的攝護腺（或前列腺）肥大問題，我們將另行詳述。其他有關泌尿系統的問題，如無尿或尿量很少，頻尿又極度口渴，解尿時疼痛，以及血尿，都是一些嚴重疾病的徵兆，如腎臟的疾病、糖尿病、膀胱或尿道感染、腎結石及其他腎臟疾病的警訊，都常見於老人身上，務必儘速去看醫生。

如果得到慢性腎炎，久而久之，腎功能便會衰退，一旦演變成尿毒症，就難逃洗腎的命運，不可不防！

腎病變更是我國十大死因中排行榜第七位的疾病，其中包括急性與慢性腎病變，以及腎盂炎，都是六十歲以上男女性死亡率很高的一個原因，應予特別注意。

一般而言，腎臟的濾過率以及濃縮與稀釋的能力，到了老年都會降低，但仍能處置身體廢物，只是需要較多時間而已。

老年人的腎臟仍然有能力維持體液的酸鹼平衡，但是反應的時間比較長。老人的夜尿次數比較多，大約有 50％的男性和 70％的女性，都有夜尿的現象，這是因為膀胱容積變小的緣故。

(四)呼吸系統

很多證據顯示，呼吸系統隨著老化，結構和功能有很多變化，最明顯的是：

(1)隨著年齡增加，肺活量降低。

(2)支氣管與肺的動作減小，是因為纖維性結締組織及淋巴結構增加的結果。

(3)換氣功能變差，是因為呼吸道阻塞及肺部收縮擴張能力變差的緣故。

(4)最大呼吸量，也就是進出肺部的最大氣體量，隨年齡而降低。

(5)呼吸性氣體交換能力受損，原因是肺泡換氣不足或血流較少之肺部過度換氣的緣故。

(6)肺組織的彈性受損，肋骨的移動性變差。

(7)呼吸速度減慢，呼氣時呼出的二氧化碳量減少。

(8)咳嗽的能力變差，係因肌肉張力變差的緣故。

以上這些變化，在沒生病的時候，並不對老人的健康有太大影響，但卻解釋了老人呼吸時，需要額外用力呼吸獲得氧氣，以維持身體的恆定狀態；也說明了為什麼老年人容易支氣管發炎，以及久咳不容易痊癒的原因。

老人感覺器官的變化

人的感覺器官也隨著老化而退化。

感覺是視覺、聽覺、味覺、觸覺與嗅覺的總稱。人時時在覺察由不同感覺器官所接受的訊息，如眼睛之於顏色，耳朵之於聲音，鼻子之於氣味，舌頭之於美食等等均屬之。換一句話說，刺激所帶來的感覺器官的活動，引發了個體的知覺。

感覺雖然是比較初級的心理活動，但卻是其他高級複雜心理活動的基礎。老年期各種心理活動的退化，都是由於感覺器官的退化開始。茲進一步分析如下：

一、視　覺

古人常以耳聰目明作為一個人生理健康、心智能力良好的寫照，而「視茫茫」則是老化過程中一大警訊。

視覺是人體複雜又神秘精妙的感覺，除了外傷之外，年齡是影響視力的最主要因素。視力毛病的主要原因起於折射不良。所謂折射，指眼球晶體把光線聚焦後，在眼球後部的視網膜上成象。最常見的折線不良是：散光、遠視、近視與老花。

所有感覺器官都與中樞神經系統相連，與大腦之間有直接的通道，使得信息可以立即處理。眼睛視網膜上的感覺細胞，將光

轉成脈衝,視神經就將之輸入大腦,由大腦對圖像加以判讀。

由於人類的眼睛是由角膜、晶體、睫狀肌、玻璃體、視網膜所構成。老年人所以視力減退出現「老花」現象,主要是年紀大了,眼晶體逐漸硬化失去彈性,睫狀肌慢慢萎縮,晶體和睫狀肌不能發揮其調節能力,看近物模糊不清,要放在較遠處才可以看得見。

沙依仁指出年齡愈老,瞳孔的直徑愈減少,就會影響到進入眼睛的光亮。平均而言,一位六十歲的老人,進入眼睛的光亮只有他二十歲時的三分之一。同時,人老了,眼睛就缺乏彈性,減退了有效調適的能力。過了六十五歲的老人,有37%對強光不會改變瞳孔的大小;有56%當水晶體改變了形態,瞳孔的大小也不會改變,因此需要適當的光的品質及量,才能看清事物[3]。

此外,視網膜感光細胞功能降低,使視力下降。多數人五十歲以後視力會從年輕時的 1.5 降到 1.0;到九十歲的時候,就只有 0.35 了。

同時,由於視網膜感光細胞功能降低,老人對弱光和強光的敏感性也明顯降低,從亮處到暗處的適應能力也就變弱。老年人從亮處到暗處需要一段時間適應,也就是說,一進暗室就看不見東西,一直要到一段時間才慢慢恢復視力。

還有一些眼科醫生指出老年人的高級視覺中樞發生退化,造成對物體大小、空間關係和運動速度的不正確判斷,譬如上下台階容易踏空摔倒,就是一個很好的例子。

至於眼睛毛病中最嚴重的白內障與青光眼,在第三章中將再詳細討論。

---

[3] 沙依仁,《高齡學》,五南圖書公司,p.77。

二、聽　覺

　　我們很多的訊息來自聽覺。音波透過空氣，促動了耳鼓（eardrum）進入了中耳、內耳，產生了一種信號，經由聽覺神經，傳達至腦部。聲音的振幅決定它的強弱，而聲音的頻率則決定了音調（pitch）。

　　當我們愈來愈老的時候，接收與傳導的能力也就愈來愈弱。很多人從三十歲開始，逐漸地損失聽力，但是因為它並不明顯，一時並不會對個體產生任何不便。

　　可是，當人逐漸衰老，對於聲音的頻率及強度，也就愈來愈不敏銳。年齡愈大，高音階的聲音就愈來愈聽不見。六十五歲的老人，差不多有一半聽覺明顯地減退。男性老人聽力障礙較女性為早，聽力損失情況也較嚴重。

　　老年人聽覺系統退化，是發生重聽甚至耳聾的主要原因。由於老年人外耳道皮膚分泌功能較差，耳垢變硬，聲波的傳導就受了影響。同時中耳聽骨硬化，聽力關節活動範圍變窄，聲波傳導效能也就降低，更因為內耳細胞慢慢退化，對高頻率聲音的聽覺就不斷減弱。

　　聽力受損或減退者，男性比女性為多，而五十五歲以上男性重聽人數，遠多於同一年齡之女性，其主要原因大多由於長期工作於噪音環境的緣故。一些研究結果顯示居住在鄉村的人民，比起城市內的居民，即使在晚年，聽力也較佳，證明了噪音污染（noise- pollution）理論的正確性。

　　此外，許多專家學者都證明，人類聽覺問題在老年人之中的比例，遠多過其他感官的衰退率，值得我們特別注意。

三、嗅覺、味覺與觸覺

正如前文所述，我們對周圍環境的一切知覺，都來自五種基本感覺，視覺與聽覺固然重要，其實要五種感覺協調，才能提供完整的形象。我們這一段申述的重點在於老年期除了聽覺、視覺之外，其他幾種感覺的變化。

在嗅覺方面，老年人嗅上皮細胞數量減少，使得嗅覺靈敏度下降。有關研究指出，從青年時代，每隔二十二年嗅覺靈敏度下降一半，到七十至八十歲時，嗅覺能力已經顯得非常低。

老年人對燒焦的味道，乃至花香與樹木的芬芳，大部分已經沒有明顯的反應。更嚴重的是，一些老人不常洗濯，臭味沖天，自己反而沒有一點感覺，也正說明失去嗅覺惹人討厭的地方。

至於味覺，許多研究都證明老年人對甜、酸、苦、鹹四種味覺都不太敏感。主要的原因是人老了，舌上的味蕾數目愈來愈少，舌前部三分之二的地方，幾乎已經沒有味蕾。七十幾歲以後就幾乎完全沒有作用。古人所謂食不知味，也許足可說明。

老人年紀愈大，觸覺退化就愈明顯。最具體的表現是觸覺反應變差，痛覺趨於遲鈍，溫度感覺變差，對熱和冷的敏感性下降。同時由於對溫差感覺遲鈍，不能及時添減衣服，容易受涼得感冒。家人應注意低溫對於老人的嚴重影響，儘量提醒老年人做好保溫措施。

老人的性生活

人過中年，發生性功能障礙的情況日益普遍，固然中年以後

仍有性愛，已是大家所公認的，只是隨年齡增長，其表達方式略有不同而已。

　　兩性結合本來是人類世代繁殖的本能，也是基本的生理需要之一。人體就像一部機器，用久了自會有老化與功能不良的情形。江漢聲（民85）就指出性器官是相當精密的「零件」，包括微細的動靜脈、神經系統以及荷爾蒙的作用，所以在中老年之後，性功能當然會出現一些變化。

　　江漢聲（民84）同時也指出男人過了中年之後，會有明顯的性衰退，無論是生理上荷爾蒙分泌的減少，血管功能變弱，或是長期婚姻引起的倦怠感，夫妻觀念的不能溝通等，凡此種種都會加速男人的老化，減低生活的品質[4]。

　　此外，近年醫學研究也指出，男性也有它的更年期，雖然不如女性更年期那麼明顯。四、五十歲的男性，因血中荷爾蒙濃度減低，身體因而發生倦怠、失眠、容易全身酸痛，發冷等類似女性更年期的症狀。最特別的是，性功能的退化易使男性焦慮，而焦慮又促使男性性功能更衰退。同時，進入更年期的婦女因為女性荷爾蒙分泌驟減，使得生殖道萎縮，而且分泌減少，缺乏潤滑感，在行房時常會因疼痛，而害怕和先生同床。

　　楊幹雄（民84）則歸納中老年人性功能障礙為下列幾點[5]：(1)男性方面，分為陽萎、早洩、射精不全、性交疼痛等四類；(2)女性方面，分為性高潮障礙、陰道痙攣、性交疼痛等三類。其實這些生理變化從中年以後就已出現，再隨著年齡而更明顯，**表 2-1**可供參考。

　　儘管如此，生理上雖然歲月不饒人，但是祇要夫妻感情甚篤，

---

[4] 江漢聲等，《性教育》，性林文化事業公司，pp.84-86。
[5] 江漢聲等，《性教育》，性林文化事業公司，pp.365-370。

表 2-1　中年以上性生理變化表（性學大師馬斯特和強生的統計資料）

性生理周期	年輕人（29-40 歲）	中年以上（50-70 歲）
1.興奮期	性刺激後，幾秒鐘可以完全勃起。	①需要幾秒鐘。②勃起不完全。
2.持續期	伴隨反應：睪丸上縮，血管充血，Cowper's giand 分泌射精前分泌物。	①持續時間延長。②伴隨反應不明顯，無射精前分泌物。
3.高潮期（射精期） △第一階段：射精的衝動 △第二階段：精液射出	共 2-4 秒。 攝護腺（或貯精囊）每 0.8 秒收縮一次。 攝護腺收縮時間加長，射出 12-24 吋遠的精液，平均 3-5 西西（約 24-36 小時的存量）。	無或 1-2 秒。 攝護腺收縮只有一兩下。 收縮力量不加強，射出 3-12 吋遠的精液，平均 2-3 西西。
4.恢復期	幾分鐘後又可接受性刺激而反應，能維持勃起幾分鐘至幾小時。	要幾小時之後才能再反應，射精後幾秒就不勃起了。

資料來源：江漢聲，《享受愉悅的中年性生活》。

對日常性生活不會有太大的影響。因爲人類的性慾、性幻想可以帶動大部分的性功能血流，在中老年期仍舊能達成順利、圓滿的性行爲。

　　謝瀛華（民 88）曾以性生活沒有退休年齡爲題，提出性生活受健康狀態及是否有高興緻及活躍的性伴侶所影響，所以婚姻狀態很重要。實際上，少部分六十五歲的老人性生活都維持以前水準，甚至增加。可惜的是大部分的研究將性活動局限於性交，忽略其他形式的性活動[6]。

---

[6] 詳見《中國時報》，88 年 4 月 22 日，醫藥保健版。

謝瀛華並指出男性性衰退，可能有以下幾個原因[7]：

(1)性衰退，就如同其他與腦有關的老化疾病、大腦單胺功能的衰減一般。

(2)對雄性荷爾蒙作用的目標細胞，敏感度隨年齡增加而減低，包括雄性荷爾蒙接受體的數目、親和力與特性的減低等等。而其他與年齡有關的情形也可能與臨床上性功能減退有關，如憂鬱、焦慮。一些降血壓與精神科使用的藥物也會造成性能力的減退。

江漢聲（民 84）也指出六十歲以上男性的陽萎，在心因性方面，大多源自於生活的壓力，伴侶間無法溝通，或潛意識中焦慮、緊張、抑鬱、罪惡感、沒有信心等，而大部分老人卻不會察覺到自己心理有問題。至於器官性陽萎則源自於動靜脈血管問題，導致神經傳導障礙或荷爾蒙失調[8]。

相對於男性，據研究女性五十多歲以後，在性慾與性能力方面都有明顯的減低，也就是說女性停經後，性活力明顯減低，但是我們還不能確定，到底是因為生理上的原因，或是社會文化的束縛所造成的。

據研究，五十至六十九歲的女性，常在她們先生失去性能力或失去性趣後，即終止性生活。不過，也有人發現少數婦女由於不再擔心懷孕，因此性活力與性滿意度仍有增加。

其實，廣義的來說，性活動應該包括凝視、欣賞對方的鶴髮或紅顏、撫摸、接吻、擁抱，以及緊握雙手等等。從這樣一個角度來探討老年人的性，就不難瞭解老年人的性活動會延續很長的

---

[7] 謝瀛華，《健健康康過一生》，迪茂國際公司，pp.91-93。
[8] 江漢聲等，《性教育》，性林文化事業公司，pp.379-382。

時間。老年夫妻性活動的習慣，是從年輕時延續下來的。如果他們從年輕時，就配合得很好，保持很好的性愛，他們的性活動就不會因歲月而停止，只不過減少次數而已。

性生活是健康人生活重要的一環，也是正常的生理需要和心理需要。人到老年，性功能當然會發生變化，如果不瞭解正常的生理變化，對自己、對配偶產生疑懼、憂慮等消極情緒，不但影響性生活，而且還會造成夫妻感情的不和，破壞家庭應有之氣氛，實在是值得檢討的。

結　語

人，都會老。老化是每一個人所必經的路途。

可是，人為什麼會老？老化究竟是怎樣開始的？又是如何隨著歲月的流動而加速地進行？迄至現在，有關老化的理論很多，卻都還不能給我們一個非常滿意的答案。

我們只知道青春會永遠消失，皺紋將不斷增多，生理上各個器官逐漸失去了正常的功能，而我們的頭髮會變白、變薄、變少，皮膚、骨骼都在慢慢變化中。

固然我們都知道老化是無法避免的，可是眼見年華日逝，生命已在我們生理的變化上，警告說老之已至的訊息，總是難免有點難言的感傷，尤其是發現性生活也發生了某些問題之後。

不過，徒自感傷又有什麼用？生理上雖然不再年輕，但卻可以在有限的歲月中，遲緩老化的過程，愉快地迎接生命的晚秋。

進一步思考的問題

(1)有人說，人在出生之後，其實就開始走向老化，這一句話有什
  麼意思？

(2)當你看到你的父母、祖父母乃至外祖父母，似乎一天天變得更
  衰老的時候，你的感受是什麼？

(3)也許你還很年輕，可曾想到十年、二十年，乃至更多日子以後
  的你，又將是如何的儀容、外表？

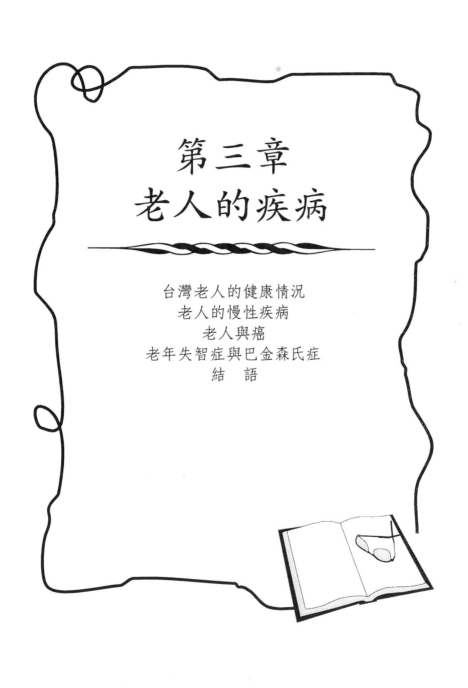

第三章
老人的疾病

生、老、病、死是人生必經的歷程。當我們慶幸人們活得更長的時候，卻由衷地期待活得更健康、更幸福。健康是我們擁有的最珍貴財富，但也是每個人最容易失去的財富。

當我們祝福天下銀髮人士越老活得越好的時候，遺憾的是有數以十萬計的年長老者，正纏綿病榻，正與死神搏鬥。本章將就老人健康與疾病有關問題，詳加分析。

台灣老人的健康情況

按照中華民國八十六年台閩地區人口統計，六十五歲以上所謂老年人口，為數共計一百六十九萬九千二百三十人，也就是台閩地區每八個人之中，就有一人是所謂的高齡人口，其中約有八百名人瑞，在西元兩千年成為活過三個世紀的歷史見證人，而屆九十九歲高齡的則有二百七十四人。

多希望國內所有銀髮前輩不但要活得更長，而且還要活得健康。

可惜的是下列資料顯示了老人們的健康狀況有待改進。根據劉淑芳之調查[1]：

(1)老年人自認健康良好、少有病痛者約七十五萬人，約佔老年人口之 44.3％。

(2)老年人自認健康欠佳，但尚可自理生活者，約八十四萬人，約佔老年人口之 49.7％。

---

[1] 劉淑芳，＜國人健康狀況調查報告＞，《空大學訊》，230 期，p.150。

(3)老年人口中領有身心障礙手冊者，約有十萬餘人，佔老年
　　人口中之 5.9％，其中又可分為下列幾種情況：

　　(a)其中 90.7％住在家中。

　　(b)其中 8％住在療養機構。

　　(c)其中 1.5％（約為一千八百名）是獨居。

　　(d)目前住在家中，但有意遷入安養機構者，僅占 10.96％，
　　　約為一萬人。

　　根據衛生署民國八十二年到八十五年全國營養調查統計之報
告，國內 56％的老人有某種程度的慢性疾病，也就是說每二位老
人家中就有一位受某一種疾病所苦，其中 15％有糖尿病、高血壓，
另外 26％的老人家有膽固醇偏高的情況。

　　另據民國八十二年老人健康狀況調查顯示，老人慢性疾病
中，以攝護腺腫大、白內障與青光眼、皮膚病、腎臟病、肝膽疾
病或結石、關節炎、老人癡呆症與腫瘤為最多。

　　而據吳淑瓊（民 87）之調查，台灣地區老人最易有的十大慢
性疾病依次為高血壓、風濕／痛風／關節炎、心臟病、呼吸系統
疾病、白內障、糖尿病、骨折、心臟血管疾病、肝膽疾病，以及
各種潰瘍，其百分比見圖 **3-1**[2]。

　　至於因年老體衰而產生身心功能障礙者，又可分為下列三大
類：

(1)日常生活活動有困難者（ADL），指洗澡、穿衣、上廁所、
　　上下床、進食等五項無法獨自執行而須工具或他人協助
　　者。

---

[2] 吳淑瓊，《台灣老人醫療及長期照護需要－迎接高齡社會的挑戰論文集》，
　　厚生基金會出版，p.93。

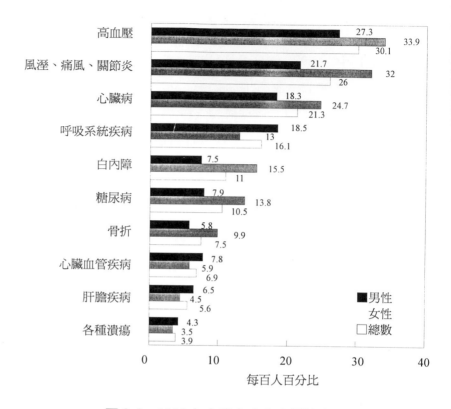

圖 **3-1** 1993 年台灣老人十大慢性疾病

(2)工具性日常生活活動有困難者（IADL），指無法或不能執
行煮飯、洗衣、做輕鬆家事、外出行動、購物、理財、打
電話、遵照醫生囑咐服藥等八項活動者。

(3)認知功能有困難者，也就是老人失智症者。

據統計，一九八九年老人有 ADL 困難者占老年人口之 7.5
％，但一九九三年已降為 6.3％；至於 IADL 有問題者亦由一九八
九年之 3.1％降為一九九三年之 2.5％。一方面我們為此一下降之
趨勢而欣喜，但仍關心 ADL 與 IADL 的老人存活率之偏低。**表 3-1**

表 3-1 台灣地區 1989 年與 1993 年之間已故和存活老人在 ADL、IADL 及身體功能能力之比較

高齡人口在1989年時之年齡及其性別和教育程度	行使 ADL 有困難(%)		無任何 IADL 困難(%)		身體功能:可完成 3-4 項活動(%)		個案數	
	存活	已故	存活	已故	存活	已故	存活	已故
年齡／性別								
60 歲或以上	2.7	23.6	74.9	42.5	70.5	36.0	3149	577
男	2.2	19.9	84.8	51.0	80.5	43.4	1780	341
女	3.2	28.8	62.0	30.1	57.5	25.4	1369	236
60-63	1.1	14.1	85.3	63.5	81.9	56.5	991	85
男	1.0	10.9	90.8	69.1	87.5	58.2	610	55
女	1.3	20.0	76.4	53.3	73.0	53.3	381	30
64-67	1.6	16.8	79.3	57.9	74.8	50.5	856	95
男	1.2	11.6	88.4	68.1	83.6	59.4	507	69
女	2.3	30.8	66.2	30.8	61.9	26.9	349	26
68-71	2.6	18.3	75.7	44.1	69.5	40.9	573	93
男	2.6	18.0	85.2	49.2	79.7	47.5	310	61
女	2.7	18.8	64.6	34.4	57.4	28.1	263	32
72-76	4.5	22.9	59.5	42.7	56.2	32.3	377	96
男	3.2	23.1	77.5	48.1	74.2	36.5	186	52
女	5.8	22.7	41.9	36.4	38.7	27.2	191	44
77-79	8.1	26.0	55.6	35.0	52.7	28.0	222	100
男	10.0	24.5	64.5	42.9	58.2	30.6	110	49
女	6.2	27.5	46.9	27.5	47.3	25.5	112	51
80 歲以上	7.0	39.8	40.6	17.6	31.7	13.9	126	108
男	5.4	34.5	50.0	23.6	46.4	21.8	56	55
女	8.3	45.3	33.3	11.3	20.0	5.7	70	53
教育程度								
不識字	3.8	28.1	57.7	29.1	56.9	26.5	1268	302
識字	3.5	18.4	81.2	51.7	72.4	40.2	490	87
國小	1.8	16.2	86.0	58.1	79.0	46.7	796	105
初中	1.2	17.1	90.7	63.4	87.5	56.1	257	41
高中或以上	0.6	25.6	93.4	59.0	87.2	48.7	320	39

可供參考。

更重要的是，行使 ADL 有困難者存活率較低。

在 IADL 方面，無任何困難者存活率較高。

身體功能運作能力愈高者，存活率亦愈高。

如果我們從另一角度，由台灣地區高齡人口自評健康及功能障礙之追蹤研究，來看台灣老人之健康情形，當可對此一問題作更深入之瞭解。

台灣省家庭計劃研究所所長張明正，曾就一九八九年與一九九三年台灣高齡人口自評健康狀況與功能障礙的變化，進行研究分析，發現在此一階段之間，台灣人口雖進一步老化，身體功能卻有增進現象，自評健康及功能殘障的狀況均有改善現象，殊為可喜[3]。

根據調查顯示，大多數的六十四歲以上的台灣老人對自己健康狀況有正面的評價，且就總體而言，自評健康的狀況有日益改善的趨勢，在一九八九年，76.2%的六十四歲以上老人認為自己健康狀況在普通以上，一九九三年則增為 76.8％。

由表 3-2 中可以發現一項令人欣喜的統計結果，即自評健康的老年人，不管在那一年齡階層之中，都占了三分之二左右。但值得注意的是：

(1)年齡愈高，自評健康者呈遞減趨勢。相反的，自評為不太好或很不好者也相對遞增。

(2)較之男性，女性自評健康者比男性為低。一九八九年六十

---

[3] 張明正，《台灣地區高齡人口自評健康及功能障礙之追蹤研究》，中華民國人口學會出版，pp.239-242。

表 3-2　台灣地區 1989 年與 1993 年同年齡高齡人口自評健康情
　　　　況按性別、年齡及教育程度區分之貫時性分析

年齡、性別及 教育程度	自評健康情況					總計	
	很好	好	普通	不太好	很不好	100	N(個數)
年齡／性別							
60-63							
1989	20.4	25.7	33.9	17.0	3.0	100	1163
男	25.8	26.0	32.3	13.5	2.5	100	728
女	11.3	25.3	36.6	23.0	3.9	100	435
64-67							
1989	18.8	20.1	40.0	17.7	3.4	100	1000
男	24.0	22.6	38.6	12.0	2.8	100	601
女	11.0	16.3	42.1	26.3	4.3	100	399
1993	21.7	25.7	32.0	16.0	4.7	100	965
男	26.5	28.7	27.5	13.1	4.2	100	596
女	13.8	20.9	39.3	20.6	5.4	100	369
68-71							
1989	18.1	21.8	38.7	17.9	3.5	100	708
男	23.3	23.3	36.6	13.6	3.3	100	391
女	11.7	19.9	41.3	23.3	3.8	100	317
1993	18.5	23.3	36.1	17.9	4.1	100	820
男	22.3	25.4	34.2	14.8	3.3	100	485
女	13.1	20.3	38.8	22.4	5.4	100	335
72-75							
1989	13.0	19.7	42.1	20.5	4.7	100	492
男	18.3	23.6	40.7	13.8	3.7	100	246
女	7.7	15.9	43.5	27.2	5.7	100	246
1993	16.8	22.3	36.4	20.3	4.2	100	547
男	22.2	25.6	34.8	14.3	3.1	100	293
女	10.6	18.5	38.2	27.2	5.5	100	254
76-79							
1989	10.9	20.2	40.4	21.1	7.5	100	322
男	10.6	24.2	42.9	14.3	8.1	100	161
女	11.2	16.1	37.9	28.0	6.8	100	161
1993	17.0	20.2	33.4	22.9	6.5	100	341
男	20.9	22.7	33.7	19.8	2.9	100	172
女	13.0	17.8	33.1	26.0	10.1	100	169

年齡、性別及 教育程度	自評健康情況					總計	
	很好	好	普通	不太好	很不好	100	N(個數)
年齡／性別							
80 以上							
1989	9.8	17.2	40.0	25.1	7.9	100	215
男	14.6	19.4	35.0	23.3	7.8	100	103
女	5.4	15.2	44.6	26.8	8.0	100	112
1993	12.3	25.3	38.4	19.5	4.5	100	292
男	16.4	24.3	38.6	17.9	2.9	100	140
女	8.6	26.3	38.2	21.1	5.9	100	152
所有 64 以上							
1989	15.9	20.2	40.1	19.3	4.5	100	2737
男	20.8	22.9	38.6	13.7	4.0	100	1502
女	10.0	17.0	41.9	26.0	5.1	100	1235
1993	18.4	23.7	34.7	18.4	4.6	100	2965
男	23.1	26.2	32.3	14.9	3.5	100	1686
女	12.3	20.5	38.0	23.1	6.1	100	1279
教育程度							
1989							
不識字	10.0	18.1	42.3	23.9	5.7	100	1261
識字	16.7	20.7	39.9	18.0	4.7	100	449
國小	18.2	20.9	40.1	17.2	3.6	100	559
初中	23.1	28.1	37.7	9.5	1.5	100	199
高中或以上	32.0	22.7	32.4	10.2	2.7	100	256
1993							
不識字	12.6	20.1	36.1	25.1	6.1	100	1173
識字	19.2	25.3	33.9	16.2	5.4	100	463
國小	18.7	24.1	36.4	17.1	3.7	100	760
初中	26.2	28.7	33.6	8.6	2.9	100	244
高中或以上	32.4	30.1	26.9	8.7	1.9	100	312

　　　　四歲以上之女性自評健康者爲 68.4％，而男性爲 82.3％，一九九三年則爲 70.8％對 81.6％。

　　(3)教育程度愈高，自評健康狀況愈好。以一九九三年百分比

例，高中以上程度滿意者為 89.4％，而不識字者為 68.8％。

另一方面，還是有三分之一高齡人口自評健康情況為不太好與很不好，值得密切關心，尤其是教育程度愈低的高齡人口中，自評健康狀況愈低，更值得注意。

如果再就高齡人口身體功能運作能力，看高年齡人口之健康狀況，由**表 3-3** 可看出：

(1)年齡愈高，身體功能能力（也就是身體功能的測量項目中，可完成的數目數）愈低。

(2)正如同上述自評健康之情形，在身體功能能力之表現方面，教育程度愈高者表現愈好。

(3)較之男性，女性之表現較差。

另外一個老人健康的指標，是老人抽血檢驗項目的一般正常值。凡是在檢驗項目中，高過或遠低於這些正常值者，就表示這位老人的健康狀況，似乎已出現了某些警訊，需要追蹤檢查，甚至需要治療。其中老人的膽固醇、三酸甘油脂、尿酸與飯前血糖之高低，更攸關生理健康的狀況，不可不加以注意。**表 3-4** 可供參考。

舉例而言，某一位老人飯前血糖高達 180(正常值為 70-110)，那就表示已患了輕度的糖尿病，除了應該立即追蹤檢查、治療之外，在飲食方面，應該少吃或不吃內臟、海產、肥肉、甜食以及油炸的食物。此外，麩丙氨轉移酶（GPT）是測量肝、膽功能的指標，正常值應該不高於 35，如果超過這個數字，就表示要密切注意了。

表 3-3 台灣地區 1989 年與 1993 年間高齡人口身體功能運作能力按性別、年齡及教育程度之貫時性分析

性別、年齡及教育程度		身體功能能力（可完成的數目數）			總　計	
		0	1-2	3-4	百分比	N (個案數)
年　齡	性　別					
60-63	1989	6.0	13.5	80.5	100	1180
	男	4.5	10.0	85.5	100	738
	女	8.6	19.2	72.2	100	442
64-67	1989	9.4	18.6	72.0	100	1023
	男	6.3	12.9	80.8	100	619
	女	14.1	27.2	58.7	100	404
	1993	8.2	16.5	75.3	100	989
	男	6.7	9.5	83.8	100	610
	女	10.6	27.7	61.7	100	379
68-71	1989	11.7	22.2	66.1	100	729
	男	9.4	16.6	74.0	100	404
	女	14.5	29.2	56.3	100	325
	1993	11.8	20.8	67.3	100	854
	男	9.7	14.4	75.9	100	507
	女	15.0	30.3	54.8	100	347
72-75	1989	17.4	30.3	52.3	100	512
	男	9.4	23.0	67.6	100	256
	女	25.4	37.5	37.1	100	256
	1993	16.3	25.4	58.3	100	571
	男	11.7	18.4	69.9	100	309
	女	21.8	33.6	44.7	100	262
76-79	1989	23.1	30.7	46.2	100	342
	男	20.0	28.8	51.2	100	170
	女	26.2	32.6	41.3	100	172
	1993	24.5	30.6	44.9	100	376
	男	17.7	22.6	59.7	100	186
	女	31.1	38.4	30.5	100	190
80 以上	1989	38.6	36.7	24.7	100	251
	男	36.7	28.3	35.0	100	120
	女	40.5	44.3	15.3	100	131
	1993	35.7	34.3	30.0	100	350
	男	27.3	31.5	41.2	100	165
	女	43.2	36.8	20.0	100	185

(續)表 3-3　台灣地區 1989 年與 1993 年間高齡人口身體功能運作能力按性別、年齡及教育程度之貫時性分析

性別、年齡及教育程度		身體功能能力（可完成的數目數）			總　計	
		0	1-2	3-4	百分比	N（個案數）
年　齡	性別					
所有 64 以上	1989	15.6	24.6	59.7	100	2857
	男	11.4	18.4	70.2	100	1569
	女	20.7	32.2	47.1	100	1288
	1993	15.7	23.0	61.4	100	3140
	男	11.5	15.9	72.7	100	1777
	女	21.1	32.2	46.7	100	1363
教育程度						
1989	不識字	22.4	30.3	47.4	100	1341
	識字	11.6	25.3	63.1	100	458
	國小	9.4	20.4	70.2	100	574
	初中	7.4	12.9	79.1	100	202
	高中或以上	7.9	13.2	78.9	100	266
1993	不識字	22.0	32.4	45.6	100	1265
	識字	17.4	18.8	63.8	100	489
	國小	11.2	17.3	71.5	100	797
	初中	6.6	15.2	78.2	100	257
	高中或以上	5.6	11.8	82.6	100	432

說明：身體功能的測量項目：舉 25 磅重的東西、爬 2-3 層樓梯、屈蹲、做粗重的家事。

　　綜合前文所述，如果國人對於個人健康的若干指標有基本認識，而且經常加以注意的話，可以減少許多疾病，尤其是慢性疾病出現的可能性。

表 3-4　台灣老人抽血檢驗正常值

項目名稱	參考正常值	項目名稱	參考正常值
血色素	男：14-18	尿素氮	7-20
血色素	女：12-16	總膽固醇	140-240
紅血球	男：4.7-6.1	尿酸	2.6-7.8
紅血球	女：4.2-5.4	血清球蛋白	2.3-5.0
MCV 平均血球容積	男：80-94	鹼性磷酸腺	50-136
MCV 平均血球容積	女：81-99	麩丙氨轉移腺	5-30
白血球	4.8-10.8	肌酸甘	0.6-1.3
血小板	130-400	三酸甘油脂	30-200
MCH 平均血紅球血紅素量	27-31	飯前血糖	70-110
梅毒血清檢查	陰性	高密度膽固醇	大於 35
愛滋病檢查	陰性	低密度膽固醇	小於 150
血清白蛋白 Alb	3.4-5.0	α－胎兒蛋白	小於 8
血清總膽紅素	0-1.2	血鈣	8.4-10.2
麩草氨轉移腺	5-35		

資料來源：台北市立萬芳醫院門診體格檢驗中心，88 年 1 月。

老人的慢性疾病

　　老人由於抵抗力比較差，感染各種疾病的機會也就比較大，而且一發病，很快康復的機會也比較不大。本節所討論的重點，

在於老人所常見的各種慢性疾病。

　　所謂慢性疾病，泛指疾病對患者所產生影響為長期性，甚或永久性；並且需要在治療後，針對其後遺症或傷害，作長時期的繼續照護、觀察復健者。

　　慢性疾病之類型，在不同國家、地區、時期都有認定上之差異。以美國為例，根據一九八九年全國性之調查資料顯示，困擾美國人之慢性病症，依次是關節炎、重聽或其他耳疾、視覺障礙（包括白內障與青光眼）、心臟病、高血壓、糖尿病、脊椎有關病痛、疝氣、支氣管炎、氣喘、胃潰瘍與十二指腸發炎等。

　　日本資料亦大致類似，不過增加了骨質疏鬆症與攝護腺肥大等疾病。

　　根據吳淑瓊在一九九七年亞太國際老人照護研討會所宣讀之台灣老人醫療及長期照護需要之論文，台灣社區老人機率樣本調查，高血壓、風濕／痛風／關節炎、心臟病是老人自述最多的前三名疾病，其盛行率約在二成至三成之間。除此之外，呼吸系統疾病、白內障、糖尿病、骨折和心臟血管疾病均為老人中盛行的慢性疾病[4]。

　　陳寶輝等以台北市六十五以上老人作為調查對象，發現最常見的慢性病依序為高血壓（30.1％）、白內障（17.5％）、心臟疾病（15.2％）、風濕與關節炎（13.6％）、消化道潰瘍或胃痛（13.5％）、糖尿病（12.5％）、背痛（6.9％）、腦血管疾病（5.7％）、肝膽疾病或結石（5.3％）、骨質疏鬆症（5.3％）[5]。

　　兩相比較之後可發現台灣地區與台北市前五名之慢性疾病大

[4] 同註2。
[5] 陳寶輝等，＜台北市老人醫療保健需求評估調查＞，《台北市衛生雙月刊》，第三卷第七期。

致相似，只是先後順序稍有不同而已。

茲就上述老人慢性疾病中最常見的一些，作進一步分析與說明，並簡單地提出預防之道：

一、高血壓

根據最近流行病學的認定標準，血壓超過 140／90 毫米汞柱，就可以稱為高血壓。其中又可分為「本態性高血壓」與「繼發性高血壓」兩種，前者指因老化或遺傳的緣故，使個體的血壓隨年齡而增高；後者指個體因甲狀腺機能亢進、肥胖症、心臟血管疾病或其他腫瘤所產生的高血壓。

常見高血壓的症狀有頭痛、頭暈、後頸部僵硬、心悸、胸悶、視力模糊、容易疲勞，以及運動後的呼吸困難。高血壓如果不及時、長期加以治療，很容易導致腦中風、半身不遂、視網膜病變、心衰竭、狹心症等等症狀，因而嚴重影響個體的生命。

最有效、最經濟發現高血壓的方法，就是定期量血壓。定期服用醫生所開的藥物，更是控制高血壓的最好方法，但是日常生活中注意養生之道，避免煙、酒及咖啡等刺激物，也是非常重要的。

二、關節炎與痛風

老化、長期性的活動或運動磨損，使得老年人的關節周圍軟骨日漸磨損，失去其固有的緩衝作用，以至刺激生成骨刺，導致骨性關節炎的症狀。

關節炎經常發生病變的地方，包括手關節、髖關節，以及膝關節。同時它也會助長骨刺的成長以及骨內囊孢的形成。一旦骨性關節炎形成，由於軟骨的減少，將使得關節活動僵硬。除此之

外，由於關節周圍發生小骨折，因此關節活動常常疼痛。嚴重的話，還會因為關節活動的不協調，而摔跤跌倒。

另外一種關節炎是所謂的類風濕關節炎，它是一種多發性、全身性的慢性疾病，其主要臨床特徵包括有多發性的關節發炎，甚至波及血管、心臟、肺臟以及神經系統。它常見的症狀包括有關節僵硬、關節腫脹、疼痛。其所侵犯的關節包括雙手小關節、腕關節、腳踝，甚至腳趾關節。同時，因為它本身就是一種進行性及破壞性的疾病，某些病患可能會肢體殘障而不良於行。大部份此類病症都可以使用非類固醇抗炎症藥物，而減輕病患之痛苦。

痛風也是中老年人感到非常困擾的疾病。它可能造成突發性的大腳趾關節疼痛，也可能持續進行以慢性痛風的形態，造成關節變形，甚至失去功用。

大部份罹患痛風的主要成因，是由於尿酸結晶體沉積在關節或其臨近的軟骨纖維，因此想要降低血清尿酸，應儘量避免食用普林（Purine）含量高的食物（普林會使尿酸值升高），如黃豆、動物內臟、蛤蜊、干貝、草蝦、小魚乾、黃豆芽、紫菜、香菇、雞精、濃湯，以及發酵飲料，並多攝收適量的水分，都是很重要的防患之道。

三、心臟病

心臟病包括中老年人常見的動脈硬化症，以及它所引發的狹心症及急性心肌梗塞等疾病。

老年人的心肌纖維隨年齡而有退化的現象，收縮因而較差。心臟裡的結締組織纖維增多，心臟的瓣膜也會變厚、鈣化、造成瓣膜狹窄或閉鎖不全，進而影響心臟的正常運作。同時心臟的傳

導系統也會因老化而受損，造成心律不整與心臟傳導障礙。在血管方面則會因彈性纖維減少而使大動脈管徑變粗，彈性減弱，也容易有動脈血管硬化的發生。此外，更由於老年人罹患高血壓比例偏高，增加了心臟的負荷，減少有效的循環血量。

更重要的是老年人心臟長期的負荷及血液循環的不穩，更容易有心臟衰竭及器官缺血的現象，而器官缺血所造成的腦中風及心肌梗塞，更是國人最重要的死亡原因之一。

據調查，年齡愈大，狹心症（或稱為心絞痛）的病人愈多，也值得我們注意。

四、呼吸系統疾病

六十五歲以上的老人，據臨床研究都有某種程度肺臟衰退的現象，甚至不少還有不等程度的肺氣腫病狀。年輕時好抽煙，如今還在大量抽煙的老年人，更容易罹患慢性咳嗽及濃痰的病症，甚至導致氣喘以及慢性阻塞性肺疾病。

過敏性氣喘在美國曾經高列老年人最常見慢性疾病之榜首，一旦氣喘發作，倘若處理或搶救不當，甚至會因而喪命。

過敏性氣喘病人在接觸到某種特定的過敏原（如花粉、黴菌、塵蟎，甚至普通灰塵）時，支氣管就會痙攣變窄，發生呼吸極端困難的現象，肺部也出現哮喘的聲音，可是發作結束後又可以正常呼吸。

此外，由於老年人的胸腔及胸壁彈性降低以及肺臟功能的退化，尤其是肺泡與支氣管彈性的不足，使得無法將肺臟內的空氣吐出來，加深了肺臟疾病中的肺炎的出現率。

肺炎是一九五二年台灣十大死亡原因的第二位，支氣管炎則是同一年十大死亡原因的第九位。到了一九九五年，肺炎仍高居

十大死亡原因的第六位，氣喘、肺氣腫與支氣管炎仍占十大死亡原因的第九位。

更可怕的是根據一九九九年三月二十日各報之報導，台灣自一九九一年到一九九六年因肝癌與肺癌而死亡的比率都呈現上升之趨勢。男性五十歲前肺癌是死亡原因的第三位，六十五歲前後，肺癌卻是死亡原因的第一位。女性五十歲前的三大癌症是乳癌、肝癌與子宮頸癌，而到了六十歲時肺癌則成為死亡原因之首。

肺結核（又稱肺癆）在六十五歲以上的人口群中，仍然常常有罹患病例出現，不過為數不多，政府已在嚴密地控制中。

五、白內障

據統計，台北市老人最感到困擾的慢性疾病之中，白內障高居排行榜的第二位。

白內障是一種進行性的眼部疾病，患者眼睛的水晶體變得混濁而失去彈性，混濁會阻礙光線到達視網膜，造成視力無痛性的退化。白內障是一種普遍的老化現象，它往往隨年齡而漸趨嚴重，20％的患者年齡在四十五歲到六十五歲之間，六十五歲以上之老人，75％都有白內障的問題。

許多環境因素增加了白內障的危險，包括接受X射線、紅外線、陽光中的紫外線照射等。研究表示，香煙燃燒後吸入人體的物質隨血液流到眼睛造成的傷害，比眼睛直接接觸煙霧的損害更大。

六、青光眼

青光眼也是六十歲前後的老人常罹患的疾病。

青光眼可分為原發性隅角閉鎖型青光眼、原發性隅角開放型

青光眼，以及續發性青光眼幾類。一般來說，它是眼壓不斷升高之結果。由於眼壓升高，個體眼液無法以正常管道流入眼睛水晶體之中。同時眼壓緊縮了血管、神經細胞與纖維，使得它們因為缺氧而逐漸死亡，以致視力愈來愈模糊，從最初只能看到一束之光，而慢慢完全失明。據統計，百分之三十的六十五歲以上的男性，都飽受青光眼之苦。此病往往先從一隻眼睛開始發生，然後影響另一隻眼。

七、糖尿病

糖尿病是一種慢性的新陳代謝疾病，患者體內不能分泌或者不能充分利用胰島素，因而無法正常地代謝碳水化合物和少量蛋白質、脂肪，結果糖分在血液內積累，為了防止體內糖分過多，腎臟就把它從尿液中排泄出去。

另一方面，患者雖然排泄出血液中過多的糖分，而需要糖的大腦和其他組織卻無法利用，身體就只好分解脂肪和蛋白質來補充能量，結果造成嚴重的生理化學不平衡。同時，高濃度的糖分又會損害全身組織，增加了心臟病、失明、腎衰竭、中風和神經痛等併發症的危險。

糖尿病有兩種，第 I 型患者體內完全停止產生胰島素，又稱為胰島素依賴型或少年型糖尿病。通常在二十歲以下發病，患者的胰島細胞損壞，再也不能製造胰島素，其症狀是尿多、頻尿、體重下降、口渴、虛弱、消化不良，並常感飢餓。

第 II 型又稱非胰島素依賴型或成年型糖尿病，多見於肥胖的老年人，不過不胖的人也會發生。除具有第 I 型糖尿病的症狀外，還經常有感染、痙攣和麻刺感覺，傷口癒合比較慢，男性會陽萎，女性常患慢性陰道炎。

糖尿病除可能是遺傳因素之外，還不清楚其他原因。患者應多從碳水化合物中獲取所需的熱量，包括蔬菜、豆類、水果和全穀食物，不要吃精製糖，少吃脂肪和膽固醇含量高的食物，以減少心臟病的危險。

目前醫學界已發明控制血糖的方法，是糖尿病患者一大福音。

八、消化道潰瘍或胃痛

消化道潰瘍和胃痛是台北市六十五歲以上老人所感到最麻煩的慢性疾病之一。消化道潰瘍包括十二指腸潰瘍、胃潰瘍、食道潰瘍和消化性潰瘍等。

十二指腸潰瘍多見於四十至五十歲的人，胃潰瘍則多見於五十至六十歲的人。

潰瘍的症狀因人而異，有的患者感到腹部有燒灼感或劇烈疼痛，尤其是在胸骨以下。不適的感覺通常發生在空腹的時候，不過也有人在餐後感到腹脹或噁心。

潰瘍除可能造成急性出血，嘔出鮮紅血液或咖啡樣的殘渣，也可能大便出血。嚴重出血可能導致休克、心跳加快、血壓下降、皮膚冷黏，也可能引起胃壁和小腸穿孔，引發腹腔內發炎而威脅生命。

潰瘍的另一種併發症是腸梗塞，通常是胃和十二指腸之間的通道，由於形成大量疤痕組織而變窄所引起，其症狀包括胃擴散、劇烈疼痛和嘔吐半消化的食物。

除了胃潰瘍之外，老年人常見的胃病就是胃炎。在臨床上六十五歲以上的老年人大約有 20％罹患萎縮性胃炎；年齡八十歲以上者，罹患率更高達 40％。原因可能是因老年人本身長期服用某

種藥物，藉以治療某些器官的障礙，因而傷害胃黏膜所致。患者最好控制飲食，遠離煙酒。

胃癌則是最嚴重的消化道疾病，它通常發生在六十歲以上之男性，Ａ型血型的人口群之發生率更高，迄至目前胃癌患者五年內存活率不高，值得嚴重關切。

九、痔

痔也是中老年以後許多人為之坐立不安的疾病之一，尤其是男性。中國人有句話說「十男九痔」，普遍率想而易見。

痔瘡患者很多，據統計美國約有三分之一，或者說有七千五百萬人患有痔瘡。其主要的原因是久坐不動、便秘、肥胖以及女性的懷孕。

痔就是肛門靜脈的擴張，會引起疼痛、刺癢以及出血。痔可能生於肛門口的內側（內痔）或外側（外痔），前者容易出血，後者較為疼痛。

通常痔會使人感到不適，在排便時，會極其疼痛，腫脹的靜脈有時也會破裂而出血。

由於久坐少動是痔瘡的一大形成原因，因此如果工作要求長時間坐著，應該每小時起來走動一下，可以站的時候，不妨儘量多站。

同時，便秘是痔的最大禍首，因此高纖維飲食有助於防止便秘。有的醫師建議每天吃二湯匙拌酸乳酪或新鮮水果沙拉。多吃水果和蔬菜是有效防止便秘的方法。

當然，如果便秘已經相當嚴重，每次排便都疼痛不已，甚至流血，為要減輕痔瘡的疼痛，並使腫脹的組織收縮，患者不妨將碎冰塊放在塑膠袋中，外面包上布，然後先敷二十分鐘，停止十

分鐘後再敷二十分鐘，不過不要讓冰直接和皮膚接觸，以免損傷腫脹的組織。

醫生還建議不要向肛門塞入任何物體，也不要用手抓搔、磨擦患處，不妨當作參考。

十、骨質疏鬆症

骨質疏鬆是骨中鈣質和其他礦物質流失引起的病痛（前文已加簡述），它可以分為兩種，第一種比較常見，主要發生在更年期以後的婦女或是卵巢手術摘除的年輕婦女身上；第二種為老年性骨質疏鬆，通常發生在六、七十歲以後的男女。

罹患骨質疏鬆症，不只容易骨折，而且由於骨骼的萎縮，還會使身高降低或是變成駝背，以骨折的後遺症來說，老年人就可能要終身臥躺床上，甚至會引發老人癡呆症。

骨質疏鬆症是一種不論年老或年少的女性，都比男性容易罹患的疾病，其所以如是的原因，《健康雜誌》第 23 期＜骨質疏鬆症的成因與預防＞一文中，曾加以分析如下：

(1)女性的骨骼量本來就比男性要來得少。

(2)因為懷孕、生產等過程而大量消耗鈣質。

(3)鈣質的攝取量比男性要來得少。

(4)運動量比男性要來得少。

關於骨質疏鬆症的預防方法，最重要的是充分地攝取鈣質和蛋白質，最好在晚上睡覺前飲用牛乳及乳製品，此外小魚、油菜等蔬菜、優酪乳或起士都是攝取鈣質很好的食品。脂肪成分較少的肉或魚、豆腐等人豆蛋白質，也都含有相當豐富的鈣質，可以多加攝取。另外，切記儘量避免過量抽煙與喝酒，以免降低鈣質

的吸收。

十一、攝護腺肥大（前列腺肥大）

攝護腺是男人特有的一腺體，位於後尿道，是精液進入尿道的最後一站，主要功能是分泌攝護腺液，以維持一定的酸鹼度和成分。

人體器官在老化之後，常常呈現萎縮的現象，但攝護腺卻反而出現一種良性增加的變化。

由臨床保守估計，六十五歲以上的老年男性，70％摸得出肥大的部位，八十歲以上男性，幾乎80％都有。根據實際的經驗，台灣地區因攝護腺肥大而手術的病人年齡最近降至六十五歲左右，這可能是醫藥普及而能較早診治之故。

現在還不清楚何以年齡增大，攝護腺會逐漸增大。有的專家認為它是由前列腺炎症所引起，有些則認為營養或代謝是致病原因。

攝護腺肥大會壓迫尿道（有時還包括膀胱），膀胱中的尿液不能完全排空。通常老人會發現常常要小便，尿液排出緩慢，排尿無力和尿液不止。

攝護腺壓迫尿道，小便時可能會有灼痛的感覺。未排出的尿液積聚在膀胱之內，增加老人患尿道炎和膀胱結石的危險。假如尿液嚴重受阻，將逆行至腎臟，損害其功能。

雖然攝護腺肥大是絕大多數老人可能罹患的病症，而無法有效加以預防，但一有尿意，便馬上排尿，切勿憋尿，也可以多少減輕它的嚴重性。一旦知道有攝護腺肥大，祇要不讓它更加腫脹、充血，不使阻塞尿路的併發性影響腎功能，不讓它妨礙生活，似乎也就不必過於在乎它了。

老人與癌

生活在今天這個世界裡，很少人不聞癌而色變。

《聯合報》民國八十八年五月十四日即以「癌症去年每十八分鐘奪走一命」為標題，大幅報導了衛生署剛公布八十七年國人十大死因，癌症仍然蟬聯首位，但死亡率首度呈現負成長。**表 3-5** 至**表 3-7** 可資參考。

據統計，全民健保一年花在治療癌症的醫療費用近百億，約佔總醫療支出的 3.6%，相當於民眾每繳一百元健保費，即有三點六元用在癌症照顧上（《民生報》，88 年 5 月 14 日）。

衛生署保健處長陳再晉說，老人死亡率以肺炎增加最多，超過二十個百分點，其次是慢性肝病及肝硬化。他解釋，因為人口老化，腦中風及植物人增加，使得死於肺炎的機會大增（《聯合報》，88 年 5 月 14 日）。

中央研究院院士彭汪嘉康引用一九九七年世界衛生組織針對全球超過一千萬癌症患者所發表統計報告，其中特別強調在這些癌症患者之中，至少有 30% 到 40% 的人，如能早期控制食物的攝取，就能預防癌症的發生（《聯合報》，88 年 3 月 12 日）。彭汪嘉康指出老年人本身即是得癌症的高危險群，尤應注意防患，不能輕忽飲食之控制。

彭汪嘉康更指出脂肪過度攝取及抽煙，是許多癌症發生的主要原因，另外許多專家也指出每天抽煙、喝酒、食肉，卻未能每天攝取黃綠色蔬菜的人，有很高的機率得到口腔癌、鼻咽癌、胃

表 3-5 民國 87 年各年齡層國人十大死因排名

順位	青年（15 至 24 歲）死亡原因	壯年（25 至 44 歲）死亡原因	中年（45 至 64 歲）死亡原因	老年（65 歲以上）死亡原因
1	事故傷害	事故傷害	惡性腫瘤	惡性腫瘤
2	惡性腫瘤	惡性腫瘤	事故傷害	腦血管疾病
3	自殺	慢性肝病及肝硬化	腦血管疾病	心臟疾病
4	他殺	自殺	慢性肝病及肝硬化	糖尿病
5	心臟疾病	心臟疾病	心臟疾病	肺炎
6	腦血管疾病	腦血管疾病	糖尿病	腎炎、腎徵候群及腎變性病
7	肺炎	糖尿病	腎炎、腎徵候群及腎變性病	事故傷害
8	先天性畸形	他殺	自殺	高血壓性疾病
9	腎炎、腎徵候群及腎變性病	肺炎	肺炎	慢性肝病及肝硬化
10	慢性肝病及肝硬化	腎炎、腎徵候群及腎變性病	高血壓性疾病	支氣管炎、肺氣腫及氣喘

資料來源：衛生署。

癌、喉癌、膀胱癌、食道癌、肝癌與肺癌[6]。

　　另外一些研究也指出，從五十歲開始，罹患癌症的比率就急遽升高，而到了八十歲，半數的男性和三分之一的女性都有患癌症的危險性。

　　據台灣癌症基金會之報告，很多癌症與脂肪過度攝取有關，以下是幾個例證：

---

[6] 彭汪嘉康，＜防癌需知＞，聯合報 88 年 3 月 12 日。

表 3-6　87 年台灣地區女性主要死亡原因

排　名	死亡原因	86 年排名
1	惡性腫瘤	1
2	腦血管疾病	2
3	心臟疾病	3
4	糖尿病	4
5	事故傷害	6
6	腎炎、腎徵候群及腎變性病	5
7	肺炎	7
8	慢性肝病及肝硬化	8
9	高血壓性疾病	9
10	自殺	10

資料來源：衛生署。

表 3-7　87 年台灣地區男性主要死亡原因

排　名	死亡原因	86 年排名
1	惡性腫瘤	1
2	事故傷害	2
3	腦血管疾病	3
4	心臟疾病	4
5	慢性肝病及肝硬化	6
6	糖尿病	5
7	肺炎	7
8	腎炎、腎徵候群及腎變性病	8
9	自殺	9
10	支氣管炎、肺氣腫及氣喘	12

資料來源：衛生署。

(1)肺癌：肺癌的死亡率佔全世界之首位，我國之第二位，其主要原因除吸煙之外，高脂肪含量的食物及一些動物脂肪、膽固醇含量高的食物都可能增加導致肺癌的機率。

(2)大腸直腸癌：在美國與我國之發生率均為第三位，愛食全脂、飽和性及動物脂肪的食物，以及體重過重等，均是增加罹病機會的危險因子。

(3)胰臟癌：高熱量飲食、肉類、膽固醇含量高的食物都是可能致病因子。

(4)膽囊癌：大多是肥胖者罹患的危險腫瘤。

(5)乳癌：是好發於女性的一種癌症，其發生率在美國女性排名第一位，在台灣為第二位。根據研究，過高或體重遠超過一般女性者，均屬於高危險群。另如全脂肪及動物脂肪、肉類等都是可能的致病因子。

(6)子宮內膜癌：據研究，肥胖與體重增加都是主要導因，其他原因一如乳癌。

肝癌是台灣地區男性死亡原因之第一位，女性死亡原因之第二位。據衛生署的統計，民國八十六年每一小時又五十分鐘，就有一人死於肝硬化。因此，如何保肝十分重要。肝病防治基金會就建議：注重飲食及飲水的衛生，不亂服藥，不抽煙，不喝酒，不吃含有黃麴毒素的食品（如花生製品及豆類發酵食品），少吃油膩的東西，多吃蔬菜、水果，肝病患者也可以重拾人生色彩。

胃癌仍佔癌症死亡率的第四位，台灣胃癌病人中以老年人最多。老年胃癌病人常伴有營養不良及慢性疾病。胃癌主要原因之一，是攝取太多的鹽漬食物。煙酒過量，喜愛肉類，飲食不定時、不定量，也是老年人胃癌患者比較多的重要原因。

癌症之所以可怕，因為多數癌症在早期並無特別的症狀，作為提醒的警鐘。即使有症狀，也多是一些特異性變化，如胃口變差，體重減輕等等。

　　由於老年人身體比較虛弱，整個生理功能退化，常常會出現一些不大舒服的地方。而大多數老年人諱疾忌醫，忍痛能力也比較強，因而有時會使得某一種癌症早期症狀被忽略，不但沒有及早注意，而且延誤了及時診治的機會，令人遺憾。

　　相反地，另外一些老年人，稍有點不舒服就懷疑自己病得不輕。如果吃了幾次藥未見得好轉，剛好身體上又出現不經常的疼痛，就不禁「杯弓蛇影」的，整日擔心自己患了不治的絕症。亂求醫，亂吃藥，甚至到處尋求偏方，反而加添了不該有的病情。

　　其實，除了少數癌症（如子宮頸癌、乳癌）外，早期的惡性腫瘤並不易診斷，因此，還是要請專業醫師仔細評估，並參考其他相關檢查資料，才是最好的方法。

　　近幾年來，由於醫學的進步，癌症經常可以較早發現、診斷，治療的方法越來越有效，副作用也越來越少，所以實在不必一知道可能得了癌症，就心灰意冷，放棄了積極治療。千萬不要心理上先崩潰下來，貽誤了可能痊癒的機會。

　　我們的結論是癌症對老年人是健康上最大的敵人之一，但是如果注意保健，定期進行身體檢查，有症狀儘早求醫，得病後與醫師密切合作，癌症不見得就是絕症。

老年失智症與巴金森氏症

一、老年失智症

失智症(或稱為老年癡呆症)是通盤的智能喪失,包括記憶、判斷力、抽象思考等功能,而且人格也有明顯的改變。造成失智症的原因很多,最常見的有阿茲海默病及多發梗塞性癡呆症。

老年失智症是一種漸行性的大腦退化症,大腦內產生大量類澱粉斑,神經細胞內有神經纖維叢,造成患者記憶力嚴重混淆、喪失,腦部顳葉中部逐漸縮小,寬度減為同齡健康者之一半。

劉秀枝(民 88)綜合國內許多專家的研究發現,台灣六十五歲以上人口失智症盛行率為 1.9%至 4.4%,八十五歲以上則高達20%。以一九九七年台灣地區人口資料來算,六十五歲以上人口共有一百七十五萬人,那麼就有四萬三千七百五十人罹患失智症,其中 60%(即二萬六千二百五十人)為阿茲海默症。在阿茲海默症患者中,約有三分之二(即一萬七千五百人)是輕度到中度嚴重的失智。

據研究,此病多在五十歲以後逐漸發病,罹病人數及嚴重程度隨年齡增加而增加,所以是老年人常患疾病之一種。最初,這類病人開始有記憶衰退現象,逐漸地,身體的運動機能也衰退,伴隨有奇怪的舉動,到後來連家人、親友,甚至自己也不認識,整天不說話,大小便失禁,日常生活一切完全需要別人的照顧。奇怪的是病人不記得最近的事,對古早的記憶卻無一絲遺漏。

Lewis Thomas(1989)稱失智症為「世紀大絕症」,因為它

表 3-8　健忘與失智的不同

健　忘	失智、癡呆
忘記剛才所做的事一部分	完全忘掉所有的經驗
記憶力消退	智能的降低
只會自我困擾，不會麻煩別人	會認為一切都是別人造成
不會不知道自己身在何處	不知自己身在何處，連時間都沒概念
日常生活沒特別障礙	經常幻覺，妄想，嚴重地影響生活
判斷力及理解力仍是正常	判斷力及理解力逐漸消失

是所有惡疾之最，不但患者深受其害，他們的親友也感到十分痛苦，患者先是健忘、錯亂、失去方向感、注意力集中時間短暫、易怒，然後漸漸地，所有的心智能力都消失不見，這種病人除了大腦之外，一切都很健康，可以一直活下去，除非染上肺炎或其他惡疾。

　　台北醫學院家醫科醫師陳健煌指出，老人癡呆症主要源於大腦的萎縮和變性，導致大腦認知、記憶和運動機能受損，常常剛問過或做過的事，老人家一下子就想不起來，不斷重複問相同的問題，行為方面也容易以自我為中心，多疑，容易激動，對社會行為採退縮、否定的態度；思考判斷、語言功能和運動能力也不若從前。值得注意的是，癡呆症老人憂鬱的傾向較重，一旦遇有不如意事，很難自我調適，也不容易接受人家的忠告或建議。

　　其實，有時候看起來似乎某一個老人已經患了失智症，卻只是老化現象中之健忘症狀而已，健忘和失智的不同，可見**表 3-8**。

　　失智症的病因為何，眾說紛紜，有的以為是一種罕見的慢性病毒性在蟄伏十年後成熟發作；有的以為是免疫系統出了毛病，導致病人自身的抗體侵害腦部；或者說神經細胞內堆積過多的鋁；或者說可能生理上先發生某種病變，導致腦血管抗拒鋁侵入

的功能喪失；另外一種懷疑是腦部本身發生病變，原因是身體裡至少有一種重要的神經傳送素發生不足的現象，使得腦細胞之間無法溝通。

台北醫學院家醫科醫師蘇千田以為，由於國內老年癡呆症以高血壓、糖尿病和高膽固醇造成的血管性癡呆為多，防治上反而比歐美國家以阿茲海默症造成的退化性癡呆要來得容易。

此外，也有專家指出有的病因是甲狀腺功能低下，維他命 B 12 缺乏等引起，可針對病因治療，避免病情惡化。

照顧老年失智症的病人是一件相當沈重的工作，下列一些建議，可以協助照顧者減輕負擔：

(一)心理的調適

(1)認識疾病：病人表現出讓人頭痛的行為，是因為疾病侵犯到腦部，並非故意的。正確的認知和接受病狀，有助於照顧病人的工作。

(2)避免衝突：儘量避免因自己的疲勞或生活的壓力，和病人發生爭執，造成彼此心理的壓力和全家人的緊張與不快。

(二)面對負面情緒

(1)沮喪：長期照顧病人容易使人感到沮喪，尤其是病人的情況不但沒有好轉，反而一直惡化的時候。試試看與自己的家人或者是有共同經驗的朋友，分擔自己的不愉快心情，將有助於疏解沮喪的情緒。

(2)孤單與絕望：長時期一個人承擔照顧病人的工作，不免令人覺得孤單與絕望，不妨找機會尋求家人、親朋、好友的支持及協助，共同面對困境。

(三)照顧自己

(1)好好地安排生活計畫：安排包括三餐、吃藥、洗澡和運動

的日常生活作息表，可以讓照顧病人者、病人以及家人都知道什麼時候該做些什麼，下一步要做些什麼，以減輕工作負擔與心理壓力。

(2)避免過度疲倦：長期照顧一位病人是一項很辛苦、累人的工作，找人協助或是儘量找時間休息、舒暢一下緊張的身心，將大大有助於疲倦的消除。

(四)尋求社會資源的協助

目前可以運用的社會資源包括居家服務、居家護理、日間照護和養護機構等。如有需求，各醫院的社會工作人員都會樂意協助轉介及諮詢，另外也可以向各縣市政府社會科（局），尋求可能的福利和協助，其他宗教團體、社區志工也是可以尋求的人力資源。

病情較為嚴重的老人，如果有時要外出，或是訪友，最好不要阻止，只不過家屬無法陪同的時候,最好讓老人戴上寫有姓名、緊急聯絡人姓名、電話和地址的識別名牌，以避免老人家因記憶力喪失，又一時心急，忘記了自己和家人的姓名以及回家的路。

二、巴金森氏症

更令老人以及家屬們困擾的是巴金森氏症。

巴金森氏症是一種伴隨著四肢發抖、無力、軀幹駝背、動作緩慢的疾病，好發生在五十五歲以上的人身上，根據台大醫院本身的統計，患者平均發病的年齡約為五十八歲。

典型的巴金森氏症有三種表現：震顫（手腳發抖）、四肢僵直和行動緩慢。巴金森氏症引起的震顫最常見的是從單側的手部開始，將手擺在腿上不動時抖動得相當厲害，約每秒三到五下的抖動頻率。病人出現手抖的同時，伴隨著同側肢體的動作，也可

能有不靈活以及容易痠痛等症狀出現。

　　當上述症狀逐漸由單側發展至兩側四肢時，患者行動將更加緩慢，雙手抖動，雙腳僵硬，行走更加困難，好像腳粘在地板一般，很容易跌倒，但智能方面則仍然沒有任何呆滯的現象。

　　在巴金森氏症初期，其症狀和老年性震顫、中風以及癡呆之病症有點類似，需要作詳盡的鑑別診斷[7]。老年性震顫，手部的頻率較快，約每秒五到八次，同時是拿東西或手固定放在某種姿勢時容易發生，這和巴金森氏症的臨床震顫剛好相反。中風，一般是急性發生，且經常臉歪、手腳力氣下降，並有知覺減損等神經方面的異常，而癡呆則以記憶力減退、計算能力下降等認知性功能的障礙為主。

　　由於巴金森氏症是一種退化性的疾病，神經細胞在不斷地退化死亡，藥物治療無法抑制退化的持續進行，卻能夠減緩巴金森氏症退化的速度。

　　如何改善晚期巴金森氏症患者的症狀，提昇生活品質，同時保護神經細胞免於退化，都是神經科學以及醫藥界努力的方向。巴金森氏症患者千萬應以平和的心，面對苦難的疾病，藉由藥物及勤奮的活動來減緩疾病的痛苦，同時以樂觀的心情迎接未來醫療的佳音。

結　語

　　雖然大家都知道生老病死是人生必經的四大關卡，可是卻沒

---

[7] 吳瑞美，取材自《聯合報》，民國八十八年四月三十日。

有人願意生病，尤其是不幸地得了重病！

其實，很多病是可以預防的。即使真的生病了，也可以因為及時發現、及時診斷、及時治療，因而及早康復的。其實國人十大死因之中，有不少病症並非無法預防或治療，而只是因為飲食習慣不良、生活習慣不好所導致的。

與其聞病而色變，何不平時多注意自己的健康狀況，尤其是家族中曾有某些病歷，乃至於因而致命的類似病症，就要更加注意了。

進一步思考的問題

(1)你覺得你很健康嗎？你的家人都很健康嗎？

(2)你曾經得過什麼病症嗎？你的家人可曾得過什麼疾病嗎：

(3)萬一你的某一位長輩在晚年不幸地得到癌症，你將如何幫助他建造自己的信心？

第四章
老人的保健與醫療

過去二十年中，台灣老年人口不但在人口總比例上快速成長，在數量上亦呈直線上升，老人之生理、心理之需求，以及疾病、保健等問題，已成為全國人民最為關切之重點。

　　加強中老年健康之促進與保健工作，發展長期照護體系，並整合醫療社會福利，是多年政府積極推展之政策，也是社會各界一致努力之目標。

　　本章將就這些方面，作重點介紹與評估。

老年的保健

　　長生不老，是幾千年以來，上至帝王，下至市井居民所夢寐以求的心願。不老自不可得，但是如果透過預防保健及保養保健，倒是的確可以延續老化的速度。

　　預防本來就重於治療，許多研究都指出不少令人聞而生畏的疾病乃至癌症，其實都可以在注意身體健康的維護，與疾病的預防下，減少其出現之可能性。

一、控制自己的體重與飲食均衡

　　根據八十八年三月十一日癌症基金會所公布之癌症死因之排行榜，可以發現防癌應從減少脂肪攝取、控制體重開始。而衛生署每年公布的國人十大死因，其中便有六項與肥胖有關，如腦中風、心臟病、高血壓、糖尿病、慢性肝病及癌症。此外，脂肪肝、關節疼痛、高血脂等，也都和肥胖息息相關，顯然肥胖已成為全民之公敵。

　　肥胖會帶來各式各樣併發症，據報告顯示，和一般正常人比

較起來，肥胖者罹患糖尿病的機率是正常人的五倍；患高血壓的機率為正常人的 3.5 倍，罹患心臟血管疾病的機會為常人的兩倍。其他還有下列各種併發症：

(1)在循環系統方面：腦血管障礙、心臟肥大、心肌梗塞、狹心症、動脈硬化、高血壓等。

(2)內分泌代謝方面：包括非胰島素依賴型糖尿病、高尿酸血症、痛風等。

(3)呼吸器官：如睡眠無呼吸症候群。

(4)消化器官：如脂肪肝、膽囊疾患、胰臟炎。

(5)婦產科疾病：包括不孕、月經不順、無月經、子宮癌、妊娠毒血症。

(6)整型外科疾病：如變形性膝關節炎、腰痛。

可見因肥胖而併發的症狀可真不少。

王正一醫師（民 88）認為體重是很好的健康指標，並認為「少吃一口，多動一點」是保健主要秘訣之一，要想保持青春與健康，就要隨時量量體重，體重增加或減少三公斤，就是健康警訊。

王正一並認為當體重不斷減少，就要特別注意下列情況：

(1)如果胃口很好，食量也不減，體重卻下降，就要考慮是否有某些特殊疾病；如果一直不好，就更要追究原因。

(2)休息及睡眠是否足夠，過度工作，消耗能量太多，也是體重減輕的一個原因。

(3)是否因為食物內容改變，譬如說，由高熱量之食物轉而攝取低熱量高纖之食物。

(4)是否因為精神狀態不佳，影響攝食功能。

當體重過度增加，也要考慮是否因為：

(1)胃口奇佳，食量大增，攝取了過多的熱量。

(2)運動或身體活動減少，熱量消耗少。

(3)攝取過多高熱量之脂肪及醣類食物。

(4)水腫或腹水使體重增加，也可能是患有風濕性心臟病、肝硬化等症狀。

　　近年來，隨著經濟的進步，台灣地區的老人，衣食無缺，生活日益優裕，在飲食方面，也就朝向以高油脂、高蛋白質之食物為主，而忽略了碳水化合物的攝取，因此體重超過一般標準者愈來愈多。由於全脂含量的食物及一些動物脂肪、膽固醇等食物的過度攝取，往往是患肺癌、大腸直腸癌、胰臟癌、膽囊癌、乳癌等癌症主要之原因（彭汪嘉康，民 88），因此均衡碳水化合物、蛋白質與脂質的飲食，實在應加注意。

　　茲將此三大營養素的機能及含此營養素主要之食物列舉如下：

(1)碳水化合物主要機能是轉化為具有時效性的能量。米飯或麵包等穀物含量相當豐富，水果中也相當多。

(2)蛋白質為人類所有組織、細胞組成的成分，也是組成身體的材料，並且是遺傳因子、酵素、免疫體的基礎。在肉類、魚貝類、乳製品等食品中含量相當豐富。

(3)脂質除了依據需要作為能量來源之外，也是形成細胞膜的主要成分。脂肪在肉類、動物性或植物性油、油炸的糕點等較油膩的食物中含量都比較多。

　　老人除了均衡的飲食之外，平日應多喝水，保持體內充足的

含水量，健康的老人，每天應至少飲用相當於兩大杯的開水，也就是大約一公升的水。

水的機能是作爲血液的溶劑之用，並將各種營養素輸送至身體各部位。此外水份的發汗作用，還可以調節體溫。因此，水是維持生命僅次於氧氣的重要元素。

一般人都是在口渴的時候才喝水，老年人卻因爲口渴的敏感度較差，不容易感覺口渴，因而水的飲用量不足，造成體內的含水量較低，嚴重時，可能引發脫水現象。

水份是占有成人體重一半以上的重要成份，當其中的 20％消耗掉的話，甚至會導致一個人的死亡。

如果老年人不喜歡喝開水，而只喜歡喝茶，烏龍茶應該是優先可以考慮的，因爲它對於預防腫瘤、預化老化很有功效。

《康健雜誌》一九九九特刊「青春不老策略之一」中曾提到，一天三次喝二大杯水，並持之以恆，每年就有一千多個機會，增強免疫力，預防疾病，有如得到青春之泉的滋潤。其中並介紹下列年長老人最好的食物：

保護心臟的食物包括了含 Omega-3 脂肪酸很高的鮭魚、鮪魚、鯖魚等，因爲 Omega-3 脂肪酸可降低血壓，防止血塊凝結，並且幫助人體中的「好」膽固醇，清除血流中的壞膽固醇。此外，應多吃含大豆蛋白質與礦物質的食物。《康健雜誌》並特別介紹十種保護心臟的食物，包括了青花椰菜、大蒜、紅豆、芥花籽油、燕麥片、甘藍菜芽、蘋果、鮭魚、鯖魚，以及秋刀魚。

《康健雜誌》並特別強調老化意味著身體各種功能之遲緩，而人體中步調最慢的莫過於腸道，因此，老人家有便秘毛病的人特別多。要想避免便秘的困擾，就要多吃纖維質。所謂纖維質，就是植物類食物中無法消化的部分，因爲它沒有辦法爲人體所吸

收，在腸道中反而對便秘、大腸癌、高血脂症、血管硬化等所謂西方文明病，具有某些程度的防治效果。最近更發現水溶性纖維，可延緩胃排空，使血糖上升較為緩慢，對糖尿病具有改善療效的作用。

據萬芳醫院營養室的意見，要增加飲食中的纖維量，不妨選擇黃豆糙米飯或綠豆稀飯，選擇全麥麵包或五穀雜糧麵包，及多吃萊豆、扁豆、豌豆、四季豆等蔬菜類。她同時認為膳食纖維就是腸胃道的清道夫，立功不小呢！

《康健雜誌》並建議年長老人應該多吃可以遲緩老化的十種食物：豆腐、桔子、香菇、木瓜、綠茶、番茄、葡萄、香蕉、牡蠣及洋蔥。

老人骨骼多多少少都有一些毛病，吳家恆（民 88）整理一些專家之意見，認為牛奶、乳酪或優格、豆漿、沙丁魚、小魚乾、莧菜、芭樂、草莓、芝麻與檸檬，都是對強健骨骼最有幫助的食物。

《康健雜誌》八十八年三月份專刊則舉出一些能預防癌症的飲食種類，包括含 β 胡蘿蔔素的南瓜與番茄，含維他命 C 和維他命 E 的高麗菜、蕪菁、洋蔥、大蒜、花椰菜、青椒、菠菜等等，都證明很有效果。但是，也不能完全忽略蛋白質的攝取，以維持均衡的飲食。

二、要定期接受健康檢查

健康檢查的目的，主要在藉由醫師的臨床經驗及靈敏的儀器，再加上特異的血清生化檢查，來偵測出潛伏在個體中絲毫沒有臨床症狀的早期器官功能的障礙（疾病），及危害生命的新生

物（癌症）。[1]

但是，如果只是進行身體某部份檢查而沒有其他輔助檢測，其成效還是非常有限。譬如說，發現了某一位老人有內分泌疾病，而沒有立即轉介專科醫療，繼續進行治療，那就失去了健康檢查的目的。

同時，一般健康檢查的項目只著重於生理功能的評估，而常常忽略潛伏性的心理層面危機，也就無法真正落實預防保健的目的。譬如說，有些人以為抽血檢查一切都很正常，就是整個身體健康都沒有問題，殊不知身體潛伏的病變，常存在於其他未能接受檢查的項目中。因此完整健康檢查結果的判讀，必須商請家庭醫師親自判斷或說明，提供一系列保養、保健及預防疾病規劃，並安排日後的追蹤複檢，才能達到預防保健的目的。

三、請別忘了運動

很多研究都發現一個七十歲的老人如果經常運動，其大腿肌肉機能可以增進 10％至 20％，有效地將因老化所導致的肌肉衰退減慢十至二十年。

運動可以提高一個老年人的活動能力，提高心肺的功能，保持關節的活動力及減低骨質疏鬆的產生。根據一些研究發現，運動可以降低高血壓、糖尿病、冠心病及中風的發病機會。

梅可望（民 86）於其所著之《不老的秘訣》一書中，就提出適當的運動是不老秘訣之最重要不二法門，他並建議[2]：

(1)要經常做，天天做，最好能在一定的時間做，例如清晨或

---

[1] 譚健民，《健康快樂又長壽》，精美出版股份公司，民國 87 年。
[2] 梅可望，《不老的秘訣》，中華民國家庭幸福促進協會出版，pp.36-37。

黃昏，其效果更佳。

(2)要與自己的身體狀況相配合，不要去做自己體力不能負擔的運動，也不要去做對健康沒有益處的運動。

梅可望更以他個人四十年的經驗，推薦太極拳的益處：

(1)手足靈活，腰幹柔軟，步履穩健，四十年如一日。

(2)消化良好，胃口常開，很少胃腸病。

(3)耳聰目明，牙齒健康，皮膚光滑，很少有老人斑。

(4)思路清晰，能講能動，沒有老年人滯呆現象。

(5)血壓正常，沒有糖尿病、心臟病之類的長期病痛。

最近，有氧運動也很受許多人的歡迎，老年人如果每週三天，每天以二十分鐘為目標，並以較平常稍快的步伐走路，也可以消耗一些身體內多餘的脂肪，不妨試一試。當然還有一些簡易的健身操也不妨考慮。

其實，運動不但可以強身，而且可以改善情緒，驅除憂鬱，增進心理健康。許多研究都指出經常運動的人，確實比較有活力、知足、樂觀、合群、有自信。寄語一向不喜歡運動的老年人，何不嘗試一下？

四、要有建設性地老化

周聯彬（民 85）認為要有建設性地老化，想辦法壓縮疾病，維持生命力的高峰，並強調大部份老人的疾病都可以預防。高血壓、糖尿病是很多慢性病的根源。保健的目的，不在於徒增歲數，而應該是增加生命力。讓每個人都可以在生命的過程中，生得好，

老得慢，病得輕，死得快[3]。

　　改善對健康不好的習慣，可以改善老化的現象。據調查國內26.5%以上的老人經常抽煙，15%的老人酒喝得比較多，5%的老人嚼檳榔，38.2%的老人從不運動，5%的老人營養不好，甚至連早餐都不吃。這些對健康多少有不良影響的習慣，都是應該改進的。

　　《中國時報》記者林照真報導了台灣百歲人瑞十項維持健康的秘訣，分別是：(1)經常運動；(2)保持理想體重；(3)減少肉類和動物性脂肪的食物；(4)多吃魚、家禽肉及纖維食物；(5)經常保持身心愉快；(6)飲酒不過量；(7)不抽煙；(8)每天喝水三大杯以上；(9)戴安全帽坐機車；(10)多吃鈣和鉀的食物。（見中國時報88.4.30第十版）

　　建設性老化，還要注意的是祛除進補的觀念。

　　國人一向很重視進補，卻往往造成身體的不適。其實，平時注意飲食中食物營養的均衡，就可以供應體力所需。尤其是個人所需的新陳代謝熱量，隨年齡的增長而逐年減少。科學的研究也應驗了中國人所謂的「食八分，享長壽」。假若攝取過多熱量或營養，徒然增加疾病形成的誘因[4]。

五、保健最後之道：不要亂吃藥、看固定醫師

　　國內銀髮族除了喜歡吃補補身之外，還喜歡看醫生、吃藥。固然，有時服藥有它的重要性，可是俗語說「藥能救人也能害人」。正確的用藥，可以改善病情，吃多了對身體也有不好的副作用。

　　據健保之統計，銀髮族是健保最主要之顧客，健保卡使用率

---

[3] 周聯彬，《老人照護—如何提高老人生產力》，厚生基金會出版，pp.35-37。
[4] 譚健民，《健康長壽又快樂》，pp.19-20。

最高的也是年長的老者，其中不乏一年之中用掉一百多張記錄者。也就是說一天在台北市跑三家醫院，早上台大醫院，下午健保第一或第二門診，晚上跑長庚或某一市立醫院。早上掛的是內科，下午掛的是家庭醫學科，晚上又掛的是另一科。甚至同一科可以跑不同醫院，或同一醫院不同科，反正有的是時間，反正藥不拿也是白不拿。結果是藥吃多了，對身體反而害處多多！

很多專家特別強調看病要固定一位醫師，並持之以恆，因為：

(1)醫師可追蹤病情：任何疾病的發展，有其時間性。以咳嗽為例，由於氣管處於高敏感狀態，往往要拖七至八個星期才能完全復原，因此只服用一至二次藥物，一定不能完全痊癒，需回去複診以預防中耳炎、鼻竇炎或肺炎等後遺症。所以感冒看一兩次不但沒有好，反而咳嗽得更厲害，實在是自然病理的緣故。此外，慢性病患更需要持之有恆地與醫師合作。舉高血壓為例，定期請醫師複檢，除了瞭解血壓控制情況，還會按時抽血追蹤血脂肪及肝、腎功能的指數，以預防腦中風、心肌梗塞，心臟衰竭等常見併發症。

(2)醫師可瞭解藥效：為了安全起見，謹慎的醫師都會從最低劑量開始處方，再依患者服用的狀況逐漸增減。複診的好處便是使醫師瞭解複診病人服藥的反應如何，是已經病情大好，只好了一點，還是沒感覺，作為醫師處方的參考。此外，對於需要長年服用藥物的病患，按時複診可使醫生逐步調整適合病人體質及劑量的藥物，而且還可以監控副作用的出現。

(3)預防藥物交互作用：以國人最愛到處就醫的感冒為例，到

處拿藥，藥物混在一起，亂吃一通，小心致命的交叉作用。最常被引以爲戒的，便是第二代抗組織胺和紅黴素合併服用會引起心律不整。

國人在保健方面，還要特別注意的是不要道聽途說，聽說那些醫師高明，就不斷轉診，既費時費力又浪費健保資源。

老人的醫療與長期照護

有病，當然要求醫，也當然要服藥，問題是老年人身體所能承受藥物的能力，尤其在藥物的吸收、脫毒及排泄各方面的能力，都比一般年輕人來得差，因此藥物之服用，就要特別注意。許多年長的病人，常常責怪醫生開的藥少，卻不知道藥服多了，反而容易引起併發症及增加肝臟、腎臟的負擔。

病了，除了就醫之外，如果是長期性的慢性疾病，就需要良好的老人長期照顧。目前老人的醫療由衛生單位負責，長期性疾病患者之生活照顧則由社政單位負責。從一個病人之急性治療、慢性治療、長期照護以至安養服務，環環相扣，彼此合作。

事實上，這些構想限於經費及各方面條件之未能配合，短時間之內恐難立即實現。目前可行之道，仍在於加強居家護理與家庭照顧，以達成建立長期照護體系，增進身心功能障礙民眾之生活品質。

家庭照顧之服務對象，主要是那些因爲慢性疾病復發，而剛出院回家休養者。其中包括：罹患糖尿病或心肺疾病，剛經歷中風或心肺疾病，乃至其他痼疾已進入末期的病人。同時也包括需

要做持續復健治療的人，以及需要追蹤治療的人。

　　家庭醫療最大的好處，是長者可以待在自己熟悉與舒服的環境中靜養。如此做在財務方面也有所助益，因為在家中一切的費用，總比在醫院、療養院或其他居所來得便宜。最重要的是讓病人感覺獨立、自由而不拘束。

　　但是，要使得家庭醫療服務得到真正的效果，有賴於衛生醫療單位全力的、在長期照護整體計畫下，提供各種服務。另一方面也有待社會福利單位各種措施的配合。換一句話說，它需要跨專業領域，多元化的服務，與資源整合和團隊的合作。

　　具體而言，慢性病人或失能病人出院之後，需要醫生有時來診治、公衛護士經常前來家中實施身體檢查、物理治療師到病患家中提供復健等服務，還需要申請居家照護輔助器材租借，以及職能治療師針對病人之需要，提供各種服務，以增進其身心之健康。最後，還需要營養師給予病人若干具體建議，以改進其營養。

　　行政院衛生署科技顧問周聯彬認為老人族群是國內最疏於開發及利用的社會資源，而老人族群也最需要社會各種族群的支持[5]。

　　現在讓我們根據圖 **4-1**，來逐項闡述。

　　老人急症往往相當棘手。老年人除了慢性病纏身，日常生活中發生急症的情況也很多，而且因為老人家普遍身體狀況不佳，稍有不適或狀況發生，都可能招致嚴重後果，即使能復原，所需的時間也較長。

　　老年人最常見的急症，包括腹瀉、跌倒、急性發作的神智混亂、心肌梗塞、吸入異物、食物中毒與出血休克等等。對於這些

---

[5] 周聯彬，《老人照顧——如何提高老人生產力》，p.35。

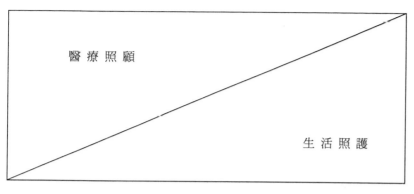

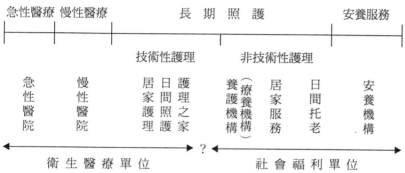

圖4-1 我國老人醫療及服務體系
資料來源：楊漢泉，1993。

可能危及生命的急症，除了平時應多加預防之外，一旦發作應該
馬上送醫院診治，才能有驚無險，早日恢復健康。

問題是慢性疾病的病人，尤其是失能的病人，是需要衛生醫
療單位所提供的長期照護，延續慢性醫療的功能。

有關個案管理流程，請見**圖 4-2**。

台北市目前長期照護資源有：

(1)二十四小時機構式護理之家八百五十九家（未包括尚未立
案者）。

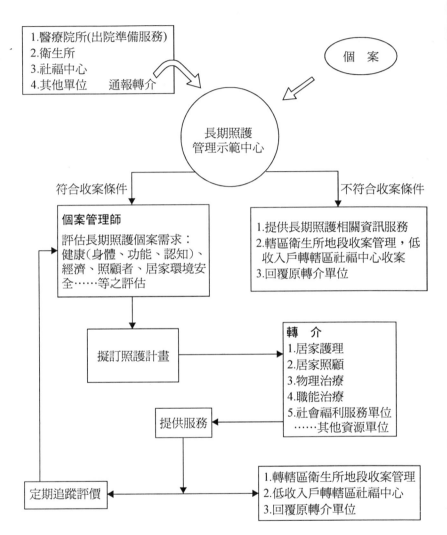

圖4-2 台北市長期照護管理示範中心個案管理流程

資料來源：陳麗華，〈台北市長期照護的昨日、今日、明日〉，《空大學訊》
234期。

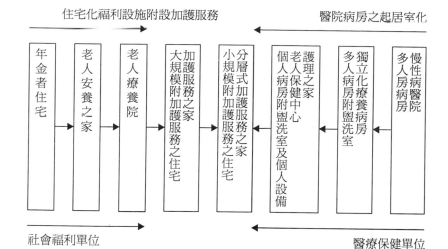

圖4-3　長期照護環境之演化歷程

資料來源：《空大學訊》，第233期，119頁，88年4月16日出版。

(2)居家護理十七家。

(3)居家照顧八家，每月服務約五百案。

　　至於長期照護如何在社會福利與醫療保健密切合作下，達成延緩老人疾病惡化，促成達到較高生活品質，增加自我照顧之能力，黃耀榮（民88）設計了**圖 4-3** 之演化歷程。

　　由於老人多半患有機能障礙、輕微殘障或慢性病（已見前文），尤其是老年慢性病患在治療告一段落後出院，常因生活自理能力仍有障礙，或因病情不穩定，隨時有再度發作的危險，家屬之心理與體力負擔，往往疲憊不堪，導致照顧品質不佳，容易造成個案病情之惡化。

　　更值得關切的是，台灣地區目前失能老人約有九萬二千人，其中 10%住在養療機構，90%住在家中。住在家中者大部分（約

七萬人）由家人照顧，少部分（約七千二百人）僱人照顧。姑不論照顧者愛心與耐心如何，彼等對醫學常識與心理輔導認知之不足，嚴重影響預期之成果，殆無疑問[6]。

一個失能老人的需求，或者說我們對老年失能者的希望應該包括：

(1)在預防性方面：

(a)預防性疾病之惡化。

(b)預防自我照護能力之消退。

(c)預防營養之不良與不均。

(2)在環境提供方面：

(a)安全性較高之環境。

(b)無障礙之交通環境與公共建設、活動場所。

(3)服務方面：

(a)家事代勞。

(b)個人身體照護。

(c)日間托老、照護。

在整個居家護理與家庭照顧體系中，醫師與護理人員當然扮演了很重要的角色，但是對於慢性病人之復健工作，改善病人之機能損傷及功能障礙，物理治療也是非常的重要。

事實上，物理治療師到病患家中提供服務的情況存在已久，然而直到民國八十六年才開始建立制度[7]，其主要服務對象是罹患腦中風、糖尿病、高血壓、巴金森氏症、心臟病而行動不便者。

---

[6] 劉慧俐，＜推展老人居家照顧服務之規劃＞，《社區發展季刊》，84 期，pp.152-153。

[7] 胡名霞，〈物理治療與長期照護〉，《空大學訊》，第 235 期，p.151。

服務項目以簡易復健治療者最多，其內容包括運動（movement）、徒手操作（manual）與儀器設備（modality）。

更進一步，職能治療也在長期照護中扮演了非常重要的角色。職能治療是復健醫療團隊的一員，藉由個案或病患的主動參與，增進個體生理、心理及社會方面的健康，維持、發展或重建個體日常生活、工作及社會化功能，預防疾病之惡化，矯治殘障並協助社會適應的一種專業。其服務對象包括：生理疾病患者、職災意外傷害者、精神疾病患者以及殘障老人[8]。

職能治療介入長期照護之方式，見**圖 4-4**。

圖中所謂副木製作與擺位，乃指調整個人或病人在輪椅上、床上的姿勢，並製作副木以防止攣縮或褥瘡的發生。

如果是長期依賴氧氣、呼吸器之個案，政府訂定了居家照護輔助器材租借辦法，以強化他們自我照顧能力及減輕家屬經濟負擔，使個案於家中獲得更完善之生活品質，且藉由輔具回收與再利用，充分發揮物暢其流之功能。

同時，為求改善失能者居家環境（如安全扶手、門檻拆除、門加寬），政府亦補助一些費用。

此外，由於需要長期照護的患者，多為成年人或慢性疾病患者，尤其是中風者居多，這類病人容易有營養不良的現象，若是未能及早預防或治療，往往使患者的活動力更加受損，感染機率增加，相對增加醫療資源及患者身心之負擔，因而營養師在長期照護團隊中之功能，逐漸為醫學界所肯定[9]。

由此可見，居家照顧固然是大多數老年人心目中的最愛，也

---

[8] 張戒，〈職能治療在長期照護中的角色〉，《空大學訊》，第 235 期，pp.160-161。

[9] 金惠民，〈營養師在長期照護團隊中的角色與功能〉，《空大學訊》，第 235 期，pp.164-165。

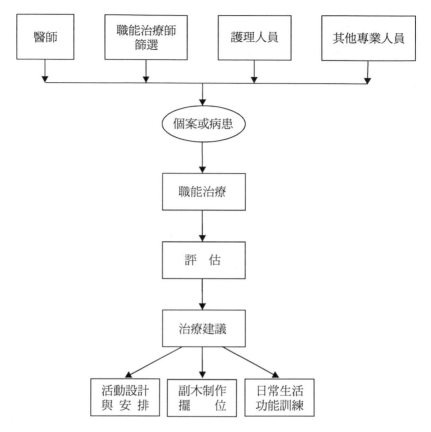

圖4-4　職能治療介入長期照護方式圖

　　的確是較經濟的一種長期照顧的做法，既省醫院中醫療之費用，也減輕家庭中很大的付出，可是如果沒有長期照護團隊大力之配合，恐難收到任何效果。同時，家人照護，人力也有其極限，因而社區照顧就成為逼切之急需。

　　　內政部和衛生署之資料顯示，至民國八十六年底，台灣地區需要長期照護人數為 106,211 人，其中老年人口需長期照護人數佔老年人口 5.5%，約為 95,590 人。其發展目標為居家式及社區式照護 70%，機構式照護 30%，以此目標比率推估，預計需機

構式照護人數約爲 31,863 人。

實際上，我國目前之情形與預計目標相差甚遠。下列具體數字可供參考：

(1)國內合法立案的護理之家，只能照護 2485 人。

(2)慢性病床 5184 人。

(3)養護之家床位 4486 床。

(4)榮民之家照護 2151 人。

供給量與實際需求量之間差異甚大，有 17,577 人乏人照護。

在居家式和社區照護式方面，需求量大約是 74,348 人，但是：(1)衛生單位登記有案的居家護理機構，每年只能照護 9369 人。另外日間照護機構全年照護 749 人。(2)向社政單位登記立案的居家服務機構，每年只能照護 7705 人，日間照護機構全年照護 985 人。總計還有 55,540 人乏人照料。

至於慢性病床部分，主要爲以服務榮民慢性醫療爲主，兼顧少數疾病如脊椎損傷之持續性醫療、復健及護理之服務，無法顧及慢性病患的護理照護及生活照護。因此，衛生署今後似應全力鼓勵長期照護機構的設置。

長期照護之方式還有護理之家和社區照顧等模式，其中最重要的一環應該是護理之家。它是整個長期照顧中的一個絕對必要的部份，居住者在復原期中，因爲有健康照顧的設備，提供了病人生活需要的最佳服務。

以台北市萬芳醫院護理之家的資料爲例，可見其照護對象、工作團隊與服務內容，詳見圖 **4-5**。

照護對象：
腦中風患者、長期臥床的慢性病患、老邁喪失自我照顧能力創傷後導致植物人狀態的患者、手術後、出院後仍需長期照護者。（癌症末期患者、呼吸器依賴患者、傳染性疾病或精神病患者等等......不在照護範圍）

服務時間：
24 小時全年無休
＊長期療護（留院超過一個月以上）
＊暫托療護（須住滿一週）。

照護品質：
專職護理人員提供專業服務，專科醫師定期迴診，緊急醫療支援完善，無後顧之憂。專業復健團隊與營養師，更有熱誠的社工人員與受專業訓練的病患服務員。

工作團隊與服務內容	
護理人員	提供住民身體檢查、生理功能與疾病監測、用藥與專業醫療處置的執行、制定住民妥善的日常生活照護計畫並監督相關工作人員執行，發現住民身、心、社會層面的需求，協助各相關人員處理。
病患服務員	執行住民日常生活中食、衣、住、行的各項照護活動。妥善維護住民的個人清潔與衛生，提供基本的肢體活動與照顧。
專科醫師	定期迴診，持續追蹤住民的健康狀況，需要時以健保門診的方式，提供復健治療的診療與復健活動的安排。
營養師	依住民的需求加以評估，設計其個別性的飲食配方。
社工人員	針對護理之家的住民與家屬設計合宜的休閒、娛樂活動並協助執行；提供社會福利相關資訊。

收費標準：收費標準係依據台北市政府規範制定。

圖 4-5 台北市萬芳醫院護理之家之照護對象、工作團隊與服務內容

社區日間照護

有一部份老人罹患慢性疾病或輕度殘障，雖不需要二十四小時住院照顧，但還是需要某種程度的健康和社會服務，社區照護方案乃因應此一需要，在國內逐漸推廣。

社區日間照護方案旨在協助功能損傷者留在社區生活，並協助家庭和其他照顧者提供持續照顧。日間照護的功能，可歸納為下列八項：

(1)維護或改善案主的功能。

(2)促進案主的社會化。

(3)增加案主的滿足感。

(4)預防或延緩案主進住機構之不適應。

(5)解除照顧者（通常為其配偶、子女或其他親友）長期的負擔，使他們可獲得喘息的機會。

(6)促使照顧者繼續就業。

(7)增加照顧者的持續照顧能力。

(8)就整個長期照護體系而言，日間照護方案較二十四小時住院或其他方式，成本相對較低。

老人日間照護服務的類型，大致可歸納為下列三類型：

(1)醫療類型中心（medical model）它又可分為：

　(a)醫療日托中心或稱康復性模式中心，對急性病復原的病患提供醫療與復健的服務。

　(b)健康相關日托中心（health-related day care center），主要服務有慢性病而需要持續護理和其他保健項目的患者，其目的在於維護患者的現況，免於惡化。

(2)社會類型中心（social type）：它是為日常生活需要協助的人提供服務，他們不需要復健性的照顧，也很少有嚴重的生理障礙，但大多無力發揮獨立的社會功能，也有某種程度的認知學習問題。

表 4-1　社會型日間托老中心與醫療型日間照護中心營運方式與服務對象的比較

特性	社會型日間托老中心	醫療型日間照護中心
經營型態	老人福利機構附設	由醫院附設
服務對象年齡分布	以 65-74 歲的女性居多	以 70-79 老人居半
服務對象的身體狀況	健康、行動方便 生活可自理者	有功能障礙 行動不便需輪椅、支架者
服務對象的資格限制	限 60 歲以上 輕微失智，輕度中風及健康、行動可自理者 居住地於中心所在地及附近	無年齡限制 輕度中風，非長期臥床者 居住地於中心所在地及鄰近

(3)綜合類型中心（mixed type center）：它提供一些不同程度的醫療照顧，服務對象通常是行動輕微不便、健康情況不一的老年人。

　　台灣的日間照護服務方案分別由社會福利和衛生醫療單位分別掌管。

　　在日間照護方案方面，社會型日間托老中心由老人福利機構、老人活動中心及老人會經營辦理，目前服務量有 1,097 名；而醫療型日間照護中心全部由醫院附設，而只有 83 名民眾接受服務。兩者不同之營運方式和服務對象，見**表 4-1**。

　　老人日間照護服務，透過社區之既有機構而推廣，在國外已蔚成風氣，國內這幾年在此一方面，亦確已收到一些成果。呂寶靜（民 87）以為今後我們應該建議政府在政策之擬訂和實務之推展方面，朝向下列幾個目標優先考慮：

(1)政府應透過獎助方式鼓勵民間部門提供相關業務。

(2)對於特殊族群的老人日間照護方案,可委託民間機關團體辦理,政府亦可自行實驗創辦。

(3)政府應扮演規範的角色,透過法規來確保社區照護方案的品質。

(4)政府應審慎研擬所需的財源問題。

(5)可考慮延長服務時間,以減少使用障礙。

(6)各社區應優先推展多功能的老人活動中心的業務。

安寧照顧

安寧照顧(hospic care)是今天醫療體系對臨終病人所提供醫療的一種服務。過去一般人認為安寧照顧只是在照顧癌症末期有痛苦症狀的病患。逐漸地,近幾年來,醫學界及社工人員乃至一般社會人士已經都認為對於任何疾病末期,只要是治療已盡力提供,而病患仍有疼痛、呼吸困難、其他不適症狀,需要給予緩和醫學照顧,及心理與心靈幫助者,皆是安寧服務之範圍。

依據世界衛生組織(1995 年)的解釋,安寧照顧或緩和照顧指對不能治療的病患採取積極的、全人的照顧,其目標在於確保病患和其家屬的最佳生活品質,結合心理及精神層面的照顧,讓病患有尊嚴地活出自己的生命,並提供家屬在病患生病期間及逝後哀傷的各種支持性服務。

國內安寧照顧開始於一九八七年之馬偕醫院,至今不過十二年,但已普受社會之肯定。據鍾昌宏(1994)指出:

(1)安寧照顧的理念：以照顧為主，尊重生命尊嚴並重視生命品質。

(2)安寧照顧的目的：

　　(a)希望幫助末期病人瞭解死亡，進而接納死亡的事實。

　　(b)希望給予病人家屬精神的支持，給予他們承受所有事實的力量。

(3)安寧照顧的基本原則：儘量讓病患解除對死亡之恐懼與病痛之痛苦；以專業能力、愛心，讓家屬覺得可以信賴，只要情況許可，儘量讓生活照常、活動照常，一切保持連續性。

據統計，國內每年死於癌症之病患，平均在兩萬人左右，而其他慢性疾病末期之病患，亦在四萬至五萬左右，因此安寧照顧在國內尚有待全力推動。目前癌症死亡人數與各醫院之安寧病房、總床數與實際需要之間，還存有極大差距。

至於安寧照顧的服務性質，可分下述幾點說明：

(1)由一組人員提供團體服務，其中結合醫師、護理師、宗教人員、社工師、營養師、藥師、物理治療師、義工等人力，提供最完整醫療照顧。

(2)幫助家人及親友學習照顧技巧，讓病人家屬知道如何給藥、幫病人活動、傾聽、回應，並應付特殊狀況。

(3)隨時提供服務，有醫護人員定期做居家照護，安寧病房則提供每日二十四小時專人及專線服務。

(4)提供家屬哀慟輔導，協助家屬面對即將失去親人的哀慟，提供諮商輔導、義工探訪、假日活動，並協助喪禮等服務。

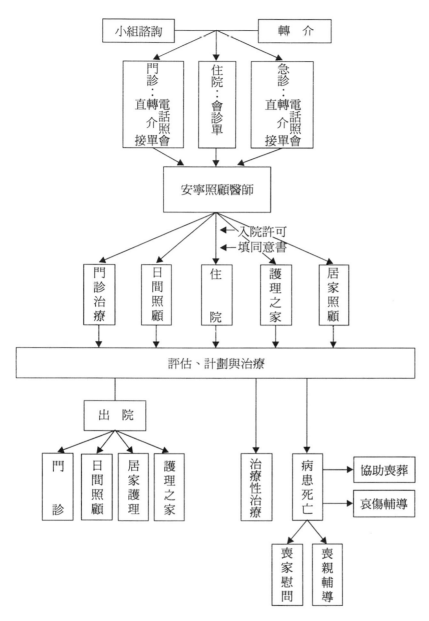

圖4-6　安寧照顧小組工作流程圖
資料來源：鍾昌宏，1994。

至於安寧照顧小組工作流程，請見**圖 4-6**。

最後，我們強調的是，安寧照顧完全不同於一般傳統醫療，整個流程中，希望能夠儘量滿足病人身體的、情緒的、社會的、精神的以及病人家屬的需要，是一種臨終病人與家屬生活品質的全人照顧。我們殷切地期望，讓人在其生命末期能夠保有尊嚴，遠離疼痛，而邁向生命終點[10]。

結　語

人若賺了全世界，卻賠上生命，又有何益處？

有健康，才能享受生命中的幸福與安康。

如何維護自己的健康，預防病痛之可能發生，應該是熱愛自己生命最重要前提。千萬不要以為自己一向身體強壯，精力充沛，而疏忽了平時多多愛護自己的身體，以免萬一有一天真的病了，那就恐怕要花更多的精力、物力，以求早日康復。

如果真的有那麼一天，感覺到身體好不舒服，務必及早找醫生詳細診斷治療。千萬不要亂吃成藥，更不要諱疾忌醫，心存僥倖。更不要因為怕拖累家人，隱瞞病情，免得小病變成大病，終至演變為無可避免的悲劇。

如果真的有那麼一天，真的病倒了，也請不要驚慌失措，因為長期照護、社區日間照護，都提供了病人以及家屬最好的服務。

---

[10] 凡對於安寧照顧有某種心理感動，對此一神聖工作有濃厚興趣，有志參加志工行列，或想知道更多一點其中的細節，請函台北市中山北路二段 92 號 9 樓，安寧照顧基金會，或電話(02)25118344 或 25615590，索取免費錄影帶或手冊。

進一步思考的問題

(1)「未雨綢繆，遠勝於亡羊補牢」，這句話就老人健康與治療而言，有何新的詮釋？

(2)你可曾到過醫院探望生病的親友？看到或是想到有那麼多人輾轉在病榻，你有何感想？

(3)你覺得「安寧照顧」真正的意義在那裡？有這麼一天，你願意投身在這一個神聖的工作，扮演義工的角色嗎？

第五章
老人的心智

人到老了，真的是百無一用嗎？要不，爲何過去年長的人士要自稱老朽，好像老了就要朽？

　　難道是隨著歲月的流動，人到六十五歲以後，就生理衰之於外，心智隨著亦衰之於內嗎？

　　本章所謂心智，泛指一切智力、記憶與學習、思考與創作等等心理活動，有關理論與實務，詳見以下各節。

智力的定義與特性

　　智力一詞，歷來界說不一。本書將引用《張氏心理學辭典》所先後提出之定義，以作說明。在此辭典中，張春興將之先解釋爲：「個體在推論、想像、創悟、判斷以及生活適應等多方面的能力」，其後再參照認知心理學家的見解，補充爲「智力乃個體本身自身之遺傳條件，在其生活環境中與人、事、物接觸而生交互作用時，其所表現出善用以往經驗，隨時吸收新知，因時因地肆應變局，迅速見及困難之關鍵，並經思考、推理、判斷以解決問題的綜合能力」[1]。

　　其他一些心理學家則將智力界定爲有目的的行動、合宜的思維，以及有效地適應其環境的綜合性能力。它包括了抽象思考、適應環境、學習以及綜合的能力。

　　王克先則綜合各家之說，將之歸納爲：「智力是學習的能力，也是適應環境的能力，同時也是抽象思考的能力。」[2]

　　從以上不同的界說，可看出智力的特質如下：

---

[1]　張春興，《張氏心理學辭典》。
[2]　王克先，《學習心理學》，五南圖書出版公司。

(1)它是個體在行為上所表現的綜合性的能力。

(2)遺傳是個體智力發展重要的條件。同時由於每個人所秉承的先天稟賦各有不同，因此每個人的智力也必然有別。老人之中的智力自然有所差別。

智力是在生活環境中與人、事、物接觸而生交互作用時，其所表現的以往經驗。因此一個人與環境的互動愈多，其智力之發展愈快也愈廣。這也解釋了部分老年人智力在某一方面之所以退化，就在於他們已經不再繼續與外在的環境接觸。

智力的發展需要隨時吸收新知，一個人縱使與生俱有的潛能如何得天獨厚，但卻停止學習，其智力之發展亦必不進反退。這也解釋了部分老人智力之所以有退化之現象，就在於他們或者墨守成規，或者故步自封，或則滿足於現在一切，在不進則退定律下日趨老化。

智力的特質之一是要因時因地求變，老年人所以被譏為落伍、頑固，就是因為已往的包袱，桎梏了思想的發展機會。不求突破，以不變應萬變，智力之明顯退化，也就在所不免。

智力之另一特質，根據認知心理學家之解釋，在於迅速見及困難之關鍵，謀求某一問題之解決。那些稍遇困難，不戰而敗，心理上先存有「我該怎麼辦」，或以鴕鳥心態，故意淡化困難之嚴重性，只增添了問題的複雜性。賢愚之不同，也就在於前者勇於挑戰各種困難，劍及履及地採取各種有效途徑，力圖困難之克服；而後者卻以各種理由自我防衛，自尋下台階，甚至推諉他人之造成困難，因而延誤了解決問題之時機。

問題之解決，有賴於綜合思考、推理、判斷的能力。不經詳盡思考，無從推理，判斷自難免有所偏頗。實際上，智力之最高

層次就在於問題之解決。不經思考，就冒然行事，不加推理詳研其因果與此中之錯綜複雜，判斷自難免差之毫釐，失之千里。老年人士往往憑其主觀或所謂多年經驗，或未經前述過程，即奢求問題解決，或不加精慮，即採取行動，自難免治絲而棼、徒勞無功。更可怕的是一經失敗，就頹然沮喪，放棄以後一切努力。老年人有時被譏為得過且過，也就是如此緣故。

更重要的是智力固然是許多能力的綜合，但不同能力一方面各有其所表現，有的人長於語文，卻在數學方面稍差；另一方面則彼此之間有密切的關聯。

接下來，讓我們看看專家學者們對於智力結構的見解。

如上所述，有些心理學家認為智力是一大群能力的結合，這些能力之間成正相關。他們並採用因素分析（factor analysis）的統計方法，希望更精確地說明那些基礎能力構成了智力。

因素分析的創始人是史皮爾曼（Chilles Spearman, 1927），他主張智力的雙因素說（two-factor theory of intelligence），認為每個人都具有一般智力因素（稱為 g 因素），只是量的多寡不一而已。g 因素決定了個人在智力測驗上的表現。此外，每個人也有特殊因素（稱為 s 因素），是和一個人的特殊能力有關。

可是，薩爾斯通（Lewis Thurstone, 1935）卻認為智力是建造在息息相關的七個因素之上。這七個因素以及他們的意義是：

(1)空間（spacial）：也就是當同樣的圖形方向改變時，能夠仔細辨認空間關係的能力。
(2)知覺的（perceptual）速度：也就是在視覺上，能夠明察秋毫的能力，能夠很快看出兩圖形間的相似與相異。
(3)數字（number）：也就是運用數字或計算的能力。

(4)語言（verbal）：也就是解釋語詞意義的能力。

(5)字語流利的能力（word fluency）：也就是快速思考文字的能力。

(6)記憶的能力（memory）：也就是回憶所學習的能力，如文字的配對與歷史的因果等。

(7)推理的能力（reasoning）：也就是能夠根據有效的幾個狀況，找出一般原則的能力。

吉爾福（Guilford, 1967）則提出智力結構模式理論，他以為智力乃下列各要項一百二十個因素之組合。

(1)思考運作或心理過程的五個要件：

　(a)評價（evaluation）：以判斷資料的正確性與應用性。

　(b)擴散性思考（divergent thinking）：指個體憑思考解決問題時，可同時想到數個可能解決的答案，而不囿於單一答案或鑽牛角式的探求。它是一切創造力的基礎。

　(c)聚斂性思考（convergent thinking）：指以知識或邏輯規則為基礎，尋求一正確答案的歷程。

　(d)認知（cognition）：指個體經由意識活動對事物認識與理解的心理歷程。

　(e)記憶（memory）：指引起個體反應的刺激、事件、形象、意見等消失之後，仍能保留原反應的心理功能，或者是以往經驗的角度顯現與學習結果的表徵。

(2)思考之成果或反應之類別，包括單位（unit）、類別（classes）、關係（relation）、系統（system）、變換（transformation）與含義（implication）等成果。

(3)思考之內容，包括數目、圖形、語義與行為。

由以上幾家學說綜合來看，在某些情況下，將智力細分為若干因素是有助益的。在許多實用狀況之中，利用這些界定範圍廣大的能力中的少數能力，可以預測某些工作成功的可能性。本文尤感興趣的是各種不同的能力，是否隨年齡、社經地位、教育水準及文化背景等因素的不同而有所不同，尤其是老化對個體的智力究竟有何影響。

　　至於前文所提究竟智慧是一個單一的一般因素，還是多項互有關係的特殊能力，依照現有的証據來說，初步的結論應該是：智力是某些一般能力再加上特殊能力。

　　一位 I.Q.不高但具有一點特殊能力的人，可能在許多情境下表現得比 I.Q.高的人還要好。不過，I.Q.非常高的人在各方面表現很好的機會，卻一定比只在某方面有特殊專長的人機會來得高。

　　本世紀七十年代以後，又有了所謂液體智力（fluid intelligence）與晶體智力（crystallized intelligence）之說。

　　所謂液體智力（或稱流動智力），指個體對圖形、物體、空間關係的認知，主要是由人類的神經結構及心理架構所構成，包括了記憶力、聯想力與推理能力。

　　晶體能力（或稱固定能力）主要是由於人類正向的學習經驗而獲得，它與教育文化環境的學習機會有關，包括個體對語言、文字、觀念、邏輯推理等抽象思維能力，同時也涵蓋行為的動機和調適的能力。

　　液體智力與晶體智力這種說法，對於老年期智力的變化也提出了一些很重要的詮釋，那就是在個體老化過程中，某一方面能力遞減的時候，另一方面則逐漸發揮其補充的作用。

　　由最新有關智力的研究可以看出老人智力的變化問題。Gardner（1983）所提出的多元智慧論，它的主要特色是涵蓋了 I.Q.

和 E.Q.的基本理念。

Gardner 認為所謂智慧，實際上包括了下列七大類：

(1)語文智慧：指有效地運用口頭語言能力或書寫文字的能
　　力。

(2)邏輯數學智慧：指有效地運用數字和推理的能力。

(3)空間智慧：指準確地感覺視覺空間，並將知覺表現。

(4)肢體－動覺智慧：善於運用整個身體來表達想法和感覺，
　　以及運用雙手靈巧地生產或改造事物。

(5)音樂智慧：包括察覺、辨別、改變和表達音樂的能力。

(6)人際智慧：察覺並區分他人的情緒、意見、動機及感覺的
　　能力。

(7)內省智慧：有自知之明，並據此做出適當行為的能力，包
　　括了對自己的瞭解，以及自律、自知和自尊。

Gardner這種多元智慧的說法，可以用來引述老人的I.Q.和E.Q.
的問題。

老人的 I.Q.和 E.Q.

許多心理學家、教育學家多年來最感到興趣的問題，是老年
人的智商（I.Q.）會不會變化，而他們的 E.Q.又如何。

首先，我們要提出的是：

(1)智力不可避免地隨年齡而遞減，但絕沒有完全衰退。由於
　　它是一種綜合體，某一種能力的衰退，並不代表各種能

力的完全退化。

(2)不同的個體，智力老化有著極大的個別差異。

至於何以人老了，頭腦不像以前那樣靈光，我們應該看看腦細胞是怎樣運作。

每個人的腦子裡都有幾十億以上個神經細胞，存在大約一點四公斤的腦之中。腦的最大部分是大腦，它不僅是智慧和創造力的產生地，也是產生愛情、憎恨、憤怒、寬恕和其他情感的源泉。

有些神經細胞或神經元有三十多公分長，神經脈衝以每小時四百多公里的速度沿著神經元傳遞信息，直接達到軸索，然後由一種化學神經介質觸發下一個神經元的樹突，產生共同的脈衝，形成連鎖反應，直至信號達到目的地。

更具體來說，腦神經細胞的軸索和樹突，分別負責釋出神經傳導物質與接收訊息，然後結構類似樹根，從細胞體伸展出來，和周圍的細胞聯繫。樹突愈多，表示腦力愈佳。有些學者專家解釋老年人智力的減低，就是因為樹突減少的緣故。**圖 5-1** 可供參考。

體表的感覺神經接受外部信息之後，立即將信息傳遞到大腦。大腦再將信息作出解釋，再將之通過神經或脊椎神經反饋到身體。這一切在幾分之一秒內完成，而且幾乎不必思考。然而，如果腦或神經系統的某部分出了毛病，就可能引起運作障礙，重者癱瘓或變成痴呆。據研究老人智力的退化，也可能是腦或神經系統的某部分發生什麼問題所致。

另外，一些專家學者則發現人腦本身也有預備一套機制，能夠在年老時活化腦細胞，新長出的神經樹突會愈來愈長，在八十歲以後還會長出新的枝枒。瑞典科學家已經發現，我們可以藉由

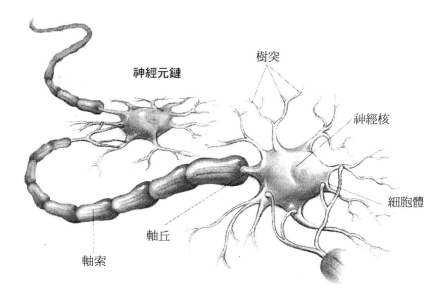

神經元鏈

樹突

神經核

細胞體

軸丘

軸索

圖5-1　神經元鏈圖

藥物，誘導腦細胞再度活動而恢復原有的功能。這些有關腦細胞
活化的好消息，一方面提高了我們對年老時仍保有個人才能的信
心；一方面也解釋了為什麼米開朗基羅、愛迪生、畢卡索等偉大
人物到了八、九十歲還是依然如此成功的理由。

　　正如 Bornstein（1984）所說，那些晚年期仍能維持其智力水
準，甚至還有進步的人，似乎擁有下列一般人在智力成績減低的
人所沒有的特質：

(1)他（她）們很早所獲得的生活經驗，較一般人為豐富，並
　　且充滿了多采多姿的刺激。
(2)他們所生長的家庭，在身教與境教方面較為注意，並且提
　　供了多方面的啟發與引導。

(3)他們所受的學校教育年限比較長，而學習環境、師生互動
都比較良好。

(4)多年來，他們所從事的工作，大多是專業化、學術化的事
業。其中不乏是高級行政管理人員、資深的企業主管、
教學多年的教授、一向即勤於研究的專家，或者本身就
是藝術家、音樂家或工程師。

(5)一般來說，他們的身體都很健康，家庭也大多數相當美滿。

Schaire（1985）則從另外一些觀點加以補充，其主要論調是
那些晚年仍能在智力上保持相當標準的原因是：

(1)生活在多元文化衝擊的社會中，競爭激勵了他們要不斷以
其智慧，不但力求適應環境而且創造一個新的環境。

(2)他們本來就是興趣非常廣，好奇心非常強烈，個性隨和，
人際關係非常良好，因而在任何環境中都能有相當優秀的
表現。[3]

具體來說，他們生活中不斷地在「動腦筋」，不停地使用智
力，因而維持了、加強了它的功能。

另外一些對老人智力是否退化的問題，是關於老年人的智商
是否也會退化。

Jarvick.（1987）發表了他從一九四七年開始以雙胞胎的智商
變化為主題的研究，他追蹤了許多雙胞胎的男女前後幾乎四十年
發現，他們的智商在六十五歲到七十五歲之間並沒有顯著的滑
落。[4]

---

[3] 蔡培村，《老人學習與生涯發展》，麗文文化公司，p.85。
[4] 同註3。

Duke 大學也有一個相關的長期研究，結果也發現老年人（六十五歲到七十五歲）的智商，並不會普遍地退化。而一些老人心智能力之所以退化，是由於某種疾病，如高血壓、糖尿病等等所造成，而不是老化的自然現象。

同時，許多心理學家也提出一個很重要的觀念，我們不能輕易地說年輕人比年長人智力一定好，或是來得差，因為人類的心智是隨著經驗做多線發展，在心智擴展的過程中，伴隨著器官組織的改變。因此，是心智本身主導這個擴展的過程，而不是身體組織的改變。

德國名學者 Paul Baltes（1990）以研究結果證實，人腦任何一部分組織的退化，都能用新的心智發展來彌補。譬如說，一個老人記憶力的消退，卻可以用已往類似的經驗予以類化，並以比較多一點的時間來完成。

多元智慧理論更具體地指出，老人在智力方面的變化並不大，可詳細說明如下：

(1)語文智慧：直到老年仍然保持某種的水平，有時老人家口齒不清，非關智慧，乃是神經系統出了問題。

(2)邏輯數學智慧：在青少年及早期成年達到顛峰，老年期並沒有明顯退化。

(3)空間智慧：在老人七、八十歲時仍然相當健全。

(4)肢體－動覺智慧：老年期的確退化，但經常運動的人，還可以保持相當良好的表現。

(5)音樂智慧：音色、音感、演奏能力仍然相當良好，很多音樂家甚至到了七、八十歲，仍有很好表現。

(6)人際關係：隨老人人生閱歷而變化，下文將詳述。

(7)內省：老人在這一方面變化不大，一向固執、自以爲是的老人與一向謙虛、隨和的人也有所不同。下文談到 E.Q. 的時候，我們將詳加討論。

總而言之，歸納以上專家學者的看法，我們很肯定地說，老人的智力表現整體而言並不會有明顯的改變，除非是某種病症或傷害所造成的後果。

接下來，我們要談到的是最近熱門的論題── E.Q.，然後看看年長的人 E.Q.又如何！

在分析老人的 E.Q.之前，我們先要介紹的是 E.Q.的一般概念，Goleman 指出它包括了如何激勵自己愈挫愈勇；如何克制衝動；如何調適情緒，避免因過度沮喪影響思考能力；如何設身處地，爲人著想，以及對未來永遠懷抱希望。E.Q.是很新的觀念，目前我們還無法確切解釋每個人的際遇如何受 E.Q.影響，但是它的確很重要，甚至比 I.Q.更重要[5]。

Saloney（1995）爲 E.Q.下基本定義時，將之分爲：

(1)認識自身的情緒：認識情緒的本質是 E.Q.的基石。掌握感覺才能成爲生活的主宰。

(2)妥善管理情緒：管理情緒必須建立在自我認知的基礎上，掌握自如的人很快走出生命的低潮，這方面能力較爲匱乏的人，常常要與低落的情緒交戰。

(3)自我激勵：成就任何事情，都要靠自制的能力，克制衝動與延遲滿足。保持高度熱忱是一切成就的動力。

(4)認知他人的情緒：人際基本技巧之一──同理心，也是建

---

[5] 李平譯，《經營多元智慧》，遠流出版公司，p.70。

立在自我認知的基礎之上。

(5)人際關係的管理：能充分掌握這項能力的人，常常是社會
　　上的佼佼者。

綜合而言，I.Q.與 E.Q.雖不盡相同，但並不衝突。兩者之性
質雖然有明顯的差異，但彼此之間是有一定的關聯。大多數的人
都是 I.Q.與 E.Q.的不同組合。

進一步來說，在很多時候，我們都受情緒的影響。理性與感
性兩種不同的認知方式的交互作用，構成完整的心理功能。理性
與感情通常都能維持和諧關係，感情的認知是理性判斷的前提，
理性判斷又左右了情感的作用。在思考與計劃、尋求問題之過程
中，我們需要以理性來衡量全局，來分析細節，來審思可能之答
案與結果，可是更需要以溫暖的心來激發腦力的充分發揮。激發
一個人向前的力量源自於熱忱與樂趣，當然，有時焦慮（適度的
焦慮）也是一種驅力。

溫暖的心、熱忱與樂趣，乃至於憂慮，都是人們生而俱來的
一種情緒反應。此外我們所說的七情六慾也是不同的情緒表現，
有時它主宰了一切思想意念與言行舉止。

至於老年人的情緒由於其成長歷程、文化背景、生活環境、
個人人格之特質以及家人關係之不同，其情緒狀態自然也就明顯
有所差別。但是人到老年身心之退化，有其相似之模式，因此，
在絕大多數情況下，還是有小異之間的大同。

在相似方面，一般共同之反應是：

(1)情緒反應之兩極化。人到老年，情緒之自我約束力較差，
　　因此一遇某種刺激，或則雀躍萬分，興奮莫名；或者意
　　興索然，沮喪萬分；有時則自命不凡，自覺尊貴依然；

有時則自感人老珠黃，一無是處。對人態度一會兒熱情煥發，不多久也可能冷若冰霜，形同陌路。處事亦然，有時認真積極，爭先投入之唯恐不及，但旋即意興闌珊，反怪人家之多事。喜怒之無常，誠為一些老年人最佳寫照。

(2)情緒之空虛感與孤獨感。人到老年，對似水流年，歲序更換，特別敏感；而對他人之反應，尤其注意。連孔老夫子都會說：「逝者如斯，不捨晝夜。」一代霸主曹操也在垂暮之年感慨著：「對酒當歌，人生幾何！」唐代陳子昂不是有「前不見古人，後不見來者，念天地之悠悠，獨愴然而淚下」之名句流傳千古？

(3)情緒之反應明顯減低。老年人士在若干情緒反應上，出現了較往昔強度較低之表現。以憤怒為例，老年人士很少有暴跳如雷、大聲怒吼的現象，即使有時很生氣，時間也很短暫。再以愛來說，老人家迫切需要人家的愛，卻大多數羞於啓齒，也很少強烈地表示對人家的愛。只有孤獨感與厭煩似乎一直在升高之中。此外，由於一般驅力的逐漸減緩，老人對聲色之娛與口腹之樂，都表現了相當冷漠的情緒。年齡更大，由於行動不便，對外面任何活動，都不感興趣。

(4)老人家的情緒反應，大多是直覺而欠思考。有刺激，當然有反應。刺激與反應之間，一般人還有片刻，那怕萬分之一秒的時間，經過思考而表現適當的態度、言行。聰明機警與木訥遲鈍的人，對於同一刺激的反應，自然有很大差別。有的人會察言觀色，善體人意，留給人家很好的印象；有的人會將很尷尬的場面，三言兩語就化解

於無形；有的人則因爲反應不當，將小事化爲大事。年長的人，大多是口直心快，直來直往，很少考慮人家的反應，甚至逞一時口舌之快，徒留無窮後患。還有不少長者，自恃清高，往往在各種場合中，或賣弄口才，或不假形色，更讓人家退避三舍，不敢再行領教。老人家有時會討人嫌，這恐怕也是原因之一。

(5)老人家的情緒，很容易受環境或他人的影響。一般來說，老人家的情緒所以會高高低低，喜怒無常，大多受主、客觀各種因素的影響。年齡愈大，這種情況愈爲明顯。身體有一點不舒服，天氣不好，就可能亂發脾氣，人家也許無心表示些什麼意見，或者有些禮貌不夠週到，都可能使得老人家難過好幾天。他們很容易在 剎那之間，馬上變臉，教人瞠目以對，不知如何是好。這一切的一切，都因爲缺少了自我的約束力，又很少事後檢討，力圖有所克制的不良後果。

老人的創造力

前文我們肯定地說，老化是不可避免的，但 I.Q.還是以固定的基準，表現在老年的生活之中。

我們要鄭重地強調，缺乏自信、自認爲百無一用的老年人，老化是以加速度進行，當然也包括智力的老化在內。

其實，人老，多動腦，固然青春還是不再，至少不會日趨癡呆。更重要的是，許多先聖先賢與歷史上一些俊彥，都是在六、七十歲高齡之後，爲自己、爲社會譜下燦爛的黃昏之歌！

在政治上，以色列的梅爾夫人，於一九六九年七十高齡的時候當選以色列的總理。邱吉爾在七十七歲的時候，於一九五一年再次出任英國首相。雷根於七十歲的時候出任美國總統。他們都開創了不世的功業。

　　此外，舉世聞名的印度加爾各答修女院院長泰勒莎修女於一九七九年六十九歲的時候榮獲諾貝爾和平獎。

　　美國婦女摩西於一九四〇年舉辦她的首次畫展，時年八十歲。

　　發明避雷針又在一七八七年參與美國憲法草擬的富蘭克林，當時他已八十一歲。

　　一九八三年榮獲諾貝爾醫學獎的巴貝拉・麥克林托克，當時八十一歲。

　　編纂舉世聞名辭典的諾亞・韋伯斯特，發表該書的時候時年六十九歲。

　　以《齊瓦哥醫生》榮獲一九五八年諾貝爾文學獎的前蘇聯作家鮑里斯・帕斯捷爾納克，時年六十八歲。

　　愛迪生在八十多歲還在不斷地埋首研究。

　　這些偉大人物的共同特點就是不斷地創造求新，充分發揮了智慧國度的潛能。

　　所謂創造，一方面指新觀念形成的心理歷程，一方面指不受成規限制而靈活運用經驗，表現求新求變的超常能力。它是比解決問題更高一層的心理活動。

　　所有生命都具有三種力量：創造、維護和毀滅。這三種力量存在於每一個有生命的個體，小至細胞，大至樹木花草，更大至行星、恆星，以及銀河系等任何生命形態裡，其中最可貴的是創造、發展。

沒有造物者，就沒有這個宇宙！沒有先聖先賢的立德、立功、立言，這世界就沒有人類的故事。沒有愛迪生、愛因斯坦，這世界又將如何？你一定是知道答案的。

事實上，只要你能讓創造的力量支配你的生命，你便能不斷地成長、進化。否則，你就必然萎縮、退化而衰老。《四書》首篇〈大學〉之頭一章「大學之道」，開門見山地告諭我們：「大學之道，在明明德，在親民，在止於至善。」朱熹則以為親民就是新民，要做一個日日新的新民，而且要追求至善。〈大學〉第二章更具體地說：「苟日新，日日新，又日新。」這些其實也就是創造的意思。

創造力有賴於豐富的經驗，敏銳的觀察力，持之以恆的毅力與求知的態度，這些都是年長人士所具備的最好條件。老年人還有一個最大的優點，那就是他擁有比其他人更多的時間與自由，可以讓他在感興趣國度裡不斷鑽研。因此有人說，愛迪生、邱吉爾之輩能夠那麼輝煌成功，應感謝他們的長壽！

可見年齡並不足以限制一個人智力的發展，只要一心努力，任何事情都有可能達成的。

《康健雜誌》一九九九年特刊以「青春不老」作為主題，其中一篇文章〈激進腦力有妙方〉中很具體地提出一些建議：

首先，花幾分鐘做做輕輕鬆鬆的頭腦體操，以便增進思考能力，刺激記憶力和反應速度：

(1)首先是每週撥出一天晚上不看電視，縱使在其他時間也儘量少看電視。因為有一項研究指出，只要花十五分鐘看電視，腦波的活動就會減少。一定要看電視，何不在看電視的時候，勤做筆記，隨筆寫下螢光幕上發生的事。

(2)多練習心算，免得老靠計算機，讓腦力無從發揮其作用。
隨時在腦中建立圖的能力以及其他相關的所見趣聞，將
大大有助於記性，而且增添了觀察力與思考力。

(3)每天至少要花十五至二十分鐘閱讀報紙雜誌，乃至計劃在
一兩個禮拜中有系統地精讀小說、散文、傳記、遊記，
乃至武俠與偵探小說，都將加強語文能力。

(4)有時動動剪刀，花幾分鐘將報紙上或你自己所有的雜誌中
的照片、故事、漫畫、趣聞加以剪貼。

(5)象棋、拼圖、打牌、魔術方塊或在電腦上玩接龍以及各種
需要動腦的遊戲，都可以挑戰腦力，讓大腦的活動永不
止息。

(6)多運動。事實上研究顯示，定期運動不但對心肺有好處，
還可以增進腦力，有助於反應與思考能力的提昇。

(7)以足夠的睡眠，讓腦部重新充電。

其次，要增進腦力，要注重養生策略，注意多吃補腦的食物。

許多醫生都指出，大腦固然要多加運動以防老，但是也該補
給養分。維他命 B1、維他命 B12，菸鹼酸、膽鹼、葉酸等營養素，
都有助於腦部功能的促進。同時還需要銅、鐵、鋅等礦物質，因
為這些礦物質會影響神經末梢的活動。此外，腦子也利用鈉、鉀、
鈣、鎂等電解質，在細胞間傳送電子訊號。

瑞士就有一些科學家發現，血液中維他命 C、維他命 B、胡
蘿蔔素含量豐富的人，心智功能和記憶力也維護得比較好。這些
抗氧化性營養素能夠保持血管暢通，因此腦細胞能夠在充足氧氣
供應下，發揮最佳功效，而且還能促使精神集中、思考敏捷。

此外，碳水化合物與蛋白質也是非常重要的食物來源，用以

增強腦力，可是卻要少吃油脂以保護腦細胞。

最後，誠懇的建議是要多喝水，以免體內水分不足，導致記憶喪失和思想混亂。

當然，這些建議僅供老年人參考。

老人學習的能力

「活動老，學到老」，這句中國俗語充分反映了學習以及記憶在人類生活中的重要性。尤其是在今天這樣一個資訊流程（information processing）的社會中，每個人，不論年齡多少，都需要透過有效的學習，獲得更多的知能，增進我們的見聞，開拓我們的視野。古人說過「三日不讀書，面目可憎，言語乏味」，可見學習的重要性。不學即無術，古之名訓。可是偏有人說，年紀一大把，還能學些什麼？還要學些什麼？別忘了孔老夫子在七十幾歲的時候，還是孜孜矻矻，勤於讀書，甚至廢寢忘餐，不知老之將至！

還有人說，我也想讀一些東西，可是記憶力一點都沒有，剛剛看過的書刊報紙，一下子就都忘了，甚至很多朋友的名字通通都不記得了，還能學些什麼嗎？

不錯，由於時間的消逝，神經系統的改變會引起遺忘的發生，但不能說明一個人記憶力完全有問題。由於老年人往往很生動地與人家談年輕時得意的事，又常常在夢寐中見到一別多年家園的景色與兒時的青梅竹馬，可見得不論一個人年齡多大，他的記憶力仍然存在，只是因為沒有去用它，它就慢慢地衰退而已。

因此，我們似乎可以這麼說，學習靠記憶而充實、擴大其內

涵，記憶也靠學習而活用在生活的領域之中。不學習，不溫故而知新，記憶力又怎能發揮其功能。

進一步而言，學習與記憶都有賴於在認知系統中，以某些時間將資料加以轉換、吸收。我們需要透過記憶，儲存、恢復所學習的內涵，而記憶卻需要先有所學習的內容，才有儲存與整理的資料。兩者之中的關係是密不可分的。在整個學習的過程，個體並不是完全被動地去接觸資料，而要主動地參與，甚至集中所有的注意力投入。參與的程度決定了他學了多少，又記得多少。當然，個體最初的預期目標、動機與態度，也都有很大的影響。一些學習心理學專家指出，年老的人所以學習慢而記憶較差的主要原因，不在於記憶力本身，而是注意力的不容易集中，也不容易在整個學習的過程中一直保持。

根據吳偉士與史克洛斯堡（Woodworth & Schlosberg, 1954）的意見，記憶通常包括四個層面：印象的獲得、印象的保持、印象的回憶，以及印象的辨認。

唯有最初所獲得的印象非常深刻，才可以延續以後的記憶歷程。一見鍾情，說明了第一個印象，如何烙痕在心田上，甚至一生難忘。相反地，當初印象就很模糊，霧裡看花，以後又怎能記得花是什麼顏色，有多麼芬香？

可是，要使得印象長留，取決於一個人是否以強烈情緒、敏銳的感覺去獲得印象。一見鍾情的先決條件是那個你所邂逅的人，震撼了你的情緒，那怕當時也許只不過是驚鴻一瞥，卻已經將他（她）的倩影長記心頭！

同樣地，初戀情人之所以難忘，正因為那是第一次接觸，第一個心靈的震撼者，才會讓你才下眉頭，卻上心頭！可是也許你早就忘了第二次，乃至 N-1 次戀愛的情人了！

以此類推，在學習路上，那些您所感到興趣的學科，學習的時候因為津津有味，甚至幾乎完全投入，當然，對這一學科的學習，一定很有心得，乃至事過多年，還依稀印象深刻。再以他鄉遇故知來比方，因為他是你的故知，就算闊別多年，還是常常會在某種情景之下，時縈心田，如今意外地相逢異鄉，心情之快慰自屬難免。

　　因此，我們可以初步下一個結論，一個人的記憶力如何不是最重要，從印象的獲得到辨認的心路歷程才是最重要的。現在讓我們進一步分析這個歷程，藉以澄清對年老的人的記憶與學習的一些迷思。

　　我們的記憶，始於印象之獲得，也許我們還可以說始於學習。學些什麼、在怎樣一個情境之下進行學習、學習之後有沒有給予複習的機會等等，都將決定學習的結果。

　　心理學家都指出學習的動機，決定了學習者是否會全心全意地進行學習。一個自動自發、對學習充滿興趣的人，當然比一個心不甘，情不願，只為了某種驅力而不得不學習的人，會集中全力於所學的材料，仔細地評價學習的材料。最重要的是在整個學習過程，保持了最好的學習態度。毫無疑義所學的一切將印象深刻，事後的回憶與辨認，也就非常容易。

　　這兒所謂的保持（retention）就是經驗的持續，回憶（recall）則是經驗的重生，它是聯想和意象的活動，而辨認（recognition）則為知覺活動，對所學內涵的一個新評價。辨認可幫助回憶之進行，而回憶亦可補辨認之不足。

　　在整個學習過程中，印象之獲得固然重要，可是如果過目即忘，聽是聽了卻沒有聽進去，徒然浪費時間與精力。事實上，印象的保持才是最重要，因為它是整個學習與記憶的基礎。保持的

成果視學習方法是否適當而定，更取決於學習者的年齡、智慧水準、態度和興趣各項因素。

老人學習的問題是多方面的。

第一，老人的學習，往往缺乏強烈的動機，因此很難全心全力於所學的內涵之中。為老人所舉辦的智力測驗，往往發現他們成績偏低，是因為他們並不見得全心作答。

第二，老人受生理因素之影響，視覺與聽覺都難免有點退化，因此需要比較多一點時間來接受學習，這也說明了在各種心理測驗中，他們表現不佳的理由，因為這些測驗並沒有專門視老人的年齡，設定符合他們心智條件的常模。一項專門用來測驗年輕人與年長人對於語言學習的成果，是如此設計的。研究者事先將一些配對的詞彙顯現在螢幕上，要求被測驗者注視，並試圖記憶；然後要求他們加以配對，如「成功」與「失敗」是相對的，「花好」與「月圓」是相似的等等。因為常模是一樣的，不論年輕人或年長人士都一樣。結果証明年齡越大的老人，在記憶方面表現得越不理想。一群六十五歲的老人，平均只記得年輕人所記得的一半。一群七十五歲的老人，平均只記得年輕人所記得的四分之一。可是，如果給予這些受測者以年輕人加倍的時間，效果有相當幅度的增加，雖然還是不及年輕人的表現。不過，如果受測者經過反覆多次的學習，年長人在記憶方面表現得並不較年輕人為差。這項研究實驗証明了在語文學習方面，年長人的確有他們學習的瓶頸，不過，這並不意味著他們已經沒有學習的能力。

第三，學習的過程中，年長人士往往受情緒以及其他因素的干擾，正如怯場的人每每忘記台詞，老年人也就常常因為自己本身情緒，影響了學習的實質投入與效果。在沒有如何競爭的學習情況中，他們往往表現更好。在一個同儕的團體中，他們所表現

的比在異質性很強的團體來得好，因為他們不受到太大的壓力。此外，他們容易在學習中分心，也常常容易受外在的各種干擾，譬如說會特別對某一種刺激有強烈的反應，阻塞了另一種刺激與反應的通路。

　　第四，年長人士的思維往往集中於某一「點」、某一「面」，卻很難到達全面的、統整的「體」。所謂「見樹不見林」或者「以偏蓋全」就是這個道理。其實，這並不是他們所見的不周，而是他們的邏輯推理力在逐漸退化之中的緣故。

　　第五，年長人士往往受過去經驗的影響，執著於某種學習的方法，因而不易觸類旁通，旁徵博引。同時，他們很多的觀念也往往囿於既有的傳統價值，對於新的事物，總要花一段時間才肯接受。許多任教多年的教師，不喜歡運用新的教學方法而墨守成規，正足以說明。

　　事實上，學習是一輩子的事，它是一種「為」與「不為」的事，而不是「能」與「不能」的事。我國空中大學歷年都有不少銀髮族朋友，以其恆心與毅力，獲得極佳的成績，取得了榮耀的學位，即是明証。國立台灣師範大學教育系前教授李祖壽先生，於退休之後，遠赴美國哥倫比亞大學進修，以六年之時間，於七十有四高齡取得哲學博士學位，亦為杏壇佳話。

　　再根據美國威斯康辛大學 Madison 校本部自一九八〇至一九九〇年之間的正式統計，共三十一位老人，以平均年齡六十八歲取得哲學博士學位，其中最長者高齡七十九歲，而且是一位老祖母！

　　因此，寄語銀髮族朋友，千萬不要妄自菲薄，先在知能的追求上自我否定！相反地，請緊抓此時此刻，不斷運用你的心智，再創學習之大道！

結　語

　　多少年以來，「老」似乎意味著百無一用，因為頭殼已經完全報廢，至少是絕大部分失靈了。甚至連老年人也是如此看待自己，認為此生已將了，且不忮不求，度此餘生！

　　事實上，智力是不會像生理現象那麼快速地、全面地老化、退化；相反地，腦是越用越發達的。縱使腦的老化是在所不免，可是其速度是非常緩慢的。

　　另一方面，老人之 I.Q.與 E.Q.也保持一定的穩定性，許多研究都指出一向從事與「動腦」有關工作的老人，即使年已老邁，其智力不但不見明顯退化，反而有微幅的上升。因而，許多當代風雲人物，在七老八十的時候，在各方面的表現，都達到了登峰造極的境界。

　　在學習的行為上，老人雖然速度較慢，但也可以在許多方面表現其可塑性。問題之癥結不在於「不能」，而在於「不為」。

進一步思考的問題

(1)對於大腦的生理結構，左右腦各有其所司，你瞭解多少？

(2)何以說老人的智力應該沒有退化，卻的確有不少老年人的行為表現接近於痴呆？

(3)對於孔子所說「廢寢忘餐，不知老之將至」這一句話，你有何感受？

第六章
老人教育

「活到老，學到老」，古之名訓。

孔老夫子那種「廢寢忘餐，不知老之將至」的學習精神，更是我們所應該效法。生之有涯，學之無涯，更何況身處今日這樣知識爆炸、科技一日萬里的時代之中，誰都應該透過各種型態的教育管道，在有生之年，不斷地鑽研浩瀚的知識，自我成長，自我學習。至少不要攬鏡自照，自己都覺得面目可憎，馬齒徒長！

千萬別認為這麼一大把年紀了，還能談什麼學習！請別忘記，有多少比你還年長的人，還在生命的餘輝中，孜孜不倦地學習，因此，雖然白髮蒼蒼，一身卻散發無比智慧的光芒！你一定也看到不少年輕人，應該是大好的青春年華，卻久不讀書，言語乏味，庸俗不堪！

就在此時此刻，普天之下，正有成千成萬，甚至數以十萬計的長者，渾忘自己的年齡與過去的身分，接受不同方式的教育，你，又有什麼理由，妄自菲薄？

請記得，延續老化的不二法門，是努力地、持續地成長，而成長的捷運系統，就是學習之道。

終生教育之涵義與特性

終生教育一詞，目前雖為國際間所經常使用，但仍缺乏大家所共識的定義。

楊國賜（民 85）綜合各家之說，將之界定為：「終生教育乃一種綜合統一的理念，包括在人生不同階段與生活領域中，以正式與非正式的學習，從而獲得或提高知識，謀求人生最充實的發

展。」[1]

黃富順（1985）則引申國外學者的看法，認為「終生教育係以整體的觀點來看教育。它包括正規的、非正規和非正式的教育型態。終生教育從時間和空間的領域來統整貫穿所有的教育階段，在學習的時間、空間內容和技巧上皆具彈性。因此，需要自我導向的學習，並採取各種方式和策略」[2]。

胡夢鯨（1985）則簡化各家的意見，以為終生教育是指個人從出生到臨終均需接受教育的一個歷程。在人生的任何階段中，有需要時，均可接受教育。

綜合上述三位學者之意見，似乎可以歸納地說，終生教育是個人一生，終其一生地、繼續不斷地以不同型態，統整了正規教育、非正規教育與非正式教育的系統，達成了永恆學習的目的。

根據以上所說的涵義，下列是各家學說中所提出終生教育的特性。

(1)教育是一種終生的歷程，含蓋了一個人的整個生命週期。它不限於成人教育，而是包含、統一所有的教育階段，因此終生教育乃整體性的教育，而且包括各種型態。

(2)家庭在終生教育的過程中，扮演了經由家庭學習，延續了個人的全部生命期。

(3)社區在終生教育體系中也扮演了重要角色，從兒童時期就開始與社區發生交互作用，一直到老年。

(4)終生教育不但在其垂直或縱貫領域，尋求其繼續性和流動性，而且也在其水平與深度層面，尋求其統整性。

---

[1] 楊國賜，《當前我國老人教育政策及其發展趨勢》，厚生基金會出版，p.163。
[2] 黃富順，＜老人教育的意義、目的及其發展＞，載於《老人教育》，教育部編印。

(5)終生教育是一種普及性、民主化的教育。

(6)終生教育之內容、學習工具與技術，以及學習的時間，具有高度的彈性與差別性。

(7)終生教育以動態的方式，運用各種教材和學習的媒介，探究教學內容，而不受傳統教育的限制。

(8)終生教育的兩大要素——一般的與專業的，彼此互相配合，各自發展但密切聯繫。

(9)透過終生教育，個人達到了社會最佳適應能力，以及個人之最佳成長。

(10)終生教育不受現有教育制度的限制，隨時可檢討改進，不斷修正其功能。

(11)終生教育的終極目的，在於不斷改善生活素質。

(12)學習動機、學習機會和人人所具備的可塑性，是終生教育的三大主要條件。

(13)終生教育乃是所有教育的一種組合。

(14)在運作層次上，終生教育提供了所有教育的一種整體制度。

楊國賜（1996）並提出終生教育的八大原則[3]：

(1)整體性：指終生教育具有其整體的特質。

(2)統整性：指個人一生可在任何特定的時間內，利用教育的選修課程加以協調。

(3)高度的彈性：指教育內容、學習時間、方法的隨時可視需要作必要的調整。

---

[3] 同註 1。

(4)民主化：即任何人都有普遍接受教育的機會。

(5)機會與動機：包括社會與個人的必備條件，以發展終生教育。

(6)任何人都具有可教性：亦即所謂學習如何學習，包括學習能力、分享、自我評鑑與合作評價。

(7)操作型態多元化：指教育可經由正式、非正式與不拘任何形式之途徑來進行，並承認學習的品質，是依其本身條件而非依其所獲得的工具。

(8)生活素質與學習：承認教育的主要功能，在於提供個人以及所有社會成員的經驗。

如果再綜合其他專家學者之意見，我們可以說，終生教育最主要的特性是：

(1)它是連續的，它是一種繼續不斷的學習過程。

(2)它是一種綜合了各種正規的和非正規的學習型態。

(3)它是個人及民間組織的學習活動，並且是在工作中的學習策略。

進一步來說，老人教育應該是終生教育中最重要的一環，一則是平均壽命不斷延長之後，老年人口快速增加；其次是隨著時代的進步，國人對於老人的觀念，已不再限於安老、養老，而認為應該鼓勵他們透過終生教育的流程，以充實其知識及精神生活。

李鍾元（民87）則以為終生教育的興起有以下幾個原因[4]：

---

[4] 李鍾元，＜終生教育與老人＞，《社區發展季刊》，第八十三期，pp.44-45。

(1)科技急速發展，生產技術不斷更新，工作人員早期所獲得
的知能與經驗，已無法適用於當前的需要，他必須透過再
教育的管道，獲得新知識與新科技，以適應快速變遷的社
會。同時，專業水準愈高，或者已具備了第二專長，升遷
或轉業的機會也就愈大，終生教育在此一方面，發揮了因
應此一需求的功能。

(2)由於工作時間縮短，許多就業人員都儘量利用週末或週日
夜晚參加終生教育的課程；而許多家庭主婦也因為家電用
品普及，家庭工作負擔減輕，再加上子女人數都比較少，
促使他們有了再就業的意願，於是投入了某種型態的職業
訓練，準備再投身工作世界。終生教育在此一方面，開啟
了新的進修管道。

杜娟娟（民 87）則以近年來我國老年人口品質的提昇來看終
生教育，以為老年人口的教育水準與健康狀況，都是影響老人教
育發展的關鍵因素。由於我國國民教育與中等以上教育的普及，
預估到二十一世紀初葉以後，老年人口之中，將有四分之三完成
中等教育。教育程度愈高，參加教育活動之意願也必然愈高，對
終生教育之興趣也一定較諸不識字或僅有小學程度者為高[5]。

另一方面，杜娟娟也以為由於醫療水準的提昇與平均壽命的
延長，健康的老年人士，也就很必然地成為老人教育的最佳學習
者。

接著，讓我們看看老人教育的目標。

---

[5] 杜娟娟，＜老人教育的社會學分析＞，《社區發展季刊》，第八十三期，
pp.53-55。

老人教育的目標

　　綜觀今日許多先進國家，都非常重視老人教育，認爲老人接受老人教育，既可以獲得新知，開擴視野，充實精神生活，更可以促進身心的健康。楊國賜（民 86）於一九九七年亞太國際老人照護研討會中，即提出老人教育的理想在於促進老人的活動，自我體驗與鼓勵，使老人能體會到人生的樂趣，尤其是老年期能有幸福的生活。

　　其實，在人生階段的每一時期，都有其發展任務，而要達成階段性之任務，教育扮演了非常重要的角色。早在本世紀六十年代就有國外學者（Hauighuvat）提出老年期的發展任務有下列六項：

　　(1)適應體力及健康的衰退。

　　(2)適應退休生活和收入的減少。

　　(3)適應配偶的死亡。

　　(4)建立與自己相近年齡的和諧關係。

　　(5)盡到社會及公民的責任。

　　(6)對生活，尤其物質的生活作滿意的安排。

　　一九七八年美國白宮老年會議曾指出：教育是所有年齡層的基本權利，它能使老年人得享完美和有意義的生活方式，也是促進老人發揮潛能而貢獻社會的途徑。

　　一九八一年，美國白宮老年會議更進一步指出：老人生活的主要問題——經濟安全、生理和心理健康、老人資源等等，大部

分皆可經由學習來處理（White House Conference on Aging, 1981）。

　　事實上，台灣今日七十歲以上老人，在其童年時代，很多是沒有機會接受正式的教育，一則當時教育並未普及，一則傳統社會中對教育亦未重視。因此台灣經濟研究所一九八五年調查台灣地區年滿七十歲以上老人，不識字者高達 59.5%，私塾或自修者占 12.6%，小學占 16.4%，中學占 7.7%，大專以上者 3.8%。白秀雄於一九八七年調查七十歲以上高齡長者的教育程度，也發現小學以下者占 51.3%[6]。

　　更遺憾的是這些早年沒有機會接受正式教育之一群，成年以後還是被學校教育拒於門外。教育上的不利地位，使得老人基本知識不足，面臨高度競爭的社會，難以跟上時代的潮流，而成為落伍的一代。因而，老人教育就為這些當年失學的老人，開闢了一條大道。

　　由於老年期為人生的最後階段，最容易面臨生活上改變之後的許多適應問題，也最需要透過各種型態之教育，協助他們謀求最好的適應策略，以充實其生活內涵，並提高其生活品質。

　　邱天助（民 79）以為要使得老年期的生活更為美好幸福，亟須使老人具備下列各項技能[7]：

(1)健康維護的知識與技能：包括營養、醫藥、運動等知識，以克服生理的危機，調適健康狀態。

(2)心理調適的技巧：即如何處理變遷所帶來的壓力問題，以克服心理危機、舒解心理壓力。

---

[6] 白秀雄，《老人福利》，三民書局，p.215。
[7] 邱天助，《老人學習動機取向與其自我概念、社會角色、知覺之相關性研究》，師大社會教育研究所論文。

(3)經濟管理的知能：包括收支管理、資金運用，以及其他有
　效的理財技術，克服經濟危機。

(4)社會關係的調整與發展技巧：包括對子女、朋友、親屬及
　配偶等關係的調整與發展。

(5)休閒生活的知識與技能：包括如何安排休閒生活，具備休
　閒活動的知能等等，以調適生活型態。

(6)第二生涯工作的發展：學習如何從正式的、固定的、長時
　的工作場合撤退後，發展一種更自由、更有意義的另一工
　作領域。

(7)生命意義的發現與重建：也就是說在人生最後階段中，尋
　求整個生命的永恆意義。

基於以上所述，老年人的終身教育，含有下列三方面的意義：

(1)協助老年人透過教育學習，瞭解社會變遷的脈絡，預期和
　應付社會變遷。此外，也可協助老年人進一步瞭解其身心
　變化過程，學習扮演新的角色。

(2)協助老年人透過教育學習，培育他們處理、克服問題的能
　力，以便運用其智慧與經驗，繼續服務人群，造福社會並
　充分發揮其愛心，回饋社會。

(3)終生教育之重點在於延續、補足老年人適應社會所需的知
　能，並提昇生活品質。

白秀雄（民84）並認為推展老人教育具有下列多元化功能[8]：

(1)對老年人本身而言：

---

[8] 白秀雄，《老人福利》，三民書局，p.219。

(a)學習新知識，接受新事物，強化個人的適應力。

(b)啓發其潛能，追求自我，享受休閒，獲得精神慰藉。

(c)建立退而不休、老而有爲的表率風範。

(2)對家庭、社區而言：

(a)加強與家庭成員接觸，增強與家人溝通。

(b)老年人的學習能力提高，對社會參與將更爲熱衷。同
時，也容易作轉業的準備。

(3)對社會發展而言：

(a)老人教育足以培訓高齡人力資源，參與社會服務，達到
人盡其才之目標。

(b)老人教育有助增進世代間的溝通，以及人際關係的改
善，有助化解歧見，促進社會和諧。

當前我國的老人教育政策

任何政策之擬定，必然有其社會背景，也必力求因應一般人
之需要，我國老人教育政策自不例外。具體而言，影響當前我國
老人教育政策的因素有下列四方面：

(1)終身教育的挑戰：一如前文所述，終身教育已成爲近年來
世界之潮流，老人教育更成爲終身教育中最重要的一個環
節，如何提供全國總人口 8％以上的老年人一種持續性的
生活教育課程，一方面幫助老人對社會有更好的適應，一
方面也可從而提昇全民之生活品質，也就成爲我國老人教
育政策的重要課題之一。

(2)平均壽命之延長：平均壽命之延長，反映了人民營養及醫藥衛生發展水準之提昇，今天許多先進國家的老年人口由於壽命之延長，在全國人口總比例中也就不斷攀高。美國已由過去所謂 Green America 變成爲 Gray America（灰色美國）。預計今日我國六十五歲剛退休人士，擺在他們人生的未來道路，至少還有十五年到二十五年以上好走。他們健康大體良好，經濟生活還算小康，家務事也不必讓他們太操心，有的是空閒的時間，政府如果能夠妥爲規劃而擬定具體的老人教育政策，引導、鼓勵他們多方參與，必然可收到相當豐碩的成果。

(3)參與意願頗高：一般年長的人士，對於參與社會活動、學習活動的意願，都表示了高度興趣。每天清晨，公園裡擠滿了在做強身運動的銀髮人士，以及在附近石板上正在全心閱讀報紙的老年人。每次選舉會場的演講，人數最多、來得最早的也是他們。各種文康活動、專題講演，最熱心捧場的還是他們。就算在鄉下，廟會的慶典、宗教的活動，也大多數靠他們出錢出力。急難相助，一呼百諾的精神，鄉村是比城市好得太多。既然年長人士這麼熱心參加社會各種型態的活動，政府的老人教育政策，也就容易在銀髮世界中，順水推行，開花結果。

(4)老年人還是有很好的學習能力：千萬不要說百無一用是「老」生！根據許多心理學家的研究和統計，都證明成人，尤其是老人，是可以學習的，因爲在六十五歲前後，其智力衰退現象並不顯著，而且教育程度愈高，動腦的機會愈多，其相對性的衰退係數也愈小。

曾志朗、洪蘭（民 82）研究發現，在老人工作記憶廣度上，六十歲左右的確開始退化，但教育的影響遠比年齡來得大。唸到大學的受試者，他們的記憶廣度是未入學者的兩倍。其實，早在本世紀四十年代，美國名心理學家桑載克就根據實驗結果指出，人類的學習能力，隨身體的成熟程度而增高，四十五歲到七十歲學習能力雖然略為減低，但亦不超過每年減低 1％的數字。所以一個六十五歲的人，可以希望他學習二十五歲時所能學習的一半。可見年齡對老人學習關係不大。

　　具體而言，我國老人教育政策的訂定，乃依據國家教育宗旨，合乎本國傳統文化、配合社會發展、順應世界教育思潮、體察當前國家需要所研議可行的措施。

　　根據楊國賜（民 86）之意見，我國老人教育政策與措施包含下列十個重點[9]：

(1)推動有關老人教育之研究及評估，作為推展老人教育之最重要參考。

(2)積極研擬老人教育有關法規，以供辦理老人教育工作之依據。

(3)充實老人教育機構的設施、設備、組織與人員之編制，其具體做法是：(a)普設老人教育中心，並於學校、社教機構設老人教室。(b)改善現有之生活與安養設施，使其充分發揮其功能。(c)研訂老人教育機構設備標準，並充實軟硬體設備。(d)充實老人教育機構組織與人員編制。(e)建立多軌多元老人教育體系。

(4)協調各有關機關、學校、社教機構、公民營企業機構等辦

---

[9] 同註 1，pp.171-172。

理老人教育，以加速老人教育之普及化與多樣化。

(5)培育老人教育師資、辦理老人教育工作人員在職進修，改進老人教育方法，以便為老人提供良好服務。

(6)發展與改進老人教育課程與教材，以便因應老人的實際需要、興趣與能力。其主要內容應包括：保健教育、藝文教育、語言教育、研究教育以及其他（法律常識、國際禮儀、家庭調適）與解決問題的能力。

(7)規劃利用電視、廣播、書報雜誌等管道推展老人教育，使老人可以運用大眾傳播工具，在家中接受知能。

(8)加強宣導老人教育活動資訊，其具體措施包括：(a)充實老人教育宣導設備；(b)加強老人教育活動之宣導工作，委請大眾傳播媒體，介紹老人教育活動，廣為宣傳；(c)成立健康生活與休閒電話專線服務。

(9)建立終生教育體制，滿足老人求知慾望。其具體措施是在中央、省（市）、縣（市）與鄉鎮，分別設立終生教育機構，負責規劃、推動、協調各級的終生教育方案，以利老人教育的推展。

(10)籌設「老人大學」、「老人人力銀行」、「老人休閒中心」等機構，開創老人第二人生與事業。

但願在全國朝野一致努力之下，這些政策得能在最短時間內逐步在既有基礎上早日完成。

我國近年老人教育之實施

　　我國老人教育伊始於民國七十一年十二月三日，高雄市社會局所首創之長青學苑。當時社會局局長白秀雄協同高雄市女青年會合作辦理，充分運用了民間資源，由雙方共同規劃、共同推動。此一合作模式極為成功，雙方出錢出力，各盡所能，第一期參與的老年人即高達七百多人。

　　民國七十二年六月一日，台北市長青學苑亦行成立，以後台灣省各縣市以及其他地區公私立機構亦紛紛開辦老人教育活動。十餘年中，各地所設班別，含蓋知識性、技藝性、生活化、趣味化以及社區化不同取向的學習活動，參與人數也愈來愈多，確為可喜。

　　高連來（民 84）及白秀雄（民 85）曾就目前老人教育實施，提出下列幾點檢討[10]：

(1)目前老人教育的實施特色：
　　(a)社會福利取向：國內老人教育自七十一年陸續開辦後，不論民間單位或政府，均為社會福利機構主導，而不是由教育部門從教育觀點來辦理。多年來，主管教育部門一直未能重視並提供老人教育的機會。
　　(b)休閒活動取向：高雄市、台北市長青學苑以及各地公私立機構所開辦之老人教育活動、所提供之課程內容，大致仍以休閒課程為主，老人參與的動機以「社交」

---

[10] 同註 8。

為首要，老人教育大多數被視為休閒生活的一部分。

(c)參與進修對象之差異性很大：據瞭解參與老人教育活動者，在年齡上從五十五年九十四歲；在學歷上從不識字到研究所；在經歷上有士農工商、軍警、教師、記者、醫師、律師，亦有家庭管理者；在語言背景上，有完全不懂國語，僅會某一方言者；甚至參與動機也有相當大的歧異。

(d)教育內容與方式之設計，以老人的需求與特性為依歸由於老人教育以福利為取向，為適應地區及參與老人之需求差異，老人教育之內容大致上採非正式、無學位，長短期兼備，鼓勵民間參與，以朝向社區化老人教育為目標，並與大專院校結合以提昇教育品質。

(e)最近幾年所成立之社區大學、老人大學，更提供了多元性的成人教育，也值得高度贊許。

(2)目前老人育實施有待改進之處：

(a)老人參與率偏低：老人教育參與者，歷年雖均呈成長之趨勢，但以總人口比例來看，所占比率仍嫌偏低。

(b)不識字老人缺乏參與意願：目前各地老人教育之參與者，大多為小學教育以上程度者，不識字者極為少數。

(c)老人社區教育未能普及化：目前老人教育實施，大多限於都市與其邊緣之地區，廣大之農村地區，尚未能有接受老人教育之機會，亟待改進。

有鑒於老人教育之亟待全面推廣，而近年來老人教育又有若干需要檢討的地方。楊國賜乃以為今後我們所應努力的，也是老人教育所必然發展的趨勢，為下列幾點：

(1)將實施老人教育視為政府的責任與義務。

(2)組織強而有力的老人教育機構，積極規劃、推動。

(3)訂頒重要法令，切實推展老人教育。

(4)大專學校積極參與，推動老人教育工作。

(5)擴大利用大眾傳播媒介，實現老人教育的理想。

(6)老人教育的機構與型態日益多樣化。

綜合上述，老人教育的發展，今後應朝向全民教育的重要一環而努力，希望全國關心老人問題有識人士，能夠為老人教育的推廣，貢獻更多心力。下頁特附實施計畫之範例，可供參考。

最後，我們想從老人本身的角度來看老人教育。

有許多老年人，尤其是身心健康的老年人，還是對學習表示相當濃厚的興趣，因此以下幾點建議，敬請年長的人士作優先的考慮：

首先，充分體認學習及終生學習的重要性。要想做一個成功的現代銀髮族，就得活到老，學到老。銀髮生涯究竟是美景在望，還是一片沉寂，就看老年人怎麼走他的路。聰明的智者，會隨時從生命中的知識寶藏，吸取新知，擴大見聞，日積月累地慢慢增加自己的見識才能，一身書香，渾不見老之已至！相反地，那些自認頭腦已生鏽，眼睛早花，生命過一天算一天的人，就算他長命百歲，也只不過是一身臭皮囊而已！

第二，確定自己的學習計畫，不好高、不騖遠、循序前進。盤算自己有多少時間可以投入，用來接受學習，再看看體力如何、興趣如何、經濟狀況如何、學習的對象為何、方式又如何，然後一一列出，詳加規劃。千萬不要操之過急，反使身心疲累，不能長久。然後選擇合乎自己情況與需要的學習範圍，如：

老人教育實施計畫之範例

　　鑑於國內老人教育重要性日增，以及多年來實施老人教育的得失，教育部於民國七十九年根據第六次全國教育會議結論「建立成人教育體系，以達成全民教育及終生教育目標」，訂定「老人教育實施計畫」，其計畫大要如下（教育部，民79）：

一、目標

(一)協助老人經由再學習、再社會化的過程，達成良好的社會適應，完成其自我實現的目標。

(二)幫助有工作動機的老人，利用其豐富的人生體驗和專業智慧，再教育、再工作、再出發。

(三)培養老人生活情趣，陶冶老人健康身心，擴充老人生活領域，以發揚中國優良傳統敬老尊賢之美德。

二、實施方式

(一)利用電視頻道及廣播開闢老人教育節目。

(二)加強社教機構、團體及各級學校辦理老人教育宣導與推廣活動，並結合社會福利機構，推動社區老人教育活動

三、實施內涵

（一）老人基本教育。

（二）老人專業知能。

（三）老人健康保健。

（四）老人休閒生活。

（五）世代生活倫理。

四、計畫項目

（一）中央規劃辦理：

(1)發展老人空中教育頻道。

(2)利用各大學推展老人教育。

（二）省市規劃辦理：

結合社會福利機構推動社區老人教育活動。

由上述教育部「老人教育實施計畫」內容來看，掌握老人教育實施的重點。係以終生教育的理念作為目標導向，系統規劃影響當前老人教育政策的各項因素，研擬具體可行的方案。然為具體落實、全面推行，仍應貫徹下列政策與措施，才能彰顯老人教育的整體功能。

(1)進行老人教育之有關研究及評估：以供推展老人教育之參考。

(2)進行老人教育有關法規的研訂及研修，包括老人福利法、成人教育法及社會教育法等之修訂。

(3)充實老人教育機構之設備、設施、組織與人員編制：如普設老人教育中心、改善充實現有老人安養生活設施，加強老人教育組織編制，建立老人教育體系等。

(4)協調各有關機關學校、社教機構、公民營企業辦理老人教育活動。

(1)保健：包括身心健康維繫的一些常識。

(2)人生哲學：探討生命的意義、宗教的信仰等等。

(3)人際關係：包括溝通技巧、相處之道等等。

(4)休閒生活：使生活獲得較佳的調劑與人生的美化。

(5)科學新知：包括最新的科技基本知能。

(6)培養興趣：以豐富生命，增進活力。

至於今後老人教育的課程，應如何從目前之以娛樂休閒爲主，配搭以若干專題演講之設計，進而讓參與者樂於學習，而且可實際從學習中，有系統地獲得一些新知，似爲吾人應該詳加思考的主題。畢竟老人教育不能永遠停留在長青學苑或老人文康中心辦理，固然那也是一種方式。

McClumsky（1989）將老人的學習需求界定爲下列五類：

(1)基本技能需求（the need to have basic skills）。

(2)表達需求（the need to be expressive）。

(3)貢獻需求（the need to make a contribution）。

(4)影響需求（the need to be influential）。

(5)超越需求（the need for transcendence）。

我國教育部「老人教育實施計畫」則將老人教育依課程性質區分爲五大系列：老人基本教育、老人專業知能、老人健康保健、老人休閒生活及老人生活倫理[11]。

較有創見的是杜娟娟（民87）企圖由社會脈絡中分析老人教育與社會理念、社會發展之間的關係，再依教育功能，將老人教育區分爲基本素養型、個人發展型、人力資源型與社會發展型等

---

[11] 《老人教育實施計畫》，教育部編印，p.12。

四大類。每一種類型之老人教育內涵的說明包括：

(1)教育功能。

(2)學習需求。

(3)基本理念。

(4)課程規劃與內容。

(5)社會條件。

結　語

綜合前文所述，老人教育應有的發展歷程是：

(1)老人為中心的課程，是經過一段時間，才納入補習教育之
　　中而發展。

(2)專司老人教育的單位迄未出現，目前仍附屬於教育部社會
　　教育司，以及各縣市教育局或社會局之中，今後希望有專
　　司機構。

(3)早期老人教育多由政府、宗教團體主辦，逐漸有民間非政
　　府組織參與，今後希望有更多大專院校、各級學校踴躍辦
　　理。

(4)今後老人教育應朝多元化方向發展。

(5)今後老人教育應尋求教育、宗教、社會福利、企業、社區
　　各資源之整合。

進一步思考的問題

(1)請參觀附近的社區大學、老人大學或老人學苑、老人文康中心，
　　看看他們的措施，研究其設計的課程，並提出你的改進意見。
(2)對於目前不少縣市，如台北市、台北縣、新竹縣市等等，都推
　　出一些很具體的方案，要推廣老人教育，請索取招生簡章、課
　　程內容，作進一步的分析與比較。

第七章
老人的人格

世界上絕不會有性格完全相同的人，每個人都是獨特的，即使是雙胞胎也是不相同的。因此英文才會有這麼一句話 "No twins are identical"。人與人之間，表現最不同的地方，不在於其外表、容貌，而在於其思想、感覺以及對外在環境中的反應，而主宰這些思維、感覺與反應的，就是一個人的人格。可是，人格又是什麼？

很多專家學者也指出一些老人性格怪異，思想奇特、言行舉止不循常規，起因於他們人格的異常，可是什麼叫做人格異常？它的起因又是什麼？相反地說，一個正常人格的個體又應該具有怎樣的特徵？

本章將就這些疑問，提出一些理論的分析與實務探討。

人格的涵義與特性

一、人格的涵義

人格（personality）是心理學上最複雜的主題之一。這一個名詞又常與性格、品格通用。

從過去到如今，心理學家為人格一詞所下的定義，林林總總，人言人殊。

本文僅先就國內兩心理學泰斗之解釋，作一分析。

楊國樞以為人格是個體與其環境交互作用的過程中所形成的一種獨特的身心組織（organization），而此一變動緩慢的組織使個體於適應環境時，在需要、動機、興趣、態度、價值觀念、氣

質、性向、外形及生理等方面各有不同於其他個體之處[1]。

　　張春興則指人格爲個體在其生活歷程中對人、對事、對己，以至對整體環境適應時，所顯示的獨特個性。此一獨特性係由個體在其遺傳、環境、成熟、學習等因素交互作用下，表現於需求、動機、興趣、能力、性向、態度、氣質、價值觀念、生活習慣，以及行動等身心多方面的特質所組成[2]。

　　由以上兩家的解釋可以看出：

(1)人格是個體與環境交互作用所組成。

(2)人格的形成是獨特的，也是持久的。

(3)人格在適應環境的時候，決定了與眾不同的行爲模式及身心各方面的特質。

　　所謂特質（trait）在心理學中，可以用來指謂個人的任何持久性的特徵，有異於他人的特徵，包括一個人外顯的行爲特徵及推而知之的人格傾向（inferior personality disposition）。

　　格爾福（Guilforce, 1959）認爲各種特質是一個人人格的不同方面（aspect or modality），他並將各種特質分爲七組，即需要（need）興趣（interest）、態度（attitude）、氣質（temperament）、性向（aptitude）、外形（morphology）與生理（physiology）。他認爲個體之人格係由此七類特質結構而成，我們可由此七個方面來觀測一個人的人格。

　　普繆特與霍爾（Permuter & Hall, 1992）則以爲個人的品格特徵，如忠誠、害羞、信實、進取，都可視爲人格特質的一部分，而這些特質又決定了一個人的思想、感覺與行爲。他們同時認爲

---

[1] 楊國樞，《雲五社會學大辭典》，心理學，p.200。
[2] 張春興，《張氏心理學辭典》，p.480。

特質似乎是相當穩定，甚至可以用之預測一個人的言行舉止。一個非常外向的人，絕不會在任何場合，環顧四周，不知所措。同時，你很容易發現每個人或多或少，都具備與眾不同的一些特質，有些人樂觀，有些人悲觀；有些人積極，有些人消極；有些人進取，有些人頹喪等等，此外，至少我們還可以舉千百個例子加以說明。

艾森克（Hans Eysenck, 1970）以為可以將幾個基本人格型態將人們加以區分。他並以兩個角度作區分基準：內向－外向以及穩定－不穩定，同時他相信每個人都可以在這兩個角度之間定義出人格。

譬如一個穩定而內向的人，遇事可能沉著冷靜、心情平和。一個不穩定而內向的人，就可能悶悶不樂、焦慮、僵直。

阿爾波特（Alpost）則將特質區分為一般特質和個人特質兩種，前者可用來描述一群人的特性，後者則是個人獨特的，而且經常無法滿足的。

在所有研究人格結構的專家中，卡台爾（Cattele, 1965）的理論最為複雜而完整。他將特質分為外顯特質（surface trait）與潛源特質（source trait），前者是一個相互密切關聯的，代表個體表現在外各種行為的功能，而後者則代表外現行為屬性或功能的決定因素。換一句話說，前者可視為後者的表現，而後者則可視為前者的潛在根源（source）。

卡台爾並進一步以十六個角度來涵蓋不同人格中的重要元素，詳見**表 7-1**。

克里斯多（Christal, 1985）等則提出五大人格特質論，他們以為以下相同的特質，足以用來描述他人和自己的人格，包括：外向、開放、贊同、神經質與情緒穩定。我們可以用**表 7-2**加以

表 7-1　人格十六個向度

潛源特質指標	低分者的描述	高分者的描述	潛源特質指標	低分者描述	高分者的描述
A	Sizia 客氣的、孤獨的、批判的、冷淡、頑固	Affectia 外向、溫暖、容易相處、樂群	L	Alaxia 值得信賴、可被接受的	Protension 令人懷疑的、有勇無謀的
B	Low intelligence 愚昧的	High intelligence 聰明的	M	Praxernia 實用的、腳踏實地的	Autia 想像的、狂放不羈的、心不在焉的
C	Low ego strenth 憐憫感、情緒不穩、容易沮喪、易變的	High ego strength 情緒穩定成熟、面對現實、冷靜	N	Artlessness 率直、客氣、誠實的、社交笨拙的	Shrewdness 狡猾的、幹練的、有社會意識的
E	Submissiveness 謙遜的、溫和的、易服從的、沒有主見	Dominance 獨斷的、有攻擊性、有能力、頑固的	O	Untroubled adequacy 自信、滿足、安全、得意、平靜	Guilt proneness 掛慮的、自責、不安、憂慮的、困惑的
F	Desurgency 冷靜、沉默寡言、嚴肅的	Surgency 無憂無慮的、愉快的、熱心的	Q1	Conservatism of temperament 保守的、敬重的、有傳統觀念	Radicalism of temperament 實驗的、自由的、自在思想
G	Weaker superego strength 權宜的、忽略規則	Stronger superego strength 正直的、堅持的、道學的、沉著的	Q2	Group adherence 依賴於團體、跟從者	Self-sufficiency 自足的、資源豐富的、喜歡自己的決定
H	Threctia 害羞、膽怯、對威脅敏感	Parmia 冒險、不受約束、勇敢	Q3	Low self-sentiment integration 訓練不足、自我衝突、對社會規則不夠小心	High strength of self-sentiment 控制良好的、有力量的、強制的、跟隨自我印象
I	Harria 堅定的心靈、自信	Premsia 溫柔的心靈、敏感、過分保守、執著	Q4	Low ergic tension 放鬆的安穩的、麻痺的、沒有挫折的、鎮靜的	High ergic tension 緊張的、挫折的、過度工作

表 7-2　人格特質論

特質	行為表徵
神經質	焦慮對穩健 不安全對安全感
外向	好社交對好獨處 好尋樂對好寂寞
開放	富想像對腳踏實地 好變化對習於墨守成規
贊同	性柔和對性倔強 自信信人對懷疑困惑 合作對不合作
情緒穩定	凡事井井有條對紊亂 謹慎對一切不在乎 自律甚嚴對散漫無章

說明。

　　這一派專家，認為這些特質可以描述個體間重要的差異，而且容易加以瞭解。

　　哈汗（Hann, 1986）與另外一些專家，則以為人格特質可分為：自信與自卑、果斷與謙遜、溫和與敵視、理性與感性、熱情與冷漠，以及自立與依賴。那些高度自信的人，大多是冷靜、自得其樂，又能與別人分享。相反地，那些自卑的人可能自我否定、焦慮不安。此外，那些果斷的人，傾向於進取，好挑戰新的事物；而謙遜的人習於退卻，不敢嘗試。熱情的人總是樂於助人，獨樂樂，更能眾樂樂，相反地，冷漠的人是自己不快樂，也造成人家的不快樂。

　　當然，前面所述的這些特質也可能在不同情境之下，表現出完全不同的行為模式。一個膽小如鼠的人，也可能在非常急難的

情境中，變成另一個人。

二、人格的特性

接下來我們來分析人格的特性。

第一，人格有其持續性。一個人的自我觀、人生觀以及上述的特質，經過發展過程中各階段形成之後，是很少改變的，不過並不是完全不改變的。中國俗諺所說「江山易改、本性難移」、「由三歲看大人」，都說明此中的道理。一個溫柔可人的女孩，長大之後會變成桀傲不馴女性的機會並不大。因此，如果我們形容老人的性格大都是一些負面的話語，如頑固、執著、自私、倔強，實在不是很公平的，因為這些特質可能早就形成於中、壯年期，只不過不是很明顯而已。

不過，我們也不能不加以說明的是，人格也不是一成不變的，隨著環境的改變，人生閱歷的開拓，乃至個體生理狀況的特殊狀況，一個人的人格也是會改變的。舉一個例子來說，從小就有點焦慮性格的人，如果覺得自己是蠻受人喜歡，在各方面的表現也自己覺得不錯的話，也就會慢慢地對自己充滿了信心。相反地，在成長的過程中，飽受了一些挫折，又得不到人家對他的接納與尊重，就很可能變成更衝動、急躁、憤怒、憎恨的性格。

第二，人格有其獨特性。人格既是個體遺傳與環境各種特質交互作用的結果，每個人各種成長與發展的條件都不相同，自然也就形成了獨特的人格。

正面來說，就是因為每個人都是一個獨立的個體，他的思想、觀念乃至言語舉止，與別人迥然不同，這世界才顯得多采多姿。相反地，若每個人都是一樣的，又與機械有何不同？

再進一步來說，人格既有其獨特性，每一個人都是不一樣的，

因此我們談老人問題，就不能一而貫之，因為少數的個案思想頑固、行動遲緩、個性怪異，乃至多感善愁，就認為所有或至少大多數的老人都是如此。

第三，人格有其多面性。人格既是個體於適應環境的時候所表現的特質，因此所呈現的必然是多面的，如興趣、行為等。他可能有不同的興趣，也可能有完全不同的需要，使得他可能在多方面有不同的發展。從某一方來說，人格之多面性，是造成他生活可以不斷充實的最大理由。相反地，那些對什麼都沒有興趣的個體，其內心世界必然是寂寞空虛的。一些年長老人的問題也基於人格之僵化。

另一方面，人格有其多面性。一個在辦公室中唯唯諾諾的標準公務員，卻可能是家庭中的暴君。觀人之難，也就在於一個人往往在不同環境中表現其多面的性格。

第四，人格有其統合性。人雖然在不同情境下，有其多面的人格特性，但是一個正常的人格，卻具高度的統合性與組織性，呈現了一個完整的自我。

所謂雙重人格或者人格異常，也就是指個體出現了完全不同的行為與心理活動，造成了人際關係與工作環境中極難適應的情況。如心理病態人格（psychopathic personality）的主要特徵，就是只求滿足個人需求、從不考慮別人的存在、缺乏責任感，有明顯的反社會傾向等等。

從以上所提出的有關人格之理論，我們在探討老人的人格問題之前，應有以下幾點的共識：

(1)人格之發展是持續的，許多老年人的人格問題事實上種因於中年期前後，因此對於特殊個案應追溯已往發展的蹤

跡。

(2)人格發展是遺傳與環境交互作用的結果,因此探討老人人格問題,應特別注意其環境因素。

(3)人格發展有其獨特性,探討老人人格問題時,除了應該注意此一階段一般老人之特質以外,尤其應該注意不同老人的不同問題。

(4)健全的人格是多面人格特質的高度統合,任何有失常軌的發展,都將導致個體心理與人際關係之異常。研究老人人格問題時,應該針對其不統合性加以進一步探討。

老人人格的類型

人生是一個永在改變的歷程,從生命的開始到死亡的來臨,它可以分為若干階段,而每一個階段都有它的任務。進入老年期,其實是生命中新的一個階段的開始。

可是,我們對艾里克森(Erick Erickson)所提出人生最後一階段是自我整合對絕望和無意義的說法,是很難苟同的。艾里克森以為六十五歲以上的人,只有過去有充實幸福的生活,對社會有過貢獻,才能坦然面對死亡;而絕大多數的老人都對餘生充滿絕望感,對死亡更是懼怕。

其實,人生的最後一個階段,應該還是有所為的日子。落日夕陽固然短暫,絢麗的暮色中,一分一秒卻是更加珍貴。心理學家就提出老年的人格特質,正如其生理與心理特質一樣,是經過幾個階段,而不是一晝夜之間的突變。既然任何的發展都有它一定的時間表,那就好好有個心理準備。

首先，年長的人士必須面臨年老這一階段所帶來的生理條件的挑戰。身體逐漸衰老是無可避免的事實，只不過每個人衰老速度有所不同而已。坦然接受人總會老，自己不再年輕的老年人，人格發展必將健全，至少他或她不會在每天攬鏡面對白髮的時候，老是傷悲青春之不再。

　　其次，他或她必須調整步伐，配合著身心逐漸老化的旋律，忘記背後，努力地面對健康快樂又長壽的人生新標竿，勇敢向前奔走。

　　再其次，一個已經接受現實又有了人生新方向的年長人士，所必須努力的是開拓新的人際關係，尋求新的社會資源，以充實生活的內涵，以滿足嶄新生活的新需求。尤其是一向在社會上頗有地位的銀髮族，面對退休以後的無所「正」事的日子，就必須好好進行心理調適，學習諸法皆空的精神。就做一個平凡的人，有何不可？

　　第四點，確實體認長江後浪推前浪的人生哲理，以提攜後進、回饋社會的偉大胸襟，取代終日書空咄咄，只恨華髮早生之呻吟！

　　最後一點，應該是勇敢地面對死亡，以一生無愧於天地、無愧於人、無愧於此心為傲。能清心自在，生死自豁達，又何懼死神之「恩召」。

一、老人的人格變遷

　　有了這樣的領悟，我們可以分析老年人的人格變遷。

　　首先，我們要特別強調的是老年期是人的一生之中，面臨各項變化最大而又最快速的時期，而這些變化都一一地導致了老年人格的變遷。

　　這些變化，包括了：

(1)生理上的變化與健康問題（已見前文）。

(2)經濟上的惡化：收入的明顯減少，自然造成了老年人某種焦慮與不安。

(3)社會地位的喪失：退休後的一切都明顯改變了。

(4)空巢期的寂寞：子女遠離（至少在心理上）的衝擊。

(5)家人與社會關係的疏遠。

(6)親友的病痛與死亡，都會帶來無限的哀傷。

(7)最可怕的是伴侶的死亡。

當然以上等等對老年人的衝擊程度，因年齡、性別、個人教育水準、過去社經地位而有所不同。最重要的是個人的人生觀與前述的人格特質。一向達觀開放的年長人士，就算是飽受以上所說的一些刺激，也比較容易接納既成的遺憾，比較容易泰然處之，甚至會善於自我調適，因之，傷害的陰影也將逐漸沖淡；相反地，那些個性比較悲觀的人，這些衝擊自會有爆發性的嚴重後果，甚至將成為致命的一擊。當然，在這樣的一個過程中，家人、朋友乃至昔日的同學、同事，如果都能伸出撫慰的手，及時地給予更大的關懷，傷害自會減輕至某一程度。

此外，宗教信仰在此時此刻的此種情景之下，也會發生相當大的作用。

二、老人的人格類型

正因為人格的變遷之幅度與深度是因人而異的。我們試圖將一般老人的人格類型，尤其是他們的適應模式，區分為下列幾種類型：

(1)永不服老型：這一類型的老年人，大多健康狀態尚好，人

生旅途上一路走過來都很平坦,因此大多對目前的生活充滿信心,對未來還是滿懷希望。他們心情愉快,個性開朗,積極地參與社會活動,以顯示其精力之充沛。他們絕不輕易談老說病,認為自己還健康一如往昔,甚至比以往更好,因此往往疏忽了應有的調養與保健。同時,畢竟年紀已大,身心的脈動有時未能充分吻合,自難免會有力不從心的現象。我們對這一類型的長者,除了表示極大的敬意之外,還由衷地期望他們善自珍攝,以保華年。

(2)怡然自得型:這一類型的長者大多是事業有成、不虞匱乏、子孫又各有所成,而自己的健康狀況良好的老年人士。他們坦然接受晚年,更愛好黃昏。他們很快地順應年長之後的角色變換,並以多年所經營的社會關係,與許多有志一同的老友,共享日暮清福。他們也經常參與文化與藝術活動,可是絕不超越自己的體力。他們很注意養生之道而身體力行。更重要的是,他們的日子是寧泊致靜、清心寡慾,因此多為長壽之高雅人士。

(2)傲看江湖型:這一類型的長春人士,過去也許曾叱咤政壇或領袖於各行各業之中,目前雖已老邁,卻雄心未已,更不甘寂寞。總認為年輕人不夠成熟,只憑血氣,孺子又怎能教?再看同輩,大多垂垂老矣,更覺得自己的不平凡,甚至夢想東山再起。事與願違之餘,只憾壯志之未酬,因此日子也過得不怎麼快樂!

(4)隱退獨處型:這一類型的長者大多性格比較內向,一生之中也缺乏什麼多采多姿的日子,更談不上什麼豐功偉業,因此對年老體衰,倒很容易坦然面對,甚至提前退休,

自求多福。他們喜歡獨處，甚至身在紅塵，卻心向田園，一向對生活之要求就不高，自然比較容易心靜如水，以應付生活中各種問題。獨善其身的心態，也就往往使得自己的天地愈來愈狹窄，心門緊鎖之餘，寂寞與空虛自然接踵而來，心情之抑鬱也就在所難免。很多鰥夫寡婦都屬此一類型，晚年大多都在愁悵中度過。

(5)健保常客型：這一類的老年人，對自身的生理健康非常關注，老覺得全身不舒服，甚至擔心醫生諱言病情。他們是健保最佳主顧，終日奔波於各醫院之中，日常最有興趣的是看醫藥廣告，尋求青春永駐之妙方，檢查身體，遍訪名醫，長年進補，打針補藥。不少更熱衷於各種健身之術，真可以說是用心良苦。遺憾的是沒有在心理健康方面多下一點功夫，忘記修心養性才是最好保健之道，甚至因為藥吃多了，身體上的抗疫力反而減弱。這一種老年人的日子過得實在不會很快樂。

(6)得過且過型：這一類型的老人為數不少。對他們來說，生活就是這麼一回事，日子總是要過的，有衣有食，就當知足，比上不足，比下還是有餘。奮鬥掙扎了一輩子，到如今名沒有，利也沒有，命就是如此，想得太多，還不是自找麻煩，對酒當歌，人生幾何，有什麼看不開的呢？不是說，凡事退一步，就海闊天空嗎？有熱鬧的地方去擠一擠，瞧一瞧，不是挺有趣？實在無聊，找幾個死黨，聊天說地，日子還是很好過的，是嗎？這一種老年人，不是你也常常見過的嗎？

(7)冷漠人生型：這一種老年人大多數是年少時自命不凡，中年時也曾意興飛揚，可是讀書學劍兩不成，到如今一事

無成，屢經滄桑之後，真的是此心已冷，往事只能回味。日子愈混愈不好，又怎能笑顏對人？再說和別人打交道，讓人家知道自己的寒酸，那又何苦？好在還有一些陳年往事可以入夢。這一類老人外表看來也許冷漠無情，內心世界卻是甜酸苦辣，百味俱陳。如果有機會與他接觸，至少會覺得他還是好人。

(8)自怨自艾型：這一類型的老人，回顧一生，發現到如今一無是處。拼了這麼多年，還是什麼都沒贏。憑自己的才華，早就應該樣樣都有，可就是命蹇福薄，只好眼看人家起高樓。偏又是一身晦氣，連孩子也不爭氣，自己的身體又不好，家裡的那個他（她）也是越看越不順眼。大概是上輩子做了孽，報應在今世！說什麼命當如此，不信又奈何？這一類的老人，長期處於沮喪與自責的日子中，也實在難怪他不心灰意冷。

(9)恨天老翁型：這一類型的老年人，恨自己的生不逢時，恨人情的如此冷酷，恨長官（長輩）之冷眼相待，恨事業之一無所成，更恨自己身體的百病交集。由於整日乃至整年在恨意中生活，性情也就愈來愈暴躁，加上疑心重重，日子也就更難過！他（她）也就更恨這世界了。

當然，以上我們所談到這些類型，不足以涵蓋所有的年老人士，也可能同一個老人會有幾種這些類型的某些特徵，而只希望在老人世界裡，多一些快樂、達觀的老人，少一些怨恨交加的年長者，讓這個社會更為美好！

老人人格之異常

　　多希望天下老人家都能歡顏地安享晚年，真的是健康、快樂又長壽。可是，遍觀你我的四周，銀髮族的世界中，卻似乎不健康又不快樂的實在不少。長壽對他們來說，反而成為無盡的煎熬。

　　快樂與幸福的標準，很難有一定的尺度。每一個人所認為的快樂與幸福，也很難有正確的看法。小時候，覺得只要爸媽常帶自己去玩，就好快樂、幸福；長大了，教師對自己很欣賞，同學也喜歡跟自己一起玩，心中也很快樂；愛情路上，心心相許，更覺得自己是天下最快樂的人；以後事業蒸蒸日上，家庭美滿，子女乖巧，還有些什麼好怨尤？到了老年，又希望些什麼呢？

　　為什麼今天老年人身心的問題似乎比較多？為什麼報載台灣有百分之五的老年人患了某程度的憂鬱症？為什麼老翁殺媳婦、榮民殺榮民、老人上吊自殺時有所聞？這一切的一切，說明了不少老年人的人格發生了某種程度的失常。

　　失常當然是針對正常而說。一個人格正常的人，要加以具體描繪不是一件很容易的事，不過如果說一個人格正常的人，至少應該是一個人格成熟的人，應該是可以接受的。

　　楊國樞曾列舉奧爾堡（Alport, 1991）所綜合過去各學者的研究結果，認為人格成熟的人應有下列各項標準：

(1)將自我感（sense of my self）擴展到許多事物之上。所關心的對象不限於自身，而是擴及於眾多之身外事物。

(2)能夠跟他人建立親切及溫暖的關係。

(3)在情緒上有安全感,並且能夠接受自己。

(4)在知覺、思想與行動上能夠充分配合外在的環境,不加歪曲。

(5)有自知之明,也就是說對自己的長處與短處,有一種充分而客觀的瞭解。

(6)自己的生活能夠符合某種統攝性的人生哲學,也就是說,他的生活符合某種長遠的人生哲學。

當然,這些說法是否符合我們東方文化的傳統思想,容有異議,將之當做一些指標,似乎還有參考的價值。

人格異常,前文已略加說明其涵義,所謂老人之人格異常乃指個體之發展,到了老年期出現了此一階段人格發展之異常情況,而這些情況不但影響老年人的自身生活,還同時嚴重影響著他們的人際關係。

曾文星與徐靜以爲由於生理及心理上的變化與限制,老年人要重新調整其生活方式,接受這些變化與限制,繼續享受可以享受的事情,充實生活的內容,維持其舒適生活,安享晚年,並準備隨時終止其生命[3]。

如果說,上述一切都是老年人在桑榆晚景中,應有的思想與態度,反過來說,就應該已出現了某種程度的人格異常。由美國精神疾患診斷與統計第三修訂版(OSM-III)之資料,可看出人格異常分爲下列幾類:

(1)妄想型人格異常(paranoid personality disorder):這一類型的人,男性比女性來得多,他們的主要特點在於缺乏

---

[3] 曾文星、徐靜,《精神醫學》,水牛出版社,p.35。

自信，也無法相信別人，整日懷疑別人對自己的別有用
心，處處防禦別人，而且每天都在幻想有一天成功了，
如何報復他人。他們對任何事情都非常敏感，絕不責備
自己，因爲覺得一切都是人家的錯，所以人際關係也就
非常緊張。這一種人也許做事能力還不錯，可是對人的
冷漠，防衛、缺少人情，往往成爲事業發展的致命傷。

(2)孤獨型人格異常（schizoid personality disorder）：這一類型
的人，顧名思義是活在自我中心的世界裡，對別人是極
端的不關心，甚至不在乎人家對他的感受，因此幾乎沒
有朋友，也沒有什麼社交的生活，連跟家人的關係也是
淡淡的。他們幾乎也沒有什麼興趣，更怕與人家交往，
也拒絕人家任何善意的寒喧與關懷。這一類型的人在老
年社會中，實在很不少，也是男的比女的多。

(3)分裂病型人格異常（schizotypal personality disorder）：這
一類型的人，尤其年老的人士，所表現的是高度奇異的
思想、知覺、言語與行爲。他們的思想非常複雜，言語
相當奇異，經常前言不接後語，行爲也是教人莫測高深，
喜怒哀樂的情緒變化非常快速，他們的家屬之中頗多慢
性精神分裂病者，而他們自己也或多或少的有初期精神
分裂的各種症狀。

(4)戲劇型人格異常（histrionic personality disorder）：這一類
型的人，情緒反應非常強烈。一點小事可能使他們暴跳
如雷，或是大發脾氣，或是莫名的狂喜。在別人看來，
他們一切都有點誇張，矯揉造作，實際上，他們只是希
望引起別人的注意。這一類型的人當中，女性比較多。

(5)自是型人格異常（narcistic personality disorder）：這一類型

的老人，愛誇張，喜歡炫耀個人的才能、子女、裝飾以
引人注意，常常期待人家的讚美。最不能忍受的是人家
異樣的眼光與真情的告白。自己不尊敬別人，自然得不
到人家的尊敬，可是從不自我反省，只是一味地責備別
人的驕傲與故意給人難堪。他們最大的問題，就是從不
替人家著想，也不懂體會別人的難處。

(6)反社會型人格異常（antisocial personality disorder）：這一
類型的人，根據《張氏心理學辭典》的解釋，在行為上
顯現極度自我中心，憑一己之衝動，求慾望之滿足，不
考慮行為後果是否傷害別人。具有此種性格的人，無羞
恥心與罪疚感，遭遇挫折，總是歸咎別人或社會，並以
之作為反社會的藉口。他們缺少團體意識，不重視團體
利益，不遵守社會規範，不認同傳統道德與價值標準。
在家反抗父母，在校反抗校規，在社會反抗法律與秩序。

(7)迴避型人格異常（avoidance personality disorder）：張春興
以為此類型者在性格上具有強烈的自卑傾向，知覺過份
敏感，有意討好別人，但擔心被別人拒絕，害怕作錯事
受到譴責羞辱，因而凡事畏首畏尾，而內心衝突不安，
終至難免適應困難。

(8)邊際型人格異常（borderline personality disorder）：屬此類
型者情緒多不穩定，對生活細節，動輒憤怒，遇事常衝
動，缺乏理性思考，故而常做出損人不害己的事，因為
此類人格異常者情緒上的問題比較嚴重，在病理分類上
接近精神病的邊緣，故稱此名。

(9)依賴型人格異常（dependent personality disorder）：這一類
型的人，在性格上缺乏獨立，遇事退縮依賴，是人格不

成熟的表現，有些人一離開親人或乏人照顧，即痛苦不堪，甚至無法獨立生活，更不必談自己的主張。

(10)強迫型人格異常（compulsive personality disorder）：張春興以為此種性格者的特徵是，個人生活習慣、態度觀念以及價值標準，表現相當僵化的傾向，在待人處事的作為上，不能隨機應變。縱使自知不合情理，仍堅持不變，在心理上似有不得不然的內在壓力，故而稱為強迫型的人格異常。

(11)消極攻擊型人格異常（passive aggressive personality disorder）：屬於此類型的人格者，對別人常懷敵意，有攻擊傾向，但並不在行為上直接表現出來，而是以消極抵抗，以不合作主義、推拖敷衍的方式，達成其攻擊對方的目的。他們大多背裡發牢騷，甚至內心充滿了憤怒，卻不敢直接主動地把他們的反感表現出來。

當然，這些類型的區分法，並不完全涵蓋所有老年人的人格異常類型，但是似乎已可說明老年人格異常大概有這幾種。

老人的情緒反應

情緒（emotion）的精密定義，包括生理及心理兩個特徵的本能反應指標。更具體地說，是由外在刺激或內在身體狀況所引起的心理變化狀態。心理變化主要包括喜、怒、哀、懼、愛、惡、慾七種。由於身心是一體的，所以身體上會跟著有變化，引起自主神經交感區的作用。

情緒以意識的狀態為主，隨各種客觀情境而表現各種不同形態。在日常生活中，情緒與感情常被混用，其實後者是指快樂或不快樂或比較穩定等感覺；而前者則是憤怒、歡喜等比較強烈的感覺或較為具體的體驗。

　　情緒由外在狀態與有機體的內在狀態之間的相互關係而決定，但大多部分是由生活環境中的刺激而產生。

　　與強烈情緒伴隨的身體內部變化，是由自主神經系統產生的。自主神經系統由交感和副交感兩部組成，此兩部神經控制內臟肌肉與腺體。當交感神經活動時，增進了下列幾種活動：

(1)心跳加速。

(2)消化系統幾近停止，使血液轉向四肢肌肉，以備打鬥或逃跑之需。

(3)腎上腺素刺激肝臟，釋放血糖，以增進體力。

(4)呼吸加速加深，增加氧氣的供應，便於四肢活動時血糖的燃燒。

(5)瞳孔放大，增加視覺敏捷度。

(6)唾液腺停止，但肝腺增加活動。

(7)皮下肌肉收縮使汗毛豎立，而生雞皮疙瘩。

　　情緒平息後，則改由副交感神經支配，使身體恢復了正常。

　　最後，我們要特別一提的是所謂心身症。

　　心身症又稱精神生理反應，也就是因為不健康的心理反應，所導致的身體疾病或肉體症狀。

　　心身症的特徵乃指情緒、精神因素對身體各種症狀的發生及消長，有直接影響或間接影響，如高血壓、氣喘、偏頭痛、胃潰瘍、十二指腸潰瘍、潰瘍性結腸炎、腰痠、關節痛、背痛、皮膚

疾病等等。通常症狀會因某些特定情緒狀態引起的生理改變而產生，不過此類患者的生理改變卻更強烈、更持久。

據何志培醫師之意見，心身症與轉化性歇斯底里症不同之處，在於前者爲情緒障礙直接影響生理功能所導致的精神生理反應，通常發生在自律神經、內分泌系統支配下的內臟或身體系統的功能障礙，厲害時會引起組織的損害，或導致生命的危險。然而後者（歇斯底里症）乃焦慮轉化所引起的，是象徵性而無生理根據的，通常發生於隨意感覺運動系統如痛覺、視覺、聽覺、四肢的運動等。轉化乃個人爲減輕焦慮而保持心理平衡的心理防衛作用之一，也是精神官能的症狀之一。

心身症的治療，套用一句俗語，「心病還要心醫」，心理的治療有時比對其身體症狀的處理，來得更爲重要。心身症患者通常皆有強烈的依賴心理需求，因此大都出現在幼兒與老人的身上，尤其是老年的婦女，因爲情緒不穩，經常焦慮不安，心身症的症狀也就來得更爲明顯。如何減輕其不安情緒，而使心情輕鬆，應爲治療心身症之首務。

結　語

「人格」這兩個字是我們所常聽到的一個名詞，也是我們偶爾會提到的一個詞。可是，對於它的真正涵義與特性，我們又瞭解多少？

迄至目前還有不少學者專家正在探討人格心理學。人格是如何形成的，對於一個人的影響究竟有多大，人格，尤其是老年人的人格有多少類型，爲什麼有人格異常的出現，都是一些有待大

家進一步探討的問題。

進一步思考的問題

(1)一般人所說的「人格高超」或「人格卑污」，與心理學所說的人格，在涵義上有何異同？

(2)參照老人人格的九個類型，依你所見，你比較像是屬於那一類型？或者說，你更喜歡那一類型？

(3)許多人格異常的人，可以透過我們的協助，讓他們逐漸恢復正常，你覺得有能力的話，該如何幫他們一點忙？

第八章
老人的心理健康

一般人往往對生理健康與生理保健相當注意，卻忽略了心理健康的層面，殊不知沒有健康的心理，不可能有健康的身體，心廣才能體胖，就足以說明。

　　在今天這樣高度競爭的時代裡，每個人隨時隨刻都可能無可避免地承受來自四面八方的壓力，導致了心理上諸多的困擾，也嚴重地影響了人們的生理問題。前文提及的現在所流行的心因病，就是說一個人所以出現某些病狀，其實是心理因素所造成。

　　尤其是，老年面臨了生活的極大轉變，所帶來的某種程度的心理不調適，產生了許多心理失調，乃至精神上一些反常的行為，不但個人深受其苦，就是家人、社會，都可能不得不陷入永遠的惡夢之中。

　　本章將先就心理健康加以界說，探討一個心理健康的人應如何表現，以及心理健康的老人與心理不健康的老人，基本上有什麼不同，再進而談論心理失常與精神官能的老人，最後則就老人自殺問題作進一步的分析。

心理健康的界說

　　要衡量一個人心理是否健康，不是一件容易事。它不像生理健康可以用某些數據作為判斷的基準。譬如說，一個人平均體溫遠超過三十七度，血壓高過或低於某一個數字，白血球數目多少，血糖、膽固醇多高，都有一定的標準。人們可以用這些標準，說明一個人生理健康之情形。可是天下無絕對心理健康的人，也無永遠有問題的人。它是相對的一種形態，每一個人在不同情境中，所表現的也不可能完全一致。

筆者於所著《教師心理衛生》一書（民 78）中，曾歸納國內外各專家學者之意見，以為：

(1)心理健康乃是良好的、延續的適應，隨時引導個體不斷地謀求與現實生活有最好的互動關係，同時預計未來之發展，有最佳的心理準備。

(2)心理健康是個體在謀求健全發展過程中，生理、心理與情緒上之健全結合，也包括了面臨各種困難情境所應有的觀念與態度。

(3)心理健康也是個體在人生旅途中所應有的正確觀念，安於現實，追求理想。也就是說，不為現實所左右，不為空洞的、不實際的想法所困惑，隨時注意自我超越。

(4)心理健康者的行為是社會所樂於接受的，他不但衷心樂意地接受社會規範，而且更準備隨時對社會提供各種貢獻，以回饋社會。

(5)心理健康不僅意味心理可能病態的祛除，而且也是自我認同的最高表現。它更是自我接納、自我開放，到良好人際關係建立之間，永不止息運作的過程。

基於此種看法，筆者以為一位心理健康的人，應該：

(1)尊重自己，也尊重別人。
(2)樂於工作，更樂於與人交往。
(3)對自己有適當的瞭解，更樂於接納自己。
(4)誠實地、適度地表達自己的情感與意見，也就是說，不諱言自己的感受。
(5)雖未必同意別人的看法，卻給予適當的尊重，並樂於就不

同觀點與人溝通。

(6)由衷地贊美別人，也虛心，謙卑的接受別人讚美。

(7)能說「不」、「對不起」，自己認為對的事，就堅持去做，不輕易受人家的意見所左右。

(8)自信心強，果斷力強，但不高舉自己、低估別人。

(9)樂於與他人相處、合作，分享自己的感受。

(10)充分地表現對自己的高度期許，可是隨時在自我反省、檢討，以求精進。

(11)能夠與環境良好相處，以正確的、客觀的觀察，尋求對生活中的各項問題，作健全的、美好的適應。

相反的，一個心理不健康的人，往往：

(1)缺乏主見，人云亦云。有時即使明知不對，還是遷就人家的看法，甚至甘心接受人家的頤指氣使。

(2)常常覺得自己一無是處，自己的一切都毫不足道，甚至幾乎完全否定自我。

(3)常常找理由解釋自己的缺點，對自己該做而沒有去做的事，更是力圖自圓其說。

(4)缺少自信心，更缺乏責任感。

(5)既不愛自己，更不愛別人。

(6)如果不是絕對必要，他很少樂於參加任何的社交活動。

(7)很多時候，所有言語，乃至思想是前後矛盾的。

(8)不能面對自己。

徐木蘭以為心理健康的人，應有的特質是[1]：

---

[1] 徐木蘭，《行為科學與管理》，三民書局，p.130。

H （honest） 誠實，對己對人

U （understanding） 知己、知彼

M （mutual respect） 自尊、尊人

A （aware of limitation）瞭解自己的極限，不做做不到的事

N （negotiation） 彈性、柔性

I （initiative） 創造力，洞察先機

T （trust） 自信、信人

Y （you） 處處以「你」為先，意思就是尊重你的意見。

根據前文所述，似乎我們也可以描繪一個心理健康的老年人與心理不健康的老年人的不同畫像。

一個心理健康的老年人，應該覺得正因為「夕陽無限好，只是近黃昏」，而更珍惜目前所擁有的一分一秒；相反地，一個心理不健康的老年人，卻整日無所事事，除了感傷年華之易逝，就是身陷在不堪回味的往事中，徒然增加老化之快速。

一個心理健康的老年人，會努力地走出自己，學習進一步與天地中的一切萬物為伍，靜靜地欣賞大自然，開拓胸襟。古人所說「萬物靜觀皆自得」也正是如此。同時，他也會格外地珍惜與家人的關係，固然未必都能經常享有含飴弄孫的樂趣，可是發揮了「幼吾幼，以及人之幼」之精神，投身社會服務義工，一定也是樂在其中。相反地，那些終日緊閉心扉，將陽光關在心門外的老人，所見所聞當然不廣，所思所想，自也難免計算人家之虧欠，不是子媳之不孝，就是人情之冷酷，結果是自己越來越不快樂，也造成家人更大的不快樂。

更具體地說，一個心理健康的人是活在今天，追求更美好的晚景；一個心理不健康的人卻是活在昨日的陰霾中，沉重的往日

包袱，使他失去了生活的意義。

同時，一個心理健康的老人，以達觀自得的心情，笑看夕陽；一個心理不健康的老人，卻將自己躲在陰冷的夜晚。

更進一步而說，一個心理健康的老年人，深深體會捨得丟得的人生真諦，在現實的社會裡，從更多關懷別人中，提昇生命的意義。一個心理不健康的老年人，卻總是埋怨目前之空虛與寂寞，覺得長日何其漫漫，甚至借酒澆愁，結果是愁上加愁！

更遺憾的是，不少老年人出現了許多心理上的一些嚴重程度的失調心結，有待他們自己的善為排解，也希望家人與友朋的從旁輔導。

老人的心理失調

一般老年人，經常都在心田深處，或多或少出現一些程度不等的心結，也或多或少讓這些心結影響到個己生活起居與人際關係，乃至健康狀態。老人心理失調之程度因人不同，不過大多有以下幾種情況：

一、疏離感

所謂疏離感，指社會變遷與都市工業化的影響，使人與其生活環境間失去了原有的和諧，終於形成現代人面對生活時的一種感受[2]。

老年人由於年齡的老化、環境的變異，或多或少地都會比年

---

[2] 張春興，《張氏心理學辭典》，p.29。

輕人有更多被社會孤立，以及對無常社會的一種無力感，因而對生命之意義感到某種程度的疑惑。

生活在今日台灣的老年人，不論是在光復後由大陸播遷來台，或是世代居住在這塊土地的長者，大多在農村社會的生活中，走過童年、少年，乃至中壯年。兒時的回憶，少年歲月的痕跡，所留下的片片段段往事，到如今雖然大多是塵封已久，卻必然時縈心田。以古看今，感慨最深的，應該是人事變化太大，不知如何加快調整自己的腳步，來因應社會的急遽變遷，尤其是在人際關係上。

在傳統、典型的鄉村社會中，人與人之間的關係濃厚地結合在一起，彼此之中存在著密切的某種聯繫。他們之中，就算是沒有什麼婚嫁所形成的近親，也大多是世代生活與共、休閒與共，甚至甘苦與共的近鄰。雞犬相聞，日出一起到田園、村間工作，日落踏著暮色，相共回家。家門不遠的一株榕樹下，或是某家祠堂的一片空地，老的老，小的小，在夜色朦朧中，談古論今，或是嬉笑喧鬧，多恬美的一幅農家樂！

鄉村中，守候相望，一個陌生人是很難不被人家發現的。那一家、那一戶發生什麼事，很少不被人家傳聞於鄰里之間，因此任何有違社會正規運作，或是不符社會規範的事件，都將受到十手所指，十目所視，紛相指責的後果。

更重要的是那一種血濃於水的深情，使得人們之間發揮了誠摯的友愛。那一家有什麼不幸的事情發生，譬如說死亡、傷殘，乃至於長期病痛，左鄰右舍固然一定會解囊相助，就是平時不一定長相來往的遠親，也會毫不吝嗇地爭相援手。孤兒寡婦、鰥寡孤獨，不必擔心貧無立錐的日子！「老吾老，以及人之老；幼吾幼，以及人之幼」的傳統美德，在鄉居生活中，絕不是一種烏托

邦的夢！

　　就算是住在城鎮之中，從事小型商業的人們，也大多數高度地認同同鄉、同宗的觀念，彼此之間互通有無，來往非常密切。尤其是，他們之中，很多都有姻親關係，透過婚嫁，使得大家親上加親，社會生活之和諧，蔚成中國傳統社會的一大美德。

　　老年人在過去社會中，享有相當崇高的地位，敬老尊賢的觀念更深植在人們的心裡。同時，農業的社會，田地就是財富，而田地大都掌握在祖父、父親之手中，自然而然地，也就形成了人子以父輩為生活核心的現實寫照。不靠父老的餘蔭，是很難有足夠的自我開拓空間。一代過去，一代又來，幾千年中國的社會似乎沒有任何變化，人們也就緊守先人足跡，由少到老。

　　可是，時代在變，社會在變，人與人之間不再見到內心深處所揚溢而出的真誠。利害的關係，取代了純真情感的來往。勾心鬥角，取代了榮辱與共。一種濃濃的疏離感，使得人際關係愈來愈顯得淡泊。

　　感受最深的，當然是年老的一輩，尤其是居住在城市中的老人家。

　　社會學者早在本世界三十年代，就指出了城市生活所形成的獨一型態：大量居住的人口，高密度居住的環境，以及高密度的異質性。人們的社交圈子愈來愈縮小，在時間就是金錢的前提之下，大家各忙各的，實在也沒有空向老一輩的人常常噓寒問暖，更不必說是經常問候。小家庭取代了往昔三代、四代同堂。父母、子女各據一方，彼此連見面的機會都不多，遑論承歡膝下，朝夕請安。在這種情景之下，老一輩的人內心之疏離感，也就不言而喻。

　　老人家的疏離感，一般來說，可以分為下列四個層面：

(1)無意義之感：雖身處在一切都還算是熟悉的世界中，所眼見的依然是自己的子孫、故舊，卻似乎顯得越來越陌生，那種心連心的感覺，早已隨風飄逝。眼看子孫的各奔前途，不禁覺得個人的生活失去了意義，也失去了價值。

(2)無能為力感：世事無常，價值觀念也愈來愈混淆，個人對子孫的事無從插手，也無權過問，甚至只要表示一點點意見都會換來孩子一臉不耐煩的臉色；對自己的未來不能定向，對萬事也大多不能把握，自然難免感到空虛無力。

(3)社會孤立感：都市人口集中，生活節拍快速，閒來無事的年長一輩，對於彼此之漠不關心，人情毫無溫暖，除了學習如何調適之外，只好孤獨地等待著子孫之有時聊盡孝心。那些苦守自己所生長家園的老人，子孫在外工作、求學；四周的老人也各自東西，那種岑寂的刺心之痛，怎不讓他們覺得自己是受社會所遺棄的一群？

(4)自我分離感：老年人真正能夠視一切如過眼雲煙、渾然解脫的實在不多，尤其是對退休人士而言，不能不緬懷已往，甚至深覺壯志未伸，今日的一切，誠心有未甘，情所不願。可是不甘於現實又能奈何？一般年老一輩，也可能在激烈社會中，追逐生活之最低需求。如果還要仰望子媳、女婿的眼色，苟延殘喘，更難免覺得生活有何樂趣，昔日的尊嚴如今安在，有百般無奈與自我價值蕩然無存的痛苦。

這些種種的疏離感，又慢慢形成了各種心理的問題。

二、寂寞與孤獨感

寂寞是任何人都隨時可能有的一種感覺。「自古聖賢皆寂寞」正足以說明。有人曾說過:「如果一個人說過他從未寂寞,他要不是根本不瞭解寂寞兩字是什麼意思,就是自欺欺人。它是我們在人生旅途中,每個人都必須面對的一個問題,它常在我們身邊。」

產生寂寞心境的因素很多,孤單獨處,可能令人感到寂寞,熙攘人群,也可能讓人時有岑寂之感。去國懷鄉,固然寂寞,居廟堂之高,也是憂愁多多。真正做到不以物喜、不以己悲的人,恐怕是少之又少。

不安全感是產生寂寞的主要原因。人都需要被尊重與接納,更需要從他人處得到被愛和被需要的感覺,一旦這種感覺失去,不安全感和寂寞自然就湧上心頭。

它也可能是一種被孤立和割離的意識,也可能包含了被排斥、被反對、被誤解、被遺棄等等的感受,更蘊含了一種失落感。「有誰真正瞭解我」或是「月亮代表我的心」,都表達了一種發自心田的一種寂寞呼聲。

張春興則將「孤獨感」解釋為遇事自己無力抉擇,而又感到無依無靠,得不到別人幫助支持的失落心態,那是寂寞之後的更深境界。

寂寞其實也具有一些正面的力量。許多人經過寂寞的困擾與痛苦,他的思想意念,反而得到一種蛻變。陶淵明之「奚惆悵而獨悲,悟已往之不諫,知來者之可追」,都在歸去來兮感受之後一種心靈的解脫;李白之秉燭夜游,也在於感受個己不過是百代之過客以後。

很多人在寂寞之後，生活反而變得格外豐盛，變化的過程就在於如何運用那獨處的積極效用，輕鬆地經過孤獨而不受任何寂寞之苦。

可是，大多數人卻受不了孤獨與寂寞之滋味。讓孤獨與寂寞的感覺，驅使進入酗酒、吸毒、頹廢、離婚、消沉，甚至自我毀滅的絕路。人間多少悲劇，都是由這種感覺所釀成，多少家庭也因此而淪亡。

對於老人來說，寂寞的感受與痛苦，更是既深且遠。因為個體進入老年期以後，社會環境明顯地快速變遷，社交圈子縮小，難免時生離群後的孤獨與寂寞，再加上體力日衰，也就很不願和人家接觸，長期獨處，寂寞自難消。

長時期無法排遣的寂寞，往往又造成了許多老年人的焦慮。

三、焦慮感

《張氏心理學辭典》將焦慮解釋為由緊張、不安、焦急、憂慮、擔心、恐懼等感受交織而成的複雜狀態。

按性質而言，焦慮有不同類型，可分為特質性焦慮與情境性焦慮。前者為人格特質的一部分，具持久性；後者指焦慮反應因情境而異，具暫時性。

焦慮的發生，通常沒有特別的原因。有時，這種感覺是對某些即將發生的事情（例如：考試、與異性第一次約會、求婚、升職等等）的擔心所引起，有時也是對自己所特別關心的人過份關心的心理效應。另外也有些焦慮可能由所有的事情所引起，甚至沒有明顯的任何原因。患者經常連自己也不知道究竟焦慮些什麼。

至於老年人的焦慮，除了對自己的身體健康的擔心所引起之

外，通常都與失落感有關。最常見的焦慮包括下列三種：

第一種焦慮是擔心一旦失去配偶、兄弟姐妹、親朋好友，年邁父母、年輕子孫，及平時長相來往的昔日同窗、同事，將如何自處。尤其最焦慮不安的是如果有一天老伴比自己早逝，晚境將如何淒慘。

第二種焦慮是自己角色轉換後，失去已往的社會資源，人們將視自己為「廢物」，又將如何自處？

第三種焦慮包括其他晚年生活中各種情境的憂愁與擔心，包括老病、收入減少、行動不便、人際關係、居所與身心之如何調適等等。

焦慮有時有其正面效應，促使個體「慮而後能得」，對所擔心發生的事情早謀未雨綢繆之計，因此縱使所擔心的事情發生，也因為心理早已有若干心理準備，將傷害程度降到最低層次。

但是，經常被焦慮所綑綁的老年人，則可能有下列一些症狀的出現：

(1)無法放鬆自己，睡眠常常不好，注意力也不集中。

(2)容易沒理由的疲倦，胃口也經常欠佳。

(3)時感頭痛，甚至會突然發生昏眩。

(4)流汗，燥熱，口乾。

(5)容易緊張、發抖、抽筋、背痛。

(6)常常沒理由地有驚慌的感覺，夜晚多惡夢。

更嚴重的是它會演變成一種慮病症（hypochondriasis），將在下文精神官能失常一節中，再詳加介紹。

精神官能失常

在任何年齡階層中，老年人出現急性或慢性心理病徵的比例總是最高。國內外的資料都顯示在公私立精神醫療機構中，大多數的病患都以老年人為主。據估計，至少有 5%的老年人因心理病態或行為上的困擾安置在醫護或療養機構中。

導致老年精神的失能，並不純然是年老生理的因素，社會心理壓力以及當事人面對壓力的因應能力，都可能造成老年期的某種或某程度的精神症狀。最常見的是憂鬱症、妄想症、恐懼症與前文所說的慮病症，下文將分別闡述。

一、憂鬱症（depression）

根據《聯合報》民國八十七年三月三日的報導，台灣老年人口中約有 15%都有憂鬱症的症狀，其實這一數字可能過分低估。在美國，據統計有 15%-68%的老年人，因為憂鬱症而影響到生活的功能。雖然憂鬱症可能發生在任何年齡階層，老人患憂鬱症的比例卻是年輕人的三至六倍。

所謂憂鬱症，乃憂愁、悲傷、頹喪、消沉等各種不愉快情緒綜合而成的心理狀態。它幾乎是所有精神病的共同特徵。按症狀的差異，憂鬱症有輕重之分。輕性者多數人都有類似的經驗，如沉悶、悲觀、生活乏情趣、做事無精打采等情緒低潮，應該不算是病態，因為它大多是短暫性的。但是嚴重的憂鬱症的患者，行為則大異於常人，不僅在心理上陷入悲傷、絕望、自責以及思想錯亂的境界，而且在生理上也有食慾不振、頭痛、心悸、兩眼無

神、嘴角下垂等症狀。

　　憂鬱主要是悲傷情緒及各種內在障礙所致，但是確切原因卻未詳。目前所知的幾個可能因素，包括腦部生化之變異、家族之遺傳、肝炎或其他病症後之生物化學後遺病，以及酒精中毒等等，都屬於內在者；外在者則包括親人之死亡、最喜歡東西之遺失，以及飽受別人之指責、批評與不甘受辱，卻又無力反抗等等。

　　過去曾經認為停經後進入更年期的女性，容易有患憂鬱症之可能，但是，最近醫學界以許多臨床經驗否定了這種說法。不過，年齡愈大，憂鬱症之程度愈有惡化之趨勢，則是不爭之事實。

　　研究也發現在年老人口中，身體健康、個性開朗、社交生活仍然頻繁、家庭生活還算美滿、一向生活很有規律，而自我約束比較強的銀髮族，很少有憂鬱的症狀。相反地，缺少前述條件，就可能出現很高的憂鬱症狀。

　　研究同時也指出那些中年前後曾因某種挫折或打擊而產生憂鬱症的人，到了年老的時候，會變本加厲出現不同症狀。相反地，在人生路上一向走得很平坦的人，縱使在老年的時候，遭遇到一些什麼非常不如意的事，也很少出現比較長時期的憂鬱症。暫時性的心情憂鬱，當然有時很難避免。

　　美國心理治療協會（American Psychiatric Association）於一九八七年提出了下列憂鬱症診斷的八種標準，並認為任何患者符合這些標準者，都證明他的症狀相當嚴重：

(1)胃口／體重明顯的改變。

(2)睡眠之障礙。

(3)對大部分的活動都沒有興趣，或者不喜歡參加。

(4)認知能力的消退。

(5)注意力不能集中。

(6)提不起精神作任何事。

(7)悲觀、失望，甚至時時有內疚的感覺。

(8)時時有自殺企圖或意念。

這些都可以視爲憂鬱症的指標。

國泰醫院精神科主任張錦瑞表示，不論那一個年齡層的憂鬱症，女性患者的人數都比男性來得多，四十五歲以上的中老年憂鬱症患者裡，女性是男性的三倍。

憂鬱症反應在生活裡，會對女性帶來很多困擾，包括長期失眠、緊張，不知所措和吃不下東西，工作效率和人際關係也會衰退，久而久之，會對自己失去信心，對生活提不起勁。

六、七十歲的阿媽則要小心老年期精神分裂症。老年期精神分裂症女性患者人數也是男性的三倍。病因可能來自腦部某一區域發生病變，但外顯症狀常誤以爲是憂鬱症和老人痴呆症。其實這些病人的人格並不會像痴呆病人那樣退化，他們生活的自理能力仍然很好，只是常常懷疑有人要對她不利，時時有幻聽和幻覺。及早診治，病情是會減輕的。

跟憂鬱症病情很相似的乃是躁鬱症。

所謂躁鬱症乃是患者會週期性地呈現躁期和鬱期，其情感會有兩個極端的變化。躁症經常先發生，其主要病徵包括精力旺盛、多話且滔滔不絕、亂花錢、自我過度膨脹、過分慷慨、虛妄而不實際等等。

鬱症卻是另一個極端的情緒，主要症狀和憂鬱症一般症狀大致相似，但其呈現較慢。在躁期和鬱期之間的病者，通常會短暫地恢復完全正常與一般人並沒有什麼不同。

躁鬱症患者約占台北市人口的 0.7%，其罹患率不可謂不高，所幸患者病程相當良性，並可完全復原，且有方法可預防其復發，維持其正常生活。

二、精神分裂症（schizophrenia）

　　所謂精神分裂是指患者表現情緒紊亂、知覺脫離現實、思想錯亂、動作怪異、自我感喪失等症狀。

　　精神病專家則將其列為精神病，定義為一種脫離現實、無法分別現實和幻想的疾病。

　　精神分裂症是相當常見的精神病。據估計任何國家人口之中，至少有百分之一到百分之二，或者曾有過此一疾病，或者將在未來歲月中得此疾病。幻覺與妄想是精神分裂患者最常見之症狀，患者言行更是怪異萬分。

　　精神分裂症可以分躁型與鬱型兩種，前者可能過份急躁、衝動，似有無限精力，而且經常出現重複的行為；後者則可能終日不語、不動。

　　精神分裂症大多出現在二十五歲前後，老年人口之中約有一成是此一病症之患者。

　　老年人口中得此一病症者，以未婚、獨居、人際關係欠佳、很少有至親好友，以及出身於中下社會階層者為多。

　　精神分裂症之原因未明，但研究者認為遺傳和環境都有關係，不過個體如何適應其環境，似乎更為重要。

三、妄想症（delusion）

　　妄想症指個體經常持有的某些既無事實根據，又極不合理觀念的症狀。它是精神分裂症的主要症狀之一。有時妄想也指對某

些事物作錯誤的看法與不正確的解釋，卻深信不疑，甚至將自己的想法，外射到他人的身上（如怕被人家看不起，卻以為別人看不起他）。

曾文星、徐靜以為妄想可分為下列幾種[3]：

(1)關聯妄想（delusion of reference）：患者將很多事情作成都與自己有關聯的一種無中生有的想像。對別人的一切行動都起疑心，甚至報紙的新聞、小說與電影人物的遭遇，也覺得是在影射自己。

(2)誇大妄想（delusion of grandeur）：患者妄自誇大個人的身分、才華、財富、地位以誇耀自己，藉以引人注意，從而獲得滿足。

(3)支配妄想（delusion of influence）：患者堅持一種不合理的觀念，相信別人總是以某種不可思議的力量，在支配他的思想與言行。

(4)嫉妒妄想（delusion of jealously）：患者常嫉妒別人，經常想入非非，有的懷疑其配偶對自己不忠，有的極端嫉妒別人的成就，妄想有一天一定取其位而代之。

(5)否定幻想（delusion of negation）：患者堅持一種不合理的觀念，否定客觀事實的存在。

(6)逼害幻想（delusion of persecution）：患者總認為人家一直在有計劃地迫害自己，因而整日疑神疑鬼，惴惴不安。

(7)色情幻想（erotic delusion）：患者總相信自己是俊男或美女，異性一定為他（她）傾倒。

(8)罪惡幻想（delusion of guilt）：患者總以為自己犯了許多大

---

[3] 曾文星、徐靜，《精神醫學》，水牛出版社，pp.231-240。

罪，應該自首，接受審判。

(9)宗教幻想（delusion of religion）：患者幻想自己具有無邊
法力，能與神明通靈，甚至以為自己就是神。

不少老人的妄想症則妄想自己回到青春年少，風度翩翩或儀
容不凡；有時候則妄想自己仍掌握名利權勢，叱吒風雲；有時候
也妄想自己百病全消，健康如昔。

心理學家指出有時不妨多從老年人所表現的各種妄想，進一
步瞭解其內心世界與隱藏多年的秘密。事實上，要如何澄清、矯
正老年人的某種妄想是非常不容易的。只要他們的妄想沒有嚴重
影響生活與人際關係，似乎也不一定要責備他們妄想的錯誤與荒
謬。

四、慮病症（hypochondriasis）

慮病症是美國精神官能失常老年患者人數排行榜的第三名，
僅次於焦慮症與妄想症，其中尤以六十歲到六十四歲之人數為最
多，而女性多過男性。

慮病症的患者大多過分關心自己的身體狀況，稍有不適，就
疑神疑鬼，懷疑自己患了重病，惶恐終日，庸人自擾，因而影響
生活功能。

許多研究都指出老年人之所以有慮病症之憂慮，大多起因對
自己病情的無知，對自己的健康狀況又過分的關切，因此這一週
覺得某一器官不舒服，下一個禮拜又感到別的部分酸痛。每一次
求診，都會列舉一大堆病狀，甚至懷疑這個醫生隱瞞病情，那個
醫生不肯告訴真相。如果子女有所質疑，就認為子女不孝不賢，
常常鬧得全家不得安寧，醫院裡也實在對這樣的「嬌客」大呼無

可奈何，因為對一個其實什麼病都沒有的病人，又能如何？

　　當然，慮病症也有它的功能，至少會提醒家人與醫生對可能的健康問題加以注意。它也可能轉移老年人的不安、惶恐情緒，說起來也不能批評他們居心叵測！

五、恐懼症（phobia）

　　恐懼症的特徵是，對某些事物或情境所表現的莫名的恐懼，縱使當事者明知不致受傷害，但還是無法自制其恐懼的情緒。它是對某一刺激情境的過度反應，而此種反應又有極大的強迫性，因此乃屬心理變態現象。

　　恐懼症種類極多，如懼高症、懼光症、聲音恐懼症，以及對人、對動物，乃至對某一狀態的恐懼。

　　老人之中，尤其女性之中，頗多恐懼症患者，其所恐懼之對象，更是五花八門，不一而足。最可怕的是一種稱之為懼恐懼症（phobophobia），那是恐懼中的一種特殊類型，患者所恐懼者非特定對象，而是對自己的恐懼的存在而恐懼，也可以說是因恐懼而生恐懼，結果是更加重了恐懼的程度，杞人憂天，庸人自擾，莫此為甚。

　　一般來說，恐懼患者通常都有下列各種症狀：

　　(1)心跳加快，胸腔時有疼痛感。

　　(2)頭暈、虛弱、眼花、氣促。

　　(3)大量出汗，全身忽冷忽熱。

　　(4)強烈的窒息感。

　　(5)手腳麻木，不時顫抖。

　　(6)無比的焦慮，覺得所有的人都遠離他去。

(7)覺得自己就將死亡。

(8)更怕來生比今生更痛苦的那種感覺。

老人精神狀態初探

　　早在孟子時代，他就提出了「察其言，觀其色，以知其人」的說法，引申了孔子所說「不知言，無以知人」的論點。按照現代的心理學觀點，也就是我們可以透過對一個人言語舉止、思想意念等等精神狀態的探討，來衡量他的健康情況。

　　從孔孟之哲學來看，其重點不外「仁」與「義」，孟子尤重心性之看法，其基本之論証是人性之善乃天生本具，是人所固有。因此孟子說「人皆有惻隱之心，羞惡之心，恭敬謙讓之心，是非之心」，這四端「我固有之」，「人皆有之」的心，也就成為我們初探一個人，尤其是一個老人精神狀態，最重要的指標。

　　其實，在我們生活中，只要你仔細注意四周的人的一舉一動，不難發現他們在各方面的明顯差異，而這些差異也往往呈現出內心世界的精神狀態。

　　「心寬體胖」、「趾高氣揚」、「意亂情迷」、「身心俱疲」等等片語，讓我們看到一個人的心理，如何影響他的生理、言行。倒過來，我們也可以從一個人的儀容、外表，乃至一舉手、一投足、一顰一笑，揣摩他的心態，研判他的心理健康。一如孟子所說，「任何人看到鰥寡孤獨，無依無靠，甚至形容枯槁、憔悴不堪的人，卻絲毫沒有一點惻隱之心，你能說他心理沒問題？」同樣地，要達到目的，「巧言令色」、「卑躬作揖」，極盡「斯文之掃地」，這樣一個毫無羞恥之人，又怎能說心理很健康？至於是非不明、

意氣用事，或者盲目自高自大、恬不知恥的人，一定必遭眾人唾棄。

其實，任何人類的行為，都有它的有形與無形的規範(norm)，符合規範的行為，我們稱之為常態或正常（ normal ）的行為，相反地，不合規範的行為即所謂異常的行為（ abnormal behavior ）。一個人的精神狀態，既屬於思想意念之反應，也是行為表現之一面，也就當然有正面的與負面的不同層面。同時，我們也可以察其言和觀其行，來探討其精神狀態。

名精神科專科醫師何志培於八十八年五月十六日在《聯合報》以＜健康檢查應包括精神狀態＞一文，分析精神狀態之檢查，筆者特套用其架構，但著重於老人精神之狀態與心理，作進一步之引申。

第一，一般外表及態度方面。即使是老人，大多數還是很注意其外貌及儀表，尤其是中年以上的女性。他（她）們的穿著一定保持相當程度的整潔，恰如其年齡。如果已是坐六望七的高齡女士，仍然好穿大紅、大綠的衣服，必然顯示其心理之未盡正常；同樣地，白髮貴族好穿流行的 T 恤，恐怕也會留給人家衣著不當之譏。

過分痴肥或瘦弱的老年人，心理未盡正常的較多。心太廣則過胖，心不廣則太瘦，都不是我們所樂見。至於言行幼稚，年已老邁，仍然時見赤子之動作，隨時都以某種行動，希望引起人家的注意，其精神狀態必然有些異常。

多疑，缺少自信，凡事都保持最大之戒心，對任何人都保持距離，是許多老年人的最大心病。相反地，以脅肩諂笑來討人喜歡，毫無主見，盲目順從，也顯示心理上的某些問題。如果經常有神經質的行為，老是以敵視的眼光看人，更顯示問題已經相當

嚴重。

第二，意識狀態（consciousness）方面。一個人的意識狀態，是個人長期經驗的累積，也顯示當時的心理狀態，包括感覺、知覺、情緒、記憶、心像、觀念等各種心理歷程的變化。它是行為以及任何心理活動的導向。

老年人，尤其是較年長的老年人，往往有意識不清的情況，更嚴重的是混亂、呆僵，甚或昏迷的現象。老年人很多的行為，都是在意識不清、起伏不定之情況下出現的，因此有時難免令人有無從捉摸之感。所以，我們很容易從對他們的言行判斷其精神狀態。

第三，情感方面。一般來說，一個心理正常的人之喜、怒、哀、樂、愛、惡、欲的情感性反應，都有適度的表現，不誇張、不造作，完全是極端的自然流露。但是，據何志培之意見，我們可以從案主是否適當的表達情感，抑或緊張、憂鬱、焦慮、害怕、驚恐、生氣、易怒、衝動、困惑、過分高興、冷漠、凡事漠不關心、矛盾、興趣過分增加或降低等等，來探索其內心世界。

仔細觀察老年人的情感世界，不難發現其兩個極端化：過分冷漠與過分熱情，以及完全自我與天下大同。前者，他們似乎對外在世界已經完全絕緣，縱使是親人之死亡，空虛之眼神已經告訴你「我心已死」；相反地，又可能過分極端，狂熱的言行，令人瞠目，稍不如意就怪罪別人；要不，就是事事過分關心，為天下人共哭，教人消受不了。

第四，言語方面。「言為心聲」，雖然說「知人知面難知心」，但是卻不難由一個人的言語、談吐，窺入他的內心世界。「言語乏味」，就難免「面目可憎」。

一個有修養的人，知道適度地透過言語，表達他的思想意念，

拉近了他與人之間的距離。他更知道對什麼人說什麼話，什麼情境之下說什麼話，以及該用什麼樣的態度說什麼話，因此總是留給人家良好的印象。

老年人的言語，就像前文所說的情感表達，也經常出現非常明顯的極端化。要不終日喋喋不休，要不沉默寡言。可是，共同的特點是非常的情緒化。

較年長的老年人的言語，受思路混亂之影響，有些是語無倫次，前言與後語之間，往往毫無連貫，至於答非所問，言不由衷，更說明了精神狀態之恍惚。更常見的是語多反覆，言不及義，說話毫無重點。

較年長的老年人由於智力之退化，言語多只有單聲單韻，乃至多模仿別人的語言而無語意。

這些的特徵，作為評估老人精神狀態的標準，當必「雖不中，但亦不遠矣」。

第五，行為（behavior）方面。我們所談到的行為，包括了個體內在的、外顯的、意識的與潛意識的一切活動。

人們不難發現老年人的那些行為是正常的，是可以接受的，甚至由衷地肯定與接納的；以及那些行為是屬於異常的，精神狀態已經出現了某種程度的問題。

急躁不安，過分的活潑，甚至不顧年齡，矯揉作態，充分地呈現心理的不健康。相反地，退縮、僵化，終日自言自語、傻笑瞠目，也值得我們嚴重的關切。

至於一些老人所出現的毫無意識的行為，更是精神狀態嚴重異常的表現。最明顯的是退化現象，七老八十的老人，言語與行為似乎又回到童年，重複的動作與毫無意義的動作，在在顯示其退化現象已經相當惡化。

老人的自我傷害與時而有之的自殺企圖與自殺的行為，更是我們所應注意與加以輔導的。

　　第六，思想（thought）方面。思想指思考時的心理活動歷程。笛卡兒所說的「我思故我在」，充分地顯示思想的重要性。

　　老年人的思想大多不實際，甚或是流入某種妄想之中，一如前文之所述。最常見的是被害、狐疑、誇大、罪惡感、完全無助，甚至絕望的一種意念。

　　老年人的思想大多以自我為中心，甚至回歸從前為中心。因而，讓人有時莫測高深，不知所措。其思緒不少是跳躍式的，即使與你談入某一個主題，卻可能插入完全不相關的子目，渾忘剛才所談論的內容。

　　老年人，尤其是較年長的老年人，因為生活簡單，思想之內容自然非常貧乏，甚至有明顯的自閉傾向。他可能整天悶坐，雙目無光，終日不語，充分顯現了思想停滯的現象。

　　我們所最憂慮的，是老人的厭世、對生命了無興趣，甚至自傷、自殺的思想，這導致了許多老年人自殺的問題。此外，不少老年人常常有高度的被傷害、被恥辱的想法，而想要加以報復。許多老人院中之老人殺室友、同伴的案例，以及老人殺死其媳婦之天倫悲劇，都是肇因於此。

　　第七，知覺（perception）方面。知覺指經由感官以覺知環境中物體存在、特徵及其彼此關係的歷程，也就是說，知覺個體從感官所獲得的訊息，進而對其周圍世界的事物做出反應或解釋的心理歷程。

　　年長的老人因為感覺器官的退化（詳見本書第二章），因而知覺正常者不多，而且經常有視幻覺、聽幻覺、味幻覺、嗅幻覺、觸幻覺及體幻覺的問題。

同時，年長的老人對於現實、自我的感知覺，也有明顯的退化，經常對於時空之轉換，你我他之間的不同，發生錯覺，甚至有時思想意念會回轉到過去某階段，而對現實與周遭四邊的人，反而有了陌生感。此外，常對目前的一切，不斷接觸的人、事、物，都表示是已往的舊痕跡。更具體地說，他們的知覺世界是過去點點滴滴的影子，與現在毫無關聯，更遑論對未來的憧憬。

　　事實上，大多數精神病人的主要特徵，就是與現實脫節，甚至是逃避現實，而生活在幻想的世界中。不像一個心理健康的人，雖偶有幻想，也偶然會作夢，可是會力求面對現實，爭取美夢之成真。

　　最後，還要強調的是精神狀態欠佳的人，往往對自我缺少瞭解，包括他何以有某種思想、意念與言語行為，更不必提及對自己心理不健康的緣由。因此，如果身為子女的人，埋怨父母為什麼不像其他老人那樣的可親可敬，甚至下意識責備他們老是製造麻煩，是相當不公平的！

老人自殺問題

　　近年來，自殺之案件幾乎是日日見於報章，甚或是強迫子女、伴侶與其偕亡，真是令人心酸。

　　所有的生物都會死，但用自我毀滅而走向死亡的生物，似乎只有人類。根據《美國精神醫學手冊》（*Handbook of psychiatry, 1994*）的報告，全球每一年有五十多萬因自殺而死亡的案例。平均一天有一丁四百多件，每一分鐘都可能有一至二人用各種方式，結束自己的生命。

一、類型

自殺在心理學上所下之定義是「一個人有意並有效地結束自己的生命」。法國社會學家涂爾幹（E. Durkheim）按動機不同，將自殺分為下列三種類型：

(1)利他型自殺：自殺之目的是為了期望他人因個己之自殺而有所憬悟，如古代中國之尸諫，或殺身成仁，以報效國家民族。

(2)失意型自殺：自殺的原因乃是由於某種特殊之刺激，自覺生不如死，長痛不如短痛，因而在萬念俱灰之下，了此殘生。失戀、殉情、最深愛的人死亡，都可能導致失意型的自殺。

(3)自負型自殺：指懷才不遇，自負過高，自覺既不能達成自己所追求的目標，不如自殘此生。古代之屈原應屬此類人物。

精神醫學家 R. Menniger 曾以相當風趣的口吻說：「自殺就是想死，用各種方式殺自己，結果死了！」這一句話雖然詼諧，但卻形容得維妙維肖。

本節以篇幅所限，討論重點定位在老人自殺問題之現況、原因探討與應行防患之若干建議。

二、現況

根據世界衛生組織「一九九三年世界健康統計年報」中六十五歲以上老年人口自殺死亡率統計國際比較表，台灣地區每十萬人口自殺死亡率為 6.2，排名為第十三位，然而每十萬名六十五

歲以上老人人口自殺死亡率爲 24.7，雖較日、德、法、瑞典、新加坡、香港爲低，但卻比英、美爲高。

由**表 8-1** 與**表 8-2** 可看出：

(1)六十五歲以上人口自殺率以法國、德國、瑞典、日本、美國爲最高。但在每十萬人口中老人自殺率則以匈牙利、日本、捷克爲最高（六十五至七十四歲及七十五歲以上）。

(2)表中所列之任何國家之中，男性老人都比女性老人有較高的自殺率。

在我國歷年主要死亡原因中，自殺之排行榜經常保持在十二、三名到十名之中。民國八十三年自殺之總死亡率爲第十三位，但民國八十七年卻上升爲第十位。

表 8-3 可供參考。

至於我國歷年自殺人口，可喜的是有逐年下降的趨勢，在民國七十年至八十三年之中，由民國七十一年之 12.3（每十萬人口比）下降至民國八十三年之 6.88。六十五歲以上之自殺人口則由七十二年之 51.93，下降到民國八十三年之 23.98。可憂的是六十五歲以上的人，年齡愈大自殺死亡人數愈多，而以八十至八十四歲之 66.54 爲最高。更令人擔心的是從四十歲以後，中壯年人口之自殺死亡人數亦有不斷遞增之現象。以民國八十三年爲例，四十至四十四歲爲 7.85，六十至六十四歲則增爲 14.17，詳見**表 8-4**。

幾乎所有國家官方自殺統計資料均顯示，男性自殺率高於女性，老人自殺率一向高於其他年齡層，自殺的年齡與性別型態呈現顯著的跨文化與歷史的穩定性，台灣地區之情況也不例外。

由**表 8-4** 可知，雖然台灣整體不均的自殺率爲 6.98，但六十五歲以上的年齡層卻遠高於此一數字。正如前文所述，自殺率是

表 8-1 美國、日本等十二國每十萬人口中老人自殺率統計表

(單位：%)

	日本	美國	澳洲	捷克	丹麥	芬蘭	法國	德國	匈牙利	義大利	瑞典	英國
總數	15.5	11.6	22.7	24.1	24.8	21.8	15.4	20.9	36.1	6.0	20.0	8.1
55-64歲	25.8	21.4	34.8	34.6	50.4	37.0	31.1	35.4	56.1	12.0	36.6	14.9
65-74歲	44.1	20.8	45.2	41.8	40.3	27.6	34.5	37.3	73.9	15.8	25.4	17.3
75歲以上	69.3	20.8	52.5	65.4	36.3	22.0	37.5	42.0	108.3	14.3	24.4	13.3

1.摘自佐滕進編《老人與人權》頁 171；中文出處：徐立忠，72，頁 341。
2.自殺率指每 10 萬人口中之比例。

表 8-2 六十五歲以上人口自殺死亡率統計國際比較

單位：人/每 10 萬人

		台灣1993	日本1992	美國1990	英國1992	瑞典1990	德國1991	法國1991	新加坡1991	香港1991
總計	計	6.2	16.9	12.4	8.0	17.2	17.5	20.2	11.6	13.0
	男	7.9	22.3	20.4	12.5	24.1	25.0	29.6	13.6	15.6
	女	4.5	11.7	4.8	3.6	10.4	10.5	11.2	9.6	10.3
65歲以上	計	24.7	35.5	20.6	8.9	27.8	35.6	40.3	40.9	43.0
	男	31.9	42.8	41.6	13.9	45.6	58.5	68.0	45.5	50.7
	女	16.2	30.6	6.4	5.5	14.5	23.8	22.1	37.2	36.9

資料來源：世界衛生組織《1993 年世界健康統計年報》(WHO, "*World Health Statistics Annual*", 1993)。

表 8-3　台灣地區主要死亡原因（民國八十三年）

順位	合計					男性					女性				
	1975年國際簡略死因分類號碼	死亡原因	死亡人數	每十萬人口死亡率	死亡百分比%	1975年國際簡略死因分類號碼	死亡原因	死亡人數	每十萬男性人口死亡率	死亡百分比%	1975年國際簡略死因分類號碼	死亡原因	死亡人數	每十萬女性人口死亡率	死亡百分比%
		所有死亡原因	111,927	532.10	100.0		所有死亡原因	69,735	643.41	100.0		所有死亡原因	42,192	413.79	100.0
1	08-14	惡性腫瘤	23,240	110.48	20.76	08-14	惡性腫瘤	15,129	139.59	21.69	08-14	惡性腫瘤	8,111	79.55	19.22
2	29	腦血管疾病	13,628	64.79	12.18	E47-E53	意外事故及不良影響	9,939	91.70	14.25	29	腦血管疾病	5,690	55.80	13.49
3	E47-E53	意外事故及不良影響	13,208	62.79	11.80	29	腦血管疾病	7,938	73.24	11.38	250.251.27.28	心臟疾病	4,954	48.58	11.74
4	250.251.27.28*	心臟疾病	11,977	56.94	10.70	250.251.27.28	心臟疾病	7,023	64.80	10.07	181	糖尿病	3,436	33.70	8.41
5	181	糖尿病	6,084	28.92	5.44	347	慢性肝病及肝硬化	3,092	28.53	4.43	E47-E53	意外事故及不良影響	3,269	32.06	7.75
6	347	慢性肝病及肝硬化	4,157	19.76	3.71	181	糖尿病	2,648	24.43	3.80	350	腎炎、腎徵候群及腎變性病	1,415	13.88	3.35
7	350	腎炎、腎徵候群及腎變性病	3,210	15.26	2.87	321	肺炎	1,886	17.40	2.70	26	高血壓性疾病	1,092	10.71	2.59
8	321	肺炎	2,887	13.72	2.58	350	腎炎、腎徵候群及腎變性病	1,795	16.56	2.57	347	慢性肝病及肝硬化	1,065	10.44	2.52
9	26	高血壓性疾病	2,187	10.40	1.95	02	結核病	1,340	12.36	1.92	321	肺炎	1,001	9.82	2.37
10	323	支氣管炎、肺氣腫及氣喘	1,876	8.92	1.68	323	支氣管炎、肺氣腫及氣喘	1,229	11.34	1.76	038	敗血症	682	6.69	1.62
		其他	29,473	140.11	26.33		其他	17,716	163.46	25.40		其他	11,477	112.56	27.20

（續）表 8-3　台灣地區主要死亡原因（民國八十三年）

順位	1975年國際簡略死因分類號碼	合計					男性					女性				
		死亡原因	死亡人數	每十萬人口死亡率	死亡百分比%	1975年國際簡略死因分類號碼	死亡原因	死亡人數	每十萬男性人口死亡率	死亡百分比%	1975年國際簡略死因分類號碼	死亡原因	死亡人數	每十萬女性人口死亡率	死亡百分比%	1975年國際簡略死因分類號碼
11	02	結核病	1,650	7.84	1.47	26	高血壓性疾病	1,095	10.10	1.57	323	支氣管炎、肺氣腫及氣喘	647	6.35	1.53	
12	038	敗血症	1,570	7.46	1.40	E54	自殺	977	9.01	1.40	E54	自殺	474	4.65	1.12	
13	E54	自殺	1,451	6.90	1.30	038	敗血症	888	8.19	1.27	44	先天性畸形	344	3.37	0.82	
14	341	胃及十二指腸之潰瘍	802	3.81	0.72	341	胃及十二指腸之潰瘍	545	5.03	0.78	02	結核病	310	3.04	0.73	
15	44	先天性畸形	743	3.53	0.66	44	先天性畸形	399	3.68	0.57	341	胃及十二指腸之潰瘍	257	2.52	0.61	

附註：1.台灣地區年中人口數總計 21,034,899 人，男性 10,838,312 人，女性 10,196,587 人。
2.死因分類號碼中，*符號表示其病名僅占該號碼中之一部分疾病，28*係包括國際分類細分類號碼 420-429 之全部疾病。

表 8-4 台灣地區歷年自殺及自傷死亡率（按年齡別分）

（單位：0/0000）

年別	標準化死亡率	死亡率	10-14歲	15-19歲	20-24歲	25-29歲	30-34歲	35-39歲	40-44歲	45-49歲	50-54歲	55-59歲	60-64歲	65歲以上小計	65-69歲	70-74歲	75-79歲	80-84歲	85歲以上
民國70年	13.05	11.34	0.84	7.35	14.33	13.20	12.43	14.76	16.67	15.90	21.54	18.14	31.34	46.12	39.19	44.66	55.51	66.54	66.37
民國71年	14.00	12.30	0.37	7.89	15.19	14.40	14.65	16.98	17.51	17.02	21.83	22.89	28.97	48.74	41.23	48.98	57.32	64.95	70.39
民國72年	13.54	12.00	0.43	6.87	12.75	14.26	11.53	13.46	17.43	18.32	21.86	24.20	33.01	51.93	45.39	46.99	70.74	61.52	69.36
民國73年	12.07	10.87	0.54	6.22	12.06	11.76	12.15	11.28	16.78	15.98	17.85	19.98	27.25	47.30	38.57	52.98	54.19	53.75	56.99
民國74年	13.03	11.92	0.72	5.80	14.51	11.41	13.33	12.51	17.18	15.81	21.88	23.55	26.81	51.72	46.82	53.76	54.33	57.72	66.97
民國75年	12.51	11.68	0.66	6.98	12.95	12.51	12.75	11.42	14.48	17.11	17.34	22.12	31.11	48.11	37.76	58.80	56.63	44.86	48.03
民國76年	10.01	9.46	0.32	4.60	10.34	11.47	9.41	8.61	11.49	14.65	14.62	15.71	22.50	41.12	32.58	46.21	46.48	54.20	47.58
民國77年	9.43	9.05	0.47	3.56	9.66	8.49	9.69	7.65	10.64	15.11	13.67	17.42	22.58	39.71	27.25	47.83	51.08	52.03	41.70
民國78年	8.10	7.86	0.41	4.21	7.27	7.62	8.22	7.22	8.46	10.96	13.46	13.20	20.55	33.95	24.36	34.67	41.89	59.42	45.96
民國79年	6.81	6.72	0.20	3.61	7.03	7.35	7.06	6.03	6.84	7.56	11.70	12.93	14.92	27.22	21.72	26.44	37.22	40.83	19.28
民國80年	7.16	7.16	0.40	2.76	8.92	8.59	7.30	8.59	7.05	8.65	9.65	10.52	14.21	27.48	22.24	29.97	36.17	26.12	31.53
民國81年	6.59	6.69	0.65	2.65	6.01	8.37	7.83	7.10	7.23	7.63	8.45	9.44	15.07	25.36	17.89	25.58	32.80	35.66	48.80
民國82年	6.07	6.42	0.20	2.29	5.70	8.75	6.32	5.44	6.02	8.50	10.29	8.81	11.06	24.72	17.60	26.13	35.93	33.94	21.89
民國83年	6.62	6.90	0.25	2.74	6.18	8.11	7.95	7.13	7.87	8.21	10.73	9.99	14.22	24.06	17.50	22.01	34.31	37.06	34.39
民國83年*	6.60	6.88	0.25	2.74	6.17	8.10	7.94	7.12	7.85	8.19	10.71	9.95	14.17	23.98	17.45	21.95	34.19	36.89	33.79

附註：1.標準化死亡率以民國八十年台灣地區年中人口年齡結構為基準。
2.*係含金馬地區。

隨著年齡而上升，六十歲以後開始微微上揚，到七十五歲以後，更是明顯地直線上升。

　　以一九九四年的自殺率而言，男性最高的自殺率為八十五歲以上的 49.57，此一數字為二十至二十四歲自殺死亡的六倍左右；女性最高自殺率的年齡層則為八十至八十四歲（31.29），幾乎為二十至二十四歲女性自殺率的十倍（3.84）。

三、原因分析

　　大致而言，一般學者將自殺之原因，分成下列四大類：

(1)社會因素：短暫之社會角色衝突，與一時因環境重大變化而產生嚴重適應之困難，均可能導致自殺。某些社會文化與宗教力量，會將自殺當成追求新的生命的開始；也有一些自認在某種工作上有虧職守而自殺，都屬此類。

(2)身體因素：久病不癒，自認已罹患絕症，往往有厭世之念，如果又擔心拖累全家人，自殺在他們反而認為是一種解脫。

(3)異常人格：此一類型往往以年輕人為多，一方面人格不成熟，自我防衛機制使用不當；另一方面又時時飽受壓力與衝突，因此常在一時衝動之下產生自殺行為。

(4)精神疾病：精神疾病又可分為：

　　(a)精神分裂症：多由精神病之幻覺、妄想之症狀而引起，其自殺與自傷之強度與危險度相當高。

　　(b)憂鬱症：極端之憂鬱，常引起過度沮喪而厭世。

　　(c)安非他命引起之精神疾病：常因極端興奮而不能自制。

　　(d)邊緣型人格違常：此類病人長期覺得空虛與寂寞，缺

少自我認同，覺得自己一無是處，因而自我傷殘。

老年人的自殺原因，除了上述這些因素之外，還包括了下列幾項理由：

(1)所愛的伴侶死亡，許多老年男性常在其所愛的妻子死去一年中，或陷於極度憂傷不能自拔而慢性自殺，或以某種方式了卻自己生命，追隨於九泉之下。

(2)晚年先經歷漫長空巢期的折磨，再無奈地度日如年地迎接每個黃昏、長夜。那份孤獨感，往往令人起了輕生之念，以求解脫。

(3)長期的病痛，折磨得一點求生之意全消，取代的是激烈的求死決心。

(4)金錢、財務日蹙，貧賤老夫老妻百事哀的感受，我們是不難理解的。

(5)摯友先後離開這個世界，那種「訪舊半爲鬼」的感傷，確實對於老年人心靈上的創傷，是一時難以平息的。

(6)年紀活得較爲長久的銀髮族，遭遇喪子（女）之痛的機會是很大的。一旦至親骨肉先他（她）而去，那種錐心之痛，往往使他們痛不欲生！

四、若干痛苦的建議

我們不能輕易地責備老者爲什麼不堅強地活下去，因爲他們所以有此想不開的輕生意念，必有說不完的苦衷，雖然我們也明白他們如果不能打開心結，一直讓某種陰霾所綑綁，多活一天，也不過是多痛苦一天。不過，我們還是要提出以下幾點痛苦的建議：

(1)凡事看開一點。世事自古難全，不如意事，原本就是十之八九，老天爺既讓我們在這樣一個多難的世代中，活到垂老之年，在已往歲月之中，崎嶇的路不是也走過了嗎？喜樂之心，固然不能解決什麼愁苦，至少可以幫助我們對未來多一分盼望。那麼何不讓這些盼望，陪伴走過黑夜，迎向黎明？

(2)化憂傷為力量。如果年老的長者對生命感到無比沮喪，可想到這一份憂傷與沮喪，會帶給家人何等痛苦？假如你是為喪偶而極端憂傷，相信地下有知的他（她）一定希望你好好地活下去！何不將那份鶼鰈情深的生前濃情，化為繼續存活的最大力量？

(3)走出自閉的感傷空間，學習改變生活的方式，將小愛化成無比的大愛，以抒心懷。換一句話說，要學習自我心理的調整，以積極性的想法來代替消極的心態。

(4)接納這個世界中所有美好的事。萬物靜觀皆自得，過去大家都忙，沒有好好欣賞這世界的一花一草，一山一水，現在何不效法先賢，以悠然、怡然的心，超脫自我枷鎖！

結　語

別以為一個所謂快樂的人，在人生旅途上一切皆都順利、如意，毫無挫折，美夢盡都成真。相反地，他可能歷經風霜，飽受現實的煎熬，卻因為善於調適自我，化逆境為坦途，努力地忘記面前，不斷地向理想標竿昂首前進。

老年人，難免因為生理之老化與環境之急速改變，而出現若

干心理失調的現象。好好調整自己生活的腳步，袪除一些病態而不實際的意念，任何人都可以走出自我桎梏的幽谷。身爲老年人之伴侶、子女，如何體諒、容忍，並加以委婉的勸導，當可使他的心病早日痊癒，至少可以減低其心理失調的程度。

平時多觀察老年人的言行舉止，不難發現他的精神狀態是否正常。如果其所表現的行爲經常遠超過常態，家人似應協助他尋求諮商或治療，免得造成更大的悲劇，如自殺的問題。

進一步思考的問題

(1)請問你自己心理很健康嗎？

(2)可不可以請你爲一個心理健康的老人繪一畫像？

(3)請你就當前社會上經常出現的老人自殺問題，提出你的看法？

第九章
老人的愛

想想看，這個世界如果沒有了愛，將是怎樣的一個世界？如果人與人之間只有怨、只有恨，而沒有了愛，又將是一個怎樣的光景？

我們可以斷言，只要是有血有肉的人，都渴望著愛與被愛，這句話應該是絕大多數人所默許、認可的。

尤其是，一個老年人，幾十年忙忙碌碌，為著事業、為著家庭，雖然還不至「塵滿面，鬢如霜」，卻至少奔波奮鬥了大半輩子。如今，退出工作世界，回到了家園，如果得不到一點子女之愛、親友之愛、鄰里之祝福、朋友之問候，此心之徬徨孤寂，自可想而知。

老年人，看過多少次花開花落，眼見多少次物換星移，如今在生命的深秋裡，回首來時路，再面對自己所要步入的人生四季中的寒冬，一定期待更多的人能夠與我同行！

要知道，只有愛己，才能愛人；也唯有愛人，才能使得深秋、初寒，化為早春的氣息。

讓我們在這一章，從更愛自己，進而提昇銀髮夫妻之愛、親子之情，到永享三代同堂之樂，一項項作深入分析。

請更愛自己

銀髮朋友，容許我們大聲疾呼，請多愛自己一點。

生命乃由生到老，到死的單行道。八千里路雲和月，你已走過的一切，不管是笑傲江湖也好，浪跡四海也罷，反正往事已都如雲煙。念天地之悠悠，應體會今朝最值得珍重的意義。今天生活中的每一分、每一刻，應該是最值得愛惜的時光。活下去最大

目的就是提昇自我的價值，創造更有意義的落日餘輝。

這一切，都先要從更愛自己著手。

自愛絕不是自私，唯自愛才能愛人。豈不聞愛人如己這句話，又難道沒有聽說推己及人這種說法？更何況己立才可立人，己達始能達人，更是千古名言。

年長的老者，最大的問題是往往自我否定，妄自菲薄！尤其是退休以後，萬般無奈，覺得自己是百無一用！更有不少銀髮朋友，還沒有跳脫名利枷鎖，過去繁華時時難以忘懷，甚至魂縈舊夢，當然會深深為往事只能回味所苦！其實，過去的既如春夢，又何必痛苦地一再記取？

自愛的第一步，應該是忘掉過去，珍惜今日。

別被已往沉重包袱，壓傷了自己，停滯了向前的腳步。往事如煙，固然有時「不思量，自難忘」，可是一個懂得愛的真諦的人，一定體會到諸法皆空。過去的既然已經過去，曾經擁有的名與利、愛與恨，在歲月流動中，既然一一成為塵事，再思念也徒增傷感。整日為它消瘦，又是何苦？何不灑脫地向它告別？

有些心理學家就指出，退休後的心理建設是非常重要的。如果你認為從工作世界中榮退，並不意味人生全面的退出，而是一場更美好將來的開始，那就該欣然地面對它，加速地挺起胸，抬起頭，昂然向前走。

其實，人生四季都是美麗的。年年輪迴的四季色彩，不也是各個不同年齡個體的彩繪？年輕的歲月，一如春花之綻放；中年的成就，正如夏日之高照；秋色之怡人，猶似長者的智慧與風範；寒風之四起，意味人生之即將落幕。十九世紀英國大詩人白朗寧（1812-1889）曾以下列詩句道出他自己一生漫長的體驗：

讓我們和天下萬物共同長存吧！

最善之事會在最後到來，

人生有開始乃因為有結束！

「人生有開始乃因為有結束」，不正是每個人所該有的心境？別讓生命溜走，是大家很熟悉的一句話。對老年人來說，該記得老當益壯，因為人生的路還長。

每個年長的人士，都可以自由地選擇自己的生活方式，不管是像普羅美修士的第二支火把似的，依然熊熊燃燒；或者是如流水平靜地流向低處，最後納入汪洋大海。在我們生命的冬天裡，只要有信、有望、有愛，每個人都必然活得快樂而美好。

人家說：「青春不要留白！」難道老年的歲月，就可一片空白？別說什麼「餘生」，退休之後還有二、三十年的日子，長過青春的時期，怎能說未來的日子已經不多？好吧！就算不多，那每一分、每一秒豈不更值得珍惜？

壯年也好，老年也好，對自己更好一點絕不是罪惡。生命是通往死亡的單行道，無法重新來過，因此應該更加珍惜現在所擁有的生命。所謂的珍惜，不只是消極的保護，而是積極的發揮，以期不斷延長，而這一切都是從熱愛自己出發。

夫妻之愛

時代巨輪一直在快速奔馳，半百年華剛過，卻已是鶴笈老伴的時刻。

歲月不居，昔日情意萬千，兩心相許，依稀猶在眼前，卻已

與他（她）同行三十、四十、五十年，看孩子從少不更事，到各奔前程，才驀然驚覺年華之易逝。

空巢期的滋味，更年期的威脅，在在令人難以消受。最令人懊惱的是，老夫老妻的生活中一切似乎都已成為常規，日作而作，日息而息，生活中失去了急速的旋律。平平淡淡的日子裡，愛情似乎也褪了色，難道遲暮年華，只能在寂寞無限的黃昏裡，任它隨風而逝？

我們的答案是一千個、一萬個的「不」。

由於人類壽命的不斷延長，一對夫妻要長相廝守、共同生活的日子，真可以說是天長地久。

人生遲暮階段該有個知心的老伴，相互持攜的重要性，是毋庸置疑的。少年夫妻老來伴，鶴髮紅顏兩相歡，今天看來，更有它的意義。

事實上，一對夫妻在人生路上，牽手了這麼多年，應該是婚姻的滿意度老而彌堅，可是也許由於終日朝夕相對，生活中又缺少什麼刺激，婚姻也就流為彼此之間的一種責任。再加上性能力之衰退，夫妻之間除了等待子女或孫子女回家帶來片刻歡欣之外，似乎日子是愈來愈平淡，連談話的主題也愈來愈少。更遺憾的是華髮早生、青春不再的那種失落感，造成心靈上莫大之陰霾。

為求銀髮夫妻婚姻之更為美好，以下是我們幾點建議：

（一）坦然面對年華之漸老

首先，奉勸各位銀髮夫妻，要勇敢地承認自己已進入老年。其實，年齡不過是人生路上的一個指標。請不要諱言你的歲數，亦毋須怨嘆皺紋又出現幾許。更不要老是顧影自憐，感嘆歲月之蹉跎。

相反地，要展現成熟的智慧，以及與眾不同的氣質。從不俗

的談吐、愉快的心情、敏捷的反應，以及積極的社會參與，證明歲月雖然在身上留下走過的足跡，此心依然不老！蓬勃的生機，奕奕的神情，有誰敢說你已是人老珠黃。

寧爲真正的我，保持自然面貌，不矯揉造作，不諱言自己的不足，坦然面對老邁的年華，你會活得比那些一直在感傷韶光不再的人，來得快樂、喜悅。

要知道氣質絕非天生，風度純出於自然。成熟的魅力來自人生的閱歷與生命的體驗。不必羨慕人家風韻之猶存，氣度之不凡，只要你對自己有信心，誰都不能說你庸俗。要知道，永保清新、灑脫和與眾不同的形象，不是可遇而不可求，只要隨時充實自己，自有馨香芳氣，永在左右。

(二)請繼續充實自己的內涵

年長人士最怕任何事物都裹足不前，甚至將自己禁錮在斗室蝸居裡。終日裡百無聊賴，吃零食，看電視，除了準備三餐，料理一點家事之外，就是發悶氣，怪另外一半不體貼，怪子女那麼久不回家探視，怪家用不夠，怪人情冷薄，反正是什麼都不順眼，這又有什麼用？一天裡，很少走出戶外，更別提什麼活動、運動。於是乎心不廣卻體日胖，然後又怪體重沒理由的增加。

一天裡，沒事就小盹，夜晚當然睡不好，於是乎一個晚上可能起來好幾次，找食的，找樂的，吵得全家連雞犬都不寧！可是他（她）很少檢討自己白天睡得太多，卻怪人家的不體貼、不陪聊天！

這一切的一切，都說明了空閒之爲害多多，而空閒又往往是精神無從寄托，精力之過於充沛。改善之道，端在培育對事、對物的新的興趣，以及繼續發展已往的人際關係。寄語天下銀髮族諸長者，何不趁著還有體力，多走出困住自己的小天地，重新在

過去興趣的國度裡，揚帆出發。也許你本來對國畫、國樂、歌唱、體育、文學、科學都多少有點興趣，只因為工作太忙，忙到回家時已是精疲力竭，只想好好休息；或者因為家事太忙，照顧了老小之後，已是倦眼惺忪，那兒有時間是真正屬於自己的，所以把過去的興趣都放在一旁了。可是現在一切都改變了。退休了，家務也簡單多了，該好好享受生活中那份寧靜與安祥了。現在還說忙，恐怕是有點自欺欺人吧！

繼續發展已往的興趣，有時不必寄情於山水，你也可以自得其樂。開拓你的視野，讓此心遨遊於宇宙與山水之間，讓世人不識余心樂，不也是人生的一大快事？

如果，兩個人共同培養相近的興趣，那一定更為美好。還記得，一九六一年筆者在美國密西根大學作短暫進修的時候，住在一位老教授家中，經常夜晚踏著暟暟白雪、冒著冷風自修歸來，總是看到那一對銀髮夫妻在燈下、火爐邊、沙發邊，依偎相倚，美妙的音樂中，他們倆或是促膝低談，或是共看一本書，或沉默、凝視，那種一切盡在不言中的會心微笑，是多美好的一幅圖畫。

週末，他們總是輪流開車，邀請筆者與一位同時寄寓那兒的韓國朋友，郊外賞雪，笑談往事。春暖花開之時，又帶我們野外烤肉，採集野花，夫婦間情深意重，恩愛之篤，令人久久仍在回味！

(三)給予對方衷心的接納

這麼多年以來，為著家，為著子女，為著彼此的事業與社交生活，有時，難免彼此心中總有點小小的意見差距與心結。有時，更因為溝通管道不是那麼暢通，在各持己見之下，讓彼此的溝更大、更深。

請注意任何一點點的小誤會、小磨擦，都可能釀成更多的問

題，甚至鬧得不可開交。老夫老妻，最怕的是常常為了芝麻小事，臉紅耳赤，彼此相互指責，乃至把幾十年老帳都搬出來，真是何苦！

其實，這麼多年了，彼此早已洞察對方絕非十全十美，未來也不見得比目前更好。再說自己也並非毫無瑕疵，又有什麼理由老說人家的不是。要知道衷心的接納，是包括對方的缺點與不足！將心比心，你難道不希望他（她）對你的一切，無條件地接納？

幾十年與他（她）同行，你一定也會發現在某些地方，他（她）對人、對事、對物的看法，的確也有一點不錯的見解，何不給予對方某種肯定？不妨自問，你的意見是否一定高明？如果堅持己見，他（她）是你，又將如何？

老夫老妻在相處之道中，最常見的問題是往往以負面態度，意氣用事，徒然將一些小芥蒂，釀成感情瀕臨破裂的危機。在這時候，如果雙方都互不相讓，從小聲辯詰，到大聲怒罵，到彼此三天三夜不說話，讓冷戰僵持，無止無休，又豈非無比憾事！

其實，就以你所覺得的缺點而言，很可能都是由來而久，乃至於已經習慣成自然，既忍了這麼多年，又何必現在還訴說不是，喋喋不休？

尊重與接納，正面來說，是愛的最高實踐；退一步來說，也可以把問題減少到最低程度。有時候，多聽他（她）一些意見，少堅持一點自己看法，由於謙讓容忍，反而使對方多了一些愛意，既豐富了彼此的遲暮生活內涵，又擴大了兩個人所屬空間，又何樂之不為？

(四)請共同珍惜生命之黃昏

奉勸天下過了六十多歲的夫妻，要珍惜能夠在一起的每一天、每一刻。誰知道明年此時、後年此刻，乃至三年五載之後，

是否兩個人還能共享晨昏、共沐天恩？

今天、今宵、此時、此刻應該是最值得留戀的時分！請收拾起無謂的呻吟，以及對病痛的恐懼，好好迎接明天的晨曦！不踏出老化的陰影，又怎能期待明天會更好？不走出自己的影子，又怎能避免垂老的岑寂！

保持兩顆合一的心，年輕的心，是追求長生不老的最佳法寶。且讓此心此身永遠愉快，喜樂不減當年。

誠然，隨著時光消逝，老態遲早與日俱深，也正如此，晚年之愛更顯珍貴！因為就算是平均壽命可能還會慢慢延長，可是生命還是有其極限。

且共看晨曦，共沐晚風，微帶料峭的夜晚裡，為他（她）披上一件外衣，泡一杯熱茶，一點點情意，一絲絲溫馨，當有說不出喜悅湧上心頭，流入心田深處。你們一定也會感受到生命中處處、時時都有全世界只屬於你們倆的樂趣！桃花源，又何必遠求，因為它就存在於你們心中，此時此刻，一生一世！

多回味那些美好的往事，更要有衣帶漸寬終不悔的執著。大家都是凡人，本來就是一無所有來到這個世界，幾十年兩個人同甘共苦，培育了孩子，經營了這個家，又有陪你走過這麼長人生道路的一個他（她），你還能不由衷地感謝上天對你們的恩典！更何況你們還這麼健康地生活在一起！

正因為人生苦短，正因為你們可以在一起的時光最多只是以千計的日子，所以才要你們多所珍重。

「人生休說苦痛，聚散匆匆莫牽掛」，過去所努力的可能都是為著子女，到如今，還是多愛他（她）一點，也多愛自己一點，也多回饋社會一點！

趁著現在啊！別徒留日後可能的後悔。明天，太陽自會依然上昇，可是，誰又能永遠保證藍天不會出現陰霾？

親子之情

眼見自己多年所呵護、提攜、照顧、熱愛的子女，從牙牙學語、少不更事，到初識愁味，到如今學有所成、業有所立，甚至已為人夫、為人婦，為人父、為人母，銀髮的朋友，你們一定是百感交集，既以他們之長成為傲，也多少惋惜他們終將離開你們，展翅高飛，各自西東！

我們敢相信，普天之下，絕大多數的父母，都是以無比的摯愛，無怨無悔，一生一世地愛著自己的子女。不管他們的年齡多少，成就又是如何！

只不過，愛在不同的時段，針對不同的個體，該有不同表達的方式。尤其是，在今天這樣高度競爭、分秒必爭的時代裡，就算是一時子女還住在一起，乃至鄰近不遠的地方，恐怕要找一段比較長一點的時間，促膝而談，閒話家常，都不是很容易的事。因此，父母在心態上應該如何調適，在言行上如何表達愛意，應該都是首務之急。

以下是我們幾點由衷的建議。

第一，在心態上，應該體認孩子已經長大，他或他們自有該發展的空間與該開拓的天地。做為他們的父母，應該不讓自己太多的關懷，造成了他們沉重的壓力。不少年長的父母，還脫不了已往那種恨鐵不成鋼的心理，總希望自己的子女一進入社會，就

一鳴驚人、一步登天，馬上就可以光宗耀祖，因此，還是抱著過往求好心切、事事過問的態度，造成子女不必要的困擾，甚至加深了彼此不該有的代溝。

第二，在精神上，應該多給予肯定與鼓舞。創業維艱，守成也不易，子女在事業的開拓，人際關係的建造方面，不可能一切盡如人意。這時候，父母所應該努力的是肯定他們的所做所為，給予適度的鼓舞。多多聽取他們所流露的無奈，必要時，扮演最佳的支持者角色，但是，應該以溫暖的心與冷靜的腦為出發點。千萬不要一味在對事情真相還沒有完全瞭解之前，隨便地數落別人的不是，批評人情的刻薄，造成子女更大的困惑。相反地，應該是以最客觀的立場，幫他們分析事物之來龍去脈，平心靜氣地建議子女，從不同的角度來檢討自己是否也有應該改進的地方；甚至是否要充分發揮最高的同理心，換一個立場，來看看自己的所為。能夠如此，自然大大有助於子女打開心結，迎頭趕上。

第三，在行動上，繼續力求為他們的表率。如果年長父母上有高堂猶健，就應該儘量孝敬年登耄耋、長壽高齡的老人，力求在陪伴父母、聊表孝思上，一盡為人子女之職責，另一方面也是以身作則，為自己的子女樹立楷模。縱使父母已經作古，有機會的時候，至少在他們的忌日，與子女談談先人遺事，表達孝思，感謝祖蔭。常見一些父母老是怪罪自己的子女沒有孝心，卻忘了自己一向也未好好孝順父母，這豈不是一大諷刺。此外，父母不管年齡多少，在待人接物、修己善群各方面，都永遠是子女學習的最好榜樣，又豈可不繼續扮演以身教取代言教的角色？

第四，在錢財上，給與求之間，應該有最好的拿捏。縱使至親的父母與子女，在錢財上還是要注意什麼時候、什麼情境之下，該有金錢的給與。多少人間的恨事，都是由錢財開始。過去那種

養兒防老的時代，早已消失無影無蹤，今天，恐怕只有極其少數天真型的父母，還痴望子女將所賺的薪水，完全繳交「公庫」來以表孝心的！倒是常聽說不少父母將一生儲蓄，甚至僅有的退休金，慷慨地交給子女去創業，結果落得兩袖清風、一貧如洗，整日在飢餓的邊緣，怨嘆子女之不孝！現在有一句流行在退休軍公教社會裡的話：「養老防子。」固然，有力量幫助子女創業，原該何樂之不為，可是，保老本還是很重要的。另一方面，對子女的錢財，也不要抱著予取予求的心態，自己不量入為出，一味希望子女以錢財表示孝心，恐怕也是有識之士無法苟同的。其實，如果自己的家境還算小康，又何必仰望子女之臉色？倒是身為子女的，應該明曉事理，在父母生日、過年過節的時候，買些禮物，給父母（尤其是媽媽）一點私房錢，以盡人子之責，以娛父母之歡心！

第五，在子女管教孫子女方面，儘量尊重子女之教導方式，少作不必要之干涉，更避免因為心痛孫子女之被管教，而當面數落子女之不是，免得造成子女內心之不快，以及孫子女之毫無忌憚，不服父母之管教。如果你認為他們的管教方式確有一些有待改進之處，不妨事後委婉開導，分析利害，並提供若干具體建議。

第六，身為婆婆，要力求尊重接納自己的媳婦，免得因為婆媳不和，苦了做兒子的。一提到家有兩個女人，可能馬上聯想到婆媳的交惡，甚至想到以前孔雀東南飛那麼遙遠的故事。其實，好的婆婆真的不少，媳婦進入家門，就故意與婆婆作對的，恐怕也是絕無僅有。那麼為什麼婆媳之間的和平相處是那麼困難？

說穿了，婆媳之間的代溝，是很難避免的。一則兩者之間，在年齡方面，至少有二、三十年差距，再說所受過的教育、所體驗的人生閱歷，更可能是截然不同，因此，彼此的生活理念、價

值體系、人生觀點、言行舉止、思想模式，以及待人接物，應對進退的方式，也必然存在很大的鴻溝。既然代溝是難免的，那麼如何縮短溝的差距，甚至在溝上搭一座心橋與語橋，就要靠身為婆婆的放下身段，以最大的容忍、體諒，取代不必要的熱諷冷嘲，老是看不慣媳婦的所作所為。倒過來說，也由衷地期待為人媳婦的，儘量學習婆婆的長處，尊重接納婆婆，一如自己的親生母親，千萬不要壓抑內心的不快，等到丈夫回家，將一腔懊惱發洩在他的身上，使得家中充滿劍拔弩張氣氛。更奉勸天下婆婆，千萬不要心存娶了一個媳婦，卻丟掉了一個兒子的心態，甚至妒忌小倆口的親親熱熱、恩恩愛愛。如果婆婆都把媳婦當作自己的女兒，多一份憐愛，多一些關懷，儘量學習如何與子媳多所溝通，以及融洽相處之道，為這個家營造更親密、安樂的氣氛，那豈不是三贏、四贏的局面？

以上所述，皆指父母與子女同住之情況，可是，目前親子住在一起的實在不多，國內很多研究都指出，有幾種因素決定了老人與子女是否同住的事實：

（一）從老人這方面而言

(1)老人教育程度愈高，社經地位在中等以上，退休之前積有一些老本者，傾向於與配偶同居。

(2)老人性好自由，身體亦相當健康者，傾向於與配偶同住。

(3)老年夫妻關係一向恩愛，不願在垂老之年與子女同住之心理，是容易瞭解的。

(4)由於一向生活頗為優裕，住所各種條件亦尚稱理想，也就不願蝸居於子女家中。

(5)由於居住社區的各種環境相當熟悉，左鄰右舍都是多年老友，也就不願輕易換一個環境。

表 9-1　對奉養父母的相關態度

	很同意	同意	不同意	很不同意	其他
1.生養孩子的目的為傳宗接代	15.5 (250)	40.3 (649)	34.8 (560)	5.2 (84)	
2.孩子長大賺錢應定期拿錢回家	16.8 (270)	45.7 (736)	25.0 (402)	1.6 (26)	
3.如果父母生病需要長期照顧，可以送至安養機構	3.1 (50)	31.8 (512)	43.9 (706)	11.1 (179)	
4.養兒防老	11.4 (183)	38.4 (619)	40.6 (653)	4.8 (77)	

資料來源：台灣地區社會意向八十二年二月定期調查報告，83 年 11 月，p.157。

(6)由於體念子媳、女婿都有工作，深恐一旦與他們同住，難免影響彼此生活的節拍。

如果說這些都是他們決定不與兒女同住的主要原因，那麼相反的情形，也就可能解釋了何以父母希望與子女同住的情形，與實際同住的情形之間，存在了相當大的差別的緣故。

二、從子女這方面而言

我們可以斷言，絕大多數的子女，是希望與父母一起居住的。從民國八十五年全省性的調查資料顯示，有關老人奉養的問題或許需要先行考慮人們對傳統價值觀念的態度，請見**表 9-1**。

由**表 9-1** 可看出，只有第三項是關於在特殊情況之下，將年老父母交由安養機構來照顧的現實考量。結果發現一、二、四項分別得到一半以上的支持，其中又以經濟奉養之同意比例最高，共計 62.5％。至於由安養機構來照顧年老多病之父母，持反對態度者（55％）還是遠高於同意者。但請注意的是，同意由安養機

構代為照顧年老之父母者，已達調查者三分之一以上。

至於可能影響子女（尤其是兒子）是否與父母一起居住的因素，還包括下列幾點：

(1)剛進入社會，正值創業時期，百事待舉，因此會請父母原諒實際之困難。

(2)夫婦都受過相當高之教育，又都有很好的工作，一時不想生男育女者，傾向於暫時不與父母同住。

(3)目前工作仍不穩定，隨時都有可能調動外地甚至國外者，傾向於不與父母同住。

(4)目前收入並不優厚，住的地方是租來的，而且實在沒有太多空間請父母來住。

(5)婚前甚至在戀愛過程中，父母曾表示相當反對的態度，婚後多少有點心結，影響與父母之間的關係。

(6)兄弟姊妹頗多，難免會覺得他們的條件都比較好，覺得父母是否優先考慮到某一個兒子家裡居住。

(7)多少擔心婆媳之間的不易相處，又多少想到三代之間住久了，難免會有些麻煩，因此遲遲不予表態。

當然家家都有一本難念的經，以上所說的幾點，也不能涵蓋各種可能之因素，不過至少可供進一步研究的參考。至於萬一家中老人生病了，根據調查發現，以居家照護最受大多數人之肯定，**表 9-2** 可供參考。

由**表 9-2** 可看出，一般家庭一時還不能接受機構照護的觀念，尤其是在鄉村居民之中，不過社區照護之方式，似乎已逐漸被大眾所接受，倒是值得注意。

針對前文所述，居家安養仍為絕大多數老人及其家屬一致認

表 9-2　　對老人長期照護方式之態度

	居家照護	社區照護	機構照護
都市 (767)	53.9%	34.2%	12.2%
鄉村 (620)	63.3%	29.0%	7.7%
$X^2=14.4***$			

資料來源：取自 Wu & Chu 1996 "Public Attitudes Toward Long Term Care Arrangements for the Elderly in Taiwan," *Australian Journal on Aging*, Vol. 15, No. 2, 1996.

同之方式，因為老人在家安養有很多優點，老年人仍在熟悉的環境中，維持原有的人際關係，又可享天倫之情與親情的溫暖，也較有安全感與被尊重感。但是，隨著老邁，身體健康日益衰退，兒媳、女婿或其他親友無法照顧，造成家庭諸多問題與老人本身痛苦之感受，就需要社區之熱心人士或社工人員伸出援手。張笠雲（1984）[1]等專家學者因此大聲呼籲，希望積極推廣社區照護之方式，而安養機構也要注意品質之提昇。

實際上，家庭結構變遷下，老人離家安養將成為必要之趨勢，其原因主要還是老人的家庭照顧問題：

(1)家庭生活品質降低：老人患病，家人必須輪流照顧才能應付，偏偏現在已邁入高度工業化、都市化的社會，每一個人都非常忙碌，幾乎沒有太多心力好好照顧老人，勉力以赴之餘，通常是家務無法處理，飲食也只好一切從簡，結果是全家家庭生活品質大大降低。

---

[1] 張笠雲，＜老人問題與老人福利＞，《台灣的社會問題》，巨流圖書公司。

(2)家人勞累不堪：照顧老年病患是相當費體力的工作，扶臥病老人下床，換床單、被褥，餵飯，洗澡，洗頭，燒菜煮飯，洗衣，一天須要花上五到六小時。如果是大小便失禁，那就更麻煩。長此下去，全體家人有的是要上班，有的是要上學，體力之透支，實在非常嚴重。

(3)經濟拮據：醫藥費用固然健保可以協助一部分，可是名貴藥品以及營養食品，還是所費不貲。如果加上請一傭人幫忙部份家務，開銷更大。以軍公教人員待遇，實在是一筆很大負擔。

(4)焦慮不安：家有慢性病人，可能隨時都會有某種狀況發生，家中真的具有醫藥常識的人畢竟不多。上班時請傭人或臨時請遠親近鄰來照顧，總是心中不安，深恐萬一有所意外。

基於以上幾點理由，我們實在不得不籲請社會對孝道觀念作一新的評估。更重要的是，我們由衷地期待以最大的魄力提昇安養機構之素質，以及推廣其他措施，如居家服務與社區照顧等等，使得老人安養問題能夠逐漸改善。

三代之間

孝，是中國最傳統之美德，以忠孝傳家，更是古之名訓。可是自從西風東漸，孝道式微，家庭倫理出現諸多缺陷，已爲時頗久。家家有一本難念的經，這本經的內涵，包括了父母與子女之間的問題，祖父母與孫子這一代的問題，以及既爲人子又爲人父

的第二代所面對的諸多問題，真是一部二十四史，不知從何說起！

首先，讓我們看看家中老人的身心需求。據沙依仁（民75）的看法，老人有下列各項需求：

(1)老人有受奉養的需求。

(2)老人需要獲得子女的關愛。

(3)老人有受尊重的需求。

(4)老人有獨立自主的需求。

這些需求，倒過來說也正是子女的責任。

許芳蘭（民88）問得好：「子女無法使父母不老，卻可以讓父母晚年生活的品質得以改善。當父母開始邁入老年期，子女又該如何陪伴父母迎接老年，照顧他們，幫助他們規劃一個黃金時代？」

正如前文所說，不管一個人是多麼的完美、優秀、堅強、有魄力、有成就，終有一天也會老去。當父母年老時，伴隨著生理機能衰退所帶來的衝擊，以及隨之而來的失落感，父母與子女雙方都容易產生心理的危機感與壓力。

如果父母是屬於健康、樂觀，又多少有點儲蓄的那一類型，子女自然是比較幸福，彼此之間也容易有很好相處的機會；相反地，父母多病，一向又經常為焦慮妄想所捆綁，手邊又沒有什麼儲蓄，貧賤父子就難免百事哀了！固然，這樣說法有點過於現實，可是也的確是事實，豈不聞「久病無孝子」這句話？

幸福老人的家人關係，取決於老人的人生觀與是否有健全的自我信念。一個懂得如何擁抱成熟晚年，熱愛生命中逐漸走下坡的歲月，並在心中對每一天的日子都心存感恩的老年人，也必然將無比的歡樂帶給家中的每一個人。換一句話說，老人與家人關

係是否美滿與老年人心理狀況有直接的關係。美滿度越高，所獲得的滿足就愈高，家人的關係也一定愈和諧、融洽。

　　甜蜜的家庭是每個人所夢寐以求的，對一個老年人來說，家，讓他得享休憩，重組新的力量，奔向新的旅程；家，也是他一生辛勞之餘最好的回饋；家，更是他晚年最大的安樂窩，白頭偕老，欣看子女各自擁有一片天，也是他含飴弄孫的好地方！

　　另一方面，身為人子要如何與父母好好相處，先要體察父母所正在面臨的各種衝擊。

　　要知道很多老年人都常常沉湎在往事的回憶中，因為在那一段消逝的歲月裡，他曾擁有了一切，如今卻只是一片失落感。身為子女，應該體會老年父母對往事的回味，往往是目前生活中最大的樂趣，千萬不要因為已經聽過千萬遍同樣的敘述而感到不耐煩，甚至形之於色，那最傷老人家的心！其實，誰不喜歡談論他過去的事？

　　與老年父母相處最困難的一點，恐怕是彼此的溝通了。兩代之間必定有思想、觀念、價值體系的差距，如何透過好好的溝通，縮短這些差距，應該是人子最大的使命。

　　多為父母著想，設身處地替年老體衰的父母想想，而不堅持自己的看法，該是縮短代溝的先決條件。不錯，子女的看法的確不錯，可是站在父母的立場，也許他們的看法也沒什麼不對。那麼，為什麼不好好談談？

　　事實上，老年人與兒媳關係所以不好的原因，主要還是下列幾種原因的存在：

(1)對人、對事、對物的看法，生活的方式，人生的理念的明顯差別。

(2)經濟處理的方式與財務管理的方法不同。

(3)對孫子女教育方法與管教方式看法的爭執。

(4)生活習慣的注重層次不同，處事接物的方式也有別。如果
　　再加上宗教信仰的不同，問題也就更多了。

其實，這些問題並不是不能解決，如果父母給予於兒媳有更好的發展空間，子女也體貼父母的心意，彼此各退一步，相互尊重，會化解很多不必要的隔閡的。

最重要的是，父母不要還保持過去那一份父權的架勢，一定要子女聽話順從，否則就悶悶不樂，認為多年辛苦的拉拔培植，到如今卻落得當面忤逆！要奉勸的一句話，應該是兒孫自有兒孫福，過分的關心干預，實在大可不必。

不過，要請問身為人子的，您的心裡可曾時時以父母為念？晨昏定省的時代，當然已經過去，可是，您的心裡可有對年老父母應有的尊敬？

別認為與父母同住在一個屋簷之下，朝夕都在一起，就沒有什麼問題。要知道孔子說過：「今之孝者，是謂能養，至於犬馬，皆能有養。不敬，何以別乎？」意思也就是說，如果對父母沒有一點敬愛之心，就不能說孝！

筆者多年參與張老師與生命線輔導諮詢的工作，聽了太多中年以上的父母，感傷地訴說子女媳婿相處之難，最難過的是看他們的臉色！過去孔子回答子夏問孝的是「色難」兩個字，意思是說要以和顏悅色事親，如今卻是父母要學習如何和顏悅色來討好子女了！

因此，我們大膽地建議天下人子，要學習以誠虔的心、喜悅的情與父母相處，尤其是在自己的子女面前，千萬不要留下什麼

壞榜樣。

如果因爲工作的關係，或是其他的原因，不能與父母生活在一起，也希望儘量找機會回去看看老人家，至少打打電話問個好，如果的確找不到時間的話！

當然，我們也希望老年父母，藉年節、慶生、特別的紀念日子，主動地邀約子女、孫子女共聚一堂，或是安排一些旅遊的機會，製造較多的相處機會。

做子女的年輕一代，是很容易贏得老一代父母歡心的，只要您們有心！譬如說，多給他們一些時間，多陪伴他們走走，塞一些零用錢給媽媽，聽聽他們那些老掉牙的故事等等。

爲老年父母安排一些機會，能夠與孫子女一起生活一段時間，該是他們最喜歡的事。老年人都很怕寂寞，內心最渴望的其實就是能多享受含飴弄孫之樂。請父母來家中共度週末或假日，讓他們和孫子玩玩棋，談談一些故事：或是帶子女到祖父母、外祖父母家，讓他們玩在一起，讓祖孫三代之間，彼此有相互交集分享樂趣的機會，將是老的一代所感到最快樂的時刻了。

很有意思的，自古以來，祖孫之間，就存有一份特殊的感情，銀髮族看到自己的第三代，嘻笑於室，心中所燃起的滿足感及喜悅，是很難用言語形容的。

徐光川（民 85）以爲一般孫子眼中的阿公、阿媽有幾種：

(1)最好的玩伴：他們會陪著自己散步、遊戲、放風箏、看廟會、看熱鬧等等。

(2)最好的避風港：孫子受責備、遭遇挫折的時候，祖父母就成爲他們最好的避風港。

(3)聖誕老公公：讓父母會帶來聖誕禮物，過年還會送大紅包，

生日也會送一些紀念品。

(4)信仰的栽培者：帶孩子上教堂、參加廟會的大多是祖父母。

(5)最好的催眠者：阿公講不完的故事，阿媽吟唱的兒歌，耐心地推著搖藍，都是最好的催眠者，送他們入夢。

(6)有求必應者：往往向爸媽要不到的東西，阿公、阿媽一定會給。

(7)最好的關照者：出於祖孫之情，以愛心及耐心，伴隨孫子成長。

至於祖孫三代之間的關係，由於其中年齡差距之大，互助情形之不同，又受族群、宗教、社經水準、人格特質與子女管教方式等等的影響，因此，很難舉出具體的模式。不過，身為祖父母，應儘量對某一孫子女表達愛意與體會相處之道，也可以對每一個孫子女採取另外一種愛的教育。

Neaganten 與 Weinstein（1964）曾列出中產階級祖父母與孫子女的關係，可分為下列五大類型：

(1)一本正經型：此一類祖父母對孫子女保持了一段距離，他們愛孫子女，但是絕不扮演管教、督導的角色。他們經常探視孫子女，也送一些禮物，卻很少介入如何教育第三代的工作。

(2)樂於為伍型：此一類祖父母喜歡和孫子女打成一片，並視之為休閒活動之一。

(3)遙遙關心型：此一類祖父母因為住的地方比較遠，只是在聖誕節與兒孫的生日出現，或者只送一些禮物來。

(4)嚴加管教型：此一類祖父母非常關心第三代的成長與教育，往往越俎代庖，一切都親自督導。

(5)諮詢顧問型：此一類祖父母在子女管教他們的子女的時候，扮演了智囊團的工作。

一般來說，祖父母都很喜歡自己的孫子女，不過有兩個例外，一個是不到五十歲就做了祖父母，心情上一下子不容易立即調適；一個是年過七、八十歲，自己的健康與情緒都不太好，明顯地影響到對孫子女的接納度。倒過來說，身為孫子女對祖父母的感情都很好，尤其是對祖母！

許芳蘭（民88）於《康健雜誌》提出了很嚴肅但也很有趣的問題：愈來愈多的年輕父母，選擇把幼小的子女交給父母或公婆帶，這對孩子身心的成長，有何利弊得失？對於日後親子關係的發展，究竟是好是壞？父母公婆是在享受弄孫之樂，還是一生勞碌不得閒？

這些問題的確值得我們深思！

從理論來看，尤其是從兒童心智發展的角度來看，祖父母對孩子在性格上的影響，往往不同於父母對子女的影響。由於祖父母疼小孩多，管小孩少，甚至什麼事都替孫子女做，無形中影響到孩子自立、自主能力的發展。

還有一點，爺爺、奶奶照顧小孩，最常到遇到的問題是意外傷害，因為小孩一歲以後非常活潑，稍不注意就會摔交、跌倒。

政大心理系主任林美珍教授從心理發展角度來分析，認為幼兒出生的兩、三年，是和父母建立依附關係最關鍵的時期，如果是被祖父母帶，這個關係就會缺乏，當孩子帶回來以後，會有一段時間非常不適應，父母應加注意。尤其是孩子給祖父母帶久了，難免和自己父母的關係愈來愈疏離。針對這一點，林美珍教授建議是，如果可能，晚上一定要把孩子帶回來，同時力求多一點時

間相處，就可以培養出很親密的親子關係。

結　語

聖經上有句話說，「如今常存的有信、有望、有愛，其中最大的是愛」。很難想像這個世界沒有了愛，人還會活得下去嗎？

唯自愛，才能愛人。老年人許多問題之癥結，就在於渴慕愛來滋潤心靈，美化自我，卻不懂得更多愛自己一點，老是覺得此身已將頹廢，心先枯槁，愛已冰冷。自我加以否定，又怎能推吾愛於他人？

但願天下老人盡都沐浴在鶼鰈情深、親子情深、三代同堂天倫樂的溫暖、甜蜜氣氛之中，享受老夫老婦無比的銀髮之愛，父慈子孝媳尤賢的天倫樂趣，以及天天含飴弄孫，幸福美滿。

可是，這一切的一切，都要靠全家大小的善於經營，因為幸福絕非倖致，親情更有賴於彼此同心合力加以營造與維繫。

進一步思考的問題

(1)自愛與自私有何關聯，又有何不同？

(2)這個世界的千萬個家庭中，可否彩繪你心目中最理想的甜蜜家庭？

(3)三代之間，往往存在著許多管教問題，依你之見，應如何化解？

第十章
老人的生涯規劃

還記得多少年以前，有一首歌曾經轟動一時，街頭巷尾，人人都在唱──「明天會更好」。誰不希望明天會更好？可是，明天不會在期待中就會更好！不流淚撒種，怎可能歡呼收割？不未雨綢繆，就可能要臨渴掘井，亡羊補牢。

　　只憑一時衝動而冒然行事的人，成功的機率怎可能很大？任由命運安排而隨波逐流的人，也必然眼睜睜看著人家揚舟在成功的海洋上，向著勝利的彼岸邁進，而自己卻只好感嘆時日何其易逝，一事之無成。

　　別以為人老了就不需要什麼生涯規劃，可別忘了，隨著平均壽命的不斷延長，對一位今天屆齡退休的長者而言，擺在前面的人生道路，至少還有十五年、二十年、二十五年要走，甚至長過一個人從事業有成到退休的日子，又怎可不詳加規劃，然後一步步向著人生最好、最後的標竿邁進？

　　本章將就老年人在彩繪更艷麗的晚霞與黃昏的時候，所應該注意的事項，分別闡述。

生涯規劃的基本理論

　　生涯規劃（career planning）固然是一個嶄新的理念，可是「人無遠慮，必有近憂」這句話，對大家來說，應該是相當熟悉的。對年長的老人們而言，進入高齡期，生活起了絕大的變異，面對逐漸老化的未來，該如何早謀妥善之對策，不讓老年歲月只是一片空白，或是坐待衰竭死亡，那就要妥善安排，至少讓自己、家人的生活來得更安定、美好！

　　生命苦短，歲月易逝。光陰一去不回頭，一步蹉跎，一時恍

圖10-1　生涯規劃之基礎

惚，都可能坐失多少成功之契機，徒留永生之遺憾。至於因考慮
欠周，或昧於自知、知人與知事，冒然決定，草率而行，其不失
敗之可能幾近於零。

　　一個人的生涯規劃，應該是多面的、連續的。它建基於生命
各階段身心發展的特質，著眼於個體的性向、智能、興趣、需求、
價值體系等等的不同，並力求配合社會變遷之各種需求。**圖 10-1**
可作為說明之依據。

　　個體一生的每一個階段，都有其發展任務與所面臨的考驗。
此中真理，可用孔子所說「吾十有五而志於學，三十而立，四十
而不惑，五十而知天命，六十而耳順，七十而隨心所欲不踰矩」
這一句話加以闡釋。這一句話一方面可以說是孔子成學成德的進
程，一方面也是他踐仁成聖的階段性目標。

　　一個人的發展，包含了下列三個層面：

(1)時間層面：乃按個體的年齡或生命週期分成：成長、探索、
　　建立、維持、衰退五階段。

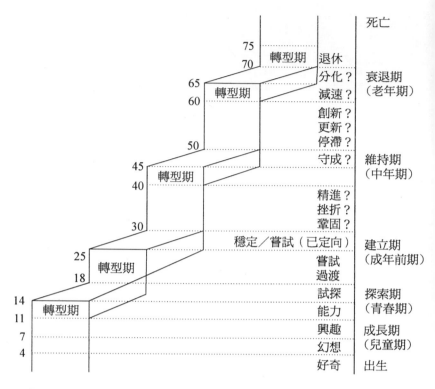

圖10-2 生涯規劃之發展

(2)廣域層面：指個人終其一生所扮演的角色。

(3)深度層面：指個人在扮演其角色時所投入的程度。

圖 10-2 即顯示生涯發展三合一之理念。

進一步而言，人從出生至十四歲左右，是為生涯發展之成長期，十五到二十四歲是探索期，二十五歲到四十五歲是建立期，四十五歲以後至六十四歲是維持期，六十五歲以後就進入衰退期。

從**表 10-1** 可看出一個人從三十歲之後，會經過幾期的生命

表 10-1　個體不同時期之發展任務

生理年齡	發展情形	時期	發展任務	可能的危機
65 歲以上		成年晚期	(略)	孤獨、照顧
60 至 65 歲	晚成年轉換期	中年期	1.發展睿智、慎思熟慮、憐憫等品質，有些人繼續成長、創造；有些人則停滯衰退。 2.面對中年危機後進入穩定期，再進入中年高峰期。 3.為生命中最有成就的階段	退休自處
55 至 60 歲	中年高峰期			
50 至 55 歲	五十歲轉換期			生理衰退或疾病
45 至 50 歲	進入中年期	早成年期		離婚、再婚
40 至 45 歲	中年轉換期		1.瞭解自己，瞭解他人，在工作進行中發展自我，發展自己選擇的生活模式。 2.建立穩定的生活結構、樹立理想、發展職業成就。	工作改變、遷居
33 至 40 歲	安定時期			

轉換。從成年到中年，再到晚年，每一階段都有它的任務以及所面臨的可能危機。

　　由圖 10-2 及表 10-1 可看出個體在其成長到衰退各個階段之不同發展情形、任務與可能危機。生涯計劃自應依據這些階段之不同特質而作進一步設計。諸如，五十歲前後應就個體之生理衰退或疾病早謀因應之道，而六十歲前後就應該考慮如何安排退休後之生活；而六十五歲以後應就孤獨與照顧乏人之困境做詳盡之規劃。

　　但是，個體之發展是延續的。這一階段之問題，可能是上一階段未作詳細考慮之結果。同時，如果此一階段預為下一階段可

能面臨之問題先行未雨綢繆，詳作準備，就將為未來留善果、種善因。

不過，即使是同一階段、年齡相近之個體，還是存在某種程度之個別差異。即使是同窗好友，乃至兄弟姊妹，彼此之智能、性向、興趣、需求等等，都可能截然不同。

趕上時代快速奔馳的列車，一個人才能飛越嶄新的時空到達彼岸；因循苟且，憑恃目前之所有，必遭歲月之淘汰。不切實掌握未來動向，不加快自己的腳步，來因應社會變遷之節拍，絢麗的明天，對你來說可能是相當遙遠的。

管理大師杜拉克以為一個人應該「知己所長，知所歸屬」，他認為善於規劃，做好自我管理，資質平庸的人也可能有所成就。請注意這兒所說的「知己所長」就是前文所繪三角形的一邊的個體特質；而「知所歸屬」就是三角形的另一邊，一個人現在與未來所屬的社會。

綜合前文所述，一個人的生涯規劃之本質，以及所應考慮的種種，我們還可以提出下列一些建議：

(1)時日易逝，趁著今天還掌握一些資源（健康、學識、事業與人際關係）的時候，趁早規劃你的明天，以及無數明天的明天。

(2)要切實掌控身心發展的各種條件，根據生命週期的一定旋律，非常實際地做好自己的生命藍圖。中年、老年各有其發展的任務，也各有其可能面臨的危機。如何順利完成天賦使命，將危機化成轉機，都有待慎思與篤行。

(3)要有自知之明，在人生諸多抉擇中，作最符合身心各項條件的明智取捨。不好高，不騖遠，不故作清高，也不隨波

逐流，勝利之冠冕將永遠屬於你！

(4)唯有掌握自己，爭取社會脈動中的先機，才不會被變遷萬
　　千的時代所三振出局。生涯規劃中非常重要的前提，是對
　　明天的更多瞭解與更努力爭取。

　　基於這些的共識，謹提出老年人應有之規劃與努力。

肯定自我的價值

　　銀髮族朋友，請別以為進入老年期，還有什麼生命的意義與
人生的價值，更請別妄自菲薄，只感嘆流年之不再，徒然時時興
起「念天地之悠悠，獨愴然而淚下」之傷感。

　　要知道，人活著一天就有一天的價值，天無妄生之材，又豈
可自我否定。一個人的價值感，決定了他的思想意念、言語行為
與對己、待人、接物的態度。**圖 10-3** 可供參考。

　　一個老人的價值觀是受許多主觀、客觀的因素所決定；它慢
慢形成之後，又決定了個體的一切。**圖 10-4** 可供說明。

　　進一步而言，價值觀形成的因素包括：

(1)一個老人的健康狀況是否良好，對其價值觀之形成有極大
　　的影響。廉頗、馬援以七十餘高齡，猶自請纓殺敵，是因
　　為身體強健，不減當年！近代許多黨國名流，以八、九十
　　餘歲高齡，猶憂國憂民，深感壯志未酬，都因為身體強健
　　如昔！王永慶依然馳騁田徑道上，才能決大事，掌大業！
　　一旦價值觀肯定之後，又循環地影響了他的身心健康！豈
　　不聞「哀莫大於心死」？此心已如枯槁，又有何生命之新

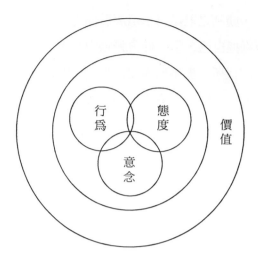

圖10-3　人類行爲的決定架構

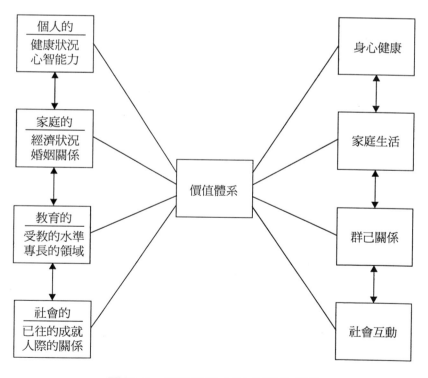

圖10-4　價值體系之形成與其影響

契機可言？相反地，憑著求生的堅決意志，戰勝病魔的見証，實在已不勝枚舉。

(2)一個老人的健康狀況，不但決定了他的價值觀，也明顯地影響其家庭生活。一般來說，婚姻關係美滿的人，對人生有較多的肯定。同樣地，經濟狀況良好，到晚年不愁衣食的老人會感到厭世的恐怕不多。

(3)教育水準比較高、社經地位比較好、人際關係一向很好的老年人，是不會太孤寂、太封閉自己的。

價值觀形成之後，又決定了他的身心健康（一如前文所述）、家庭生活、群己關係與社會互動。一個充滿自信、達觀的老人，在任何時候、任何環境之下，一定有高度的自信、自愛、自助，知道如何實踐在生活之中。他更不斷努力在退休後提昇自己的價值。

首先是從「人人為我，我為人人」，提昇一個人的價值。

可想到這麼多年以來，有多少人曾經為您服務過？又為了您的生活過得更舒適、更安泰，提供了多少他們的心血、精力，甚至流汗、流血？

一絲一縷、一飯一粥，當思來處不易。飲水思源，是否您也該有時想想看，在榮退之後，為這社會，為您的家庭，乃至於為您的國家，繼續竭盡心力，奉獻您的智慧、經驗，甚至您所有的一切，與大家共同締造更好的明天？

別以為垂垂老矣，生命已是步入黃昏，逼近殘霞晚秋，又能做些什麼？只能眼看急景凋年，馬齒日「減」，感嘆時不我予！

也許，您的確是老了。可是，那只是人生輪迴道上，不留情的歲月在您的身體上烙下了一些不滅的痕跡。然而，只要人老心

不老，您還是可以為這社會作一些事的。

　　至少，您可以更關心這社會，為那些鰥寡孤獨、處境堪憐的人們，打開您的心門，伸出友誼的手！老吾老，以及人之老，幼吾幼，以及人之幼，本是我國傳統的美德，您何不積極地參與，以您的財力、人力、愛心、誠意，到醫院裡，探望一些也許不知名的病患，為他們禱告，為他們祝福，又將感動多少脆弱、孤寂的心靈？

　　或者是移駕到孤兒院、育幼院，為那些不幸失去了原該擁有美好父母、家庭的兒童們，講述一些故事，談談您自己平生的經歷以及所見所聞，您想，又將滋潤一多少赤子之心？也許，您正可以為這機構不足的人力，提供您的雙手！

　　筆者常想，多少小學、國中迫切地需要一些愛心媽媽，協助整理學生的資料，幫忙照料孩子的生活，讓老師可以用更多的時間、精力，準備教材、教具，輔導他們的成長。為什麼就不能有更多的愛心爺爺、奶奶，有計畫地投入學校的榮譽觀護之列。

　　還有多少慈善的機構與社會服務的營隊，都普遍大聲疾呼，願更多有心人與他們胼手胝足，共同開拓更多助人的工作。也許，您正是他們求才若渴的對象！

　　其實，當您走出自己、投入人群的時候，又何嘗不是華年再生的契機？至少，您將在人家的微笑、感恩的一瞥中，渾然忘了自己的髮蒼蒼，視茫茫，此身何寄的感覺！也許，您更將從所付出的心血中，以及各種工作的成效裡，再一次肯定自己，不再低吟悲愴交響曲！

　　至少，您將不必有「前不見古人，後不見來者」的孤獨感，因為天涯原本就是比鄰！當您為人人的時候，也正是人人為您的時候啊！

要知道，這社會處處需要一些有智慧、有愛心，又肯奉獻自己時間、體力，甚至金錢的人，參加各種社會服務工作。如其在家不知如何打發時間，等著人家來喝茶談天乃至打幾圈衛生麻將，何不馬上報名參加一些社會服務團體？

　　其實，你還可以考慮再尋覓一片新事業！

　　退休前後是人生最大的轉變，如何調整自己已往在社會上那種發號施令的、高高在上的角色，而成為隱退山林、笑嘯風月的無名老人，是需要一些智慧和勇氣的。尤其是，那些自命壯志未酬而還在等待東山再起的老年人，退出政治舞台最初一段時間，目睹華年不再，關愛之眼神卻是那樣可待而不可及的遺憾，更是教人情何以堪！

　　在家中，似乎一切都變了，還記得子女牙牙學語、承歡膝下、閒話家常的日子，似乎沒有多久，卻已是一個個各奔前程、各組家庭。偌大的家庭中，不再聽到稚子笑語歌聲，不再見到他們逐漸長壯的身影，只有兩老相見而不厭，彼此相扶持，又是一種情何以堪！

　　老了，朋友來往也少了，知心的老友更少了，大家的生活圈子愈來愈小，「知交半零落」，「訪舊多為鬼」，這兩句詩道盡了老年人的另一種孤寂。

　　壯年時，唯恐「多情應笑我，早生華髮」，到如今卻是故舊之中，「也應驚問，近來多少華髮」！

　　其實，這些所謂人世間之無常，卻是宇宙間之永恆。人不能常居高位，豈不聞「大江東去，浪淘盡，千古風流人物」、「舞榭歌台，風流總被雨打風吹去」。人，亦不可能長生，「幾番風雨，又是春已歸去季節」，老是感嘆歲月之無情，反而增加老化之速度。因為「閒愁最苦」，人生苦短，何不更瀟灑地享受老年之樂？

把「家」的觀念擴大，將對子女、妻小的愛，化為對社會的大愛；從坐以待老之心，投入社會服務，那才真是「老吾老，以及人之老」。

老，一定要跟「朽」字連在一起嗎？

老，一定是百無一用，此身等著報廢的日子嗎？

「老驥伏櫪，志在千里」，廉頗還能飯；馬援（伏波）暮年猶自殺敵；林肯的事業，始於五十四歲之後；愛迪生八十餘高齡，猶自孜孜不倦埋首研究。您，不論今年高壽如何，芳齡幾許，又豈可自遁於「我已年邁」的盾牌下，躲避應該再求精進的應有期許？

由於這麼多年來，一般國人健康日善、營養日佳，大家的平均壽命都在不斷延長中。已往的「人生七十古來稀」，如今是「人生七十方開始」，您也許的確是年齡比較大了一點，可是，未來的日子必定還是相當長，請收拾無謂的呻吟，忘記背後，努力向前！

也許，過去忙著衣食，忙著兒女，忙著自己的事業，忙著自己的社交應酬，多少想做的事沒有做，多少壓在內心深處的意願，沒有時間、精力去追求！現在，就是現在啊！您可以完全投入、身體力行！

請問，您的專長充分發揮了嗎？您的潛力已經完全發展了嗎？請恕筆者直言，還有一大片等待您去開拓的天空，而且時機是一瞬即逝！再不珍惜趕上，真的會日後徒留多少終生遺憾了！

也許，您會說勞累大半輩子，還是庸庸碌碌，一事無成。本來就是下駟之才，又何德何能，再締生命佳績？年輕的時候，就不過如是，如今還妄想什麼事業進路，豈不癡人說夢？

可是，請先不要「妄自菲薄」，過去您只是太忙了，忙到甚

至忘了自我，所做的一切，都是爲人作嫁，如今榮退了，不再「案牘勞形」，不再「汲汲功名」，面對還有那麼長的未來，您難道不想「明天會更好」？

首先，請儘量做一些自己喜歡做的事，讓被埋沒的興趣專長復甦，讓這些昇華您生活的品質，滋潤久困於紅塵的心靈，至少您會從點點滴滴的努力成果中，再度品嘗到久久未曾享有的工作成就感！

每個人都只有一生，每天也只有二十四小時，退休之後的老年歲月，千萬不要讓它溜過留白。更請不要感嘆長日何其漫漫，長夜更不知如何排遣，想盡各種方法，砍殺時間（kill the time）。

不論究竟是人生如戲，還是戲如人生，既然我們都已經置身在這大舞台之上；既然我們也已經演了這麼長的、這麼久的戲，爲什麼不在最後的幾個戲碼之中，盡力地更精彩演出，自娛娛人？

日子反正要過，老天爺讓我們能夠身心猶健地在這個世上多走一些路，一定有祂的美意。那我們就應當要樂在工作，樂唱生命之歌，爲自己更長遠的未來，塑造一個更美好的形象！

總而言之，老年人該做而且會做的事太多了，誰敢說人到老年就一無價值，等著生命之落幕？

老人之友

不記得多少年以前，有一首很流行的歌——友情，歌詞好像是這樣的：「友情，友情，人人都需要友情，不能孤獨走完人生旅程。」

的確，人是社會的動物，人不能沒有朋友，尤其是老年人，

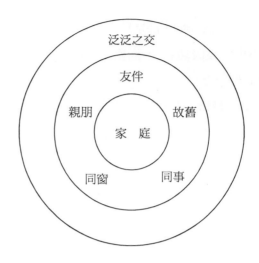

圖10-5　社交三重圈

更需要一些朋友，在得意的時候，分享彼此內心愉快的感受；在不如意的日子裡，有幾個人吐吐苦水，發洩一下內心的苦悶。實際上，人是生活在不同的社交圈子之中（**圖 10-5**）。家庭應該可以說是最內圈，也可算是第一圈；第二圈是親朋好友、同事、同窗、故舊，可談心，可歡敘，乃至休戚與共；第三圈則是一些泛泛之交，點頭寒暄的朋友。這三圈的範圍、互動的方式各有不同，但都對人們的生活方式有些影響。

　　家庭對一個人的影響，隨年齡而不同。童年時，子女對父母的依戀，到長大之後的日漸疏遠，年老之後，退出了工作世界，又回到了家，家人的關係，往往決定了老年人心理是否健康，以及個己對生活的滿意度是否理想。不過，更重要的是第二圈，也就是說友伴這一圈。

　　人家都說，老年人要過得幸福與快樂，要有老伴、老友、老本，以及健康的身體！我們這兒所要大聲疾呼的是，願天下老人

都有一些真正知心的朋友，在心靈良好溝通的基礎之上，共度生命的黃昏！「談笑有鴻儒，往來無白丁」，會使得陋室成爲良廬；「悅親友之情話，樂琴書以消憂」是一個意境；「會桃李之芳園，序天倫之樂事」又是一個意境，在在都說明了人是需要友情的。

一般來說，老人由於生理、心理功能的變化，尤其是從公務的退休或家務的調整，人際交往多少有點變化：

第一，人際交往的圈子愈來愈小，深度也愈來愈淺。體力之不支，經濟之擷据，不免造成老年人逐漸退出已往的社交圈子。另一方面，個己角色從一個積極進取的主動者，變爲無所事事的依賴者，過去因公、因事結交的朋友，也就難免慢慢的退出，使得老年的人際交往的圈子，愈來愈窄。

第二，人際交往的對象比較穩定。人到老年，社交圈子逐漸固定，那些只是打哈哈、言不及義的泛泛之交；那些是可以推心置腹、榮辱與共的莫逆之交；相對來說，經過了這麼多年的接觸與瞭解，彼此之中的互動關係，大致已經定了型，而不會輕易改變。

第三，人際交往的內涵比較深刻。促使老年人在比較狹窄的生活圈子之中，與少數摯友能夠保持多少年如一日的情誼，主要的因素是有志一同，趣味相投，心靈深處有某種默契，如果再加上需要的互補與心意的相似，那麼這一份友情就可能與日俱增。

第四，人際交往的選擇比較慎重。老年人世故較深，閱歷較廣，對人就不會輕易締交，更難在短時間之內輕易承諾些什麼。尤其是，老年人疑心也比較重，有時往往用審視的心理度量別人，才決定是否與人交往。

其實，人（尤其是老年人）是迫切的需要從社交圈子得到一些支持的，而最大的支持力量與最長遠的精神支柱，可能就是他

的朋友，真正的知己！而不是他的老伴、子女、親戚、鄰居或昔日的同事！

朋友可以在情緒上完全分享最深層的想法、喜樂、憂愁、煩悶乃至恐懼，因為他或他們是你最值得信賴的人，而且也是較客觀分析事理、剖解問題的人。老伴卻過分關心，而關心則亂！

同時，當您要決定任何重大決策，解決諸多難症的時候，知心的朋友應該是最重要的諮商者！他或他們就事論事的建議，因為是旁觀者清，可信度一定比當局者迷的當事者來得高。

還有一點，因為是朋友，可以在任何時候盡心盡力地幫助你！只要您需要，真正的朋友，甚至可以為你捨命，豈不聞「士為知己者死」這一句話？

至少，朋友可以與您剪燭西窗下，談往事，訴今朝，一起編織未來的夢！

可惜的是老年人泛泛之交可能為數不少，知心又有幾許？因此，孤寂的老人到處可見，千山獨行的老人似乎愈來愈多，此中原因包括以下幾點：

第一，不肯放下身段。如果一個人所交的朋友，都只不過是一些泛泛之交，就可能是他始終沒有放下身段，與人家還保持一些距離的緣故。請記得，向朋友們表白你的心事，並無損你的形象，反而讓人家覺得你真是把他當做朋友，自然地拉近了彼此之間的距離。如果你的心態之中，多少還抱有一些高高在上的想法，也就必然交不到幾個真心的朋友了。

第二，個性的關係。如果一個人一向很自負，只關心個人的感受，人際交往中總是自說自話，甚至目中無人，就不可能進入別人的心中。還有一些人或是孤芳自賞，或是有點厭世的思想，習於自我封閉，又怎可能有幾位知己的朋友？至於某些對自己缺

乏自信，對別人也是疑神疑鬼，總覺得人家和我交往，一定有些什麼目的，勢必很難與對方達到開誠布公的交流。更可怕的是因為缺少自信，就難免自卑、嫉妒，尤其是面對各種條件比自己優越的人，很容易感受一些壓力。甚至妒忌別人的成就與表現，嚴重影響與他人建立正常友誼的機會。還有一些老年人，最喜歡打聽人家的隱私，譬如說，經濟收入、婚姻狀況、年齡大小、家庭關係等等，自然讓人家有戒心，起了自我防衛的心理作用。至於一些心胸狹窄、情緒不穩、喜怒無常、自私自利的老年人，又有誰會喜歡與他接近？

第三，缺少人際應有的互動。那些只想人家多關心他們，卻很吝惜付出對他人應有的關懷；那些從來不喜歡人家善意的建議，卻偏好對別人嚴加批評；那些從來對人缺乏真誠，甚至口是心非、度量狹窄；以及那些凡事都漠不關心的老人，只有在有求於人的時候，才肯與人家交往，請問，人家心中對這些老人，又如何建立更深一層的互動？

因此，老年人應該多多學習一些與人家交往的功課，以便與他人建立比較廣泛、密切的友誼，從而開拓更好的人際關係，充實生活的內涵，這些功課包括了：

第一，以誠待人。誠者成也，成功的人一定是對自己、對他人不虛偽、不造作。孔子就提出「巧言令色，鮮矣仁」。意思就是說花言巧語的人，很少是真正的朋友。相反地，言必有信，誠心誠意地待人，必然有助於友誼的建造。

第二，相互尊重。尊重人家的人格尊嚴，尊重人家的思想意念，處處多為對方著想，你一定也得到人家對你的尊重。相反地，一味要求別人對你的尊重，卻在言語之中，時時流露你是比人家高了一等的意味，久而久之，自然也就隔絕了人家想與你進一步

建立友誼之機會。

第三，自我充實。任何人都不會喜歡行為庸俗、言語乏味、思想落伍、自以為是的人。要記得多多充實自己的內涵，開拓自己興趣的領域，無形之中，必然會改變氣質，豐富精神生活，讓人家樂於接近。

第四，加強溝通。人際來往，最怕的是彼此心中有了一些芥蒂，甚至成見。擇善固執，堅持己見，是交往之中出現一些鴻溝的主要原因。多吸取人家的看法，多尊重人家的想法，有容乃大，既可對人家多一分瞭解，又讓人家覺得您虛懷若谷，何樂而不為。老年人最忌的是偏心，頑固，凡事都自以為是。加強彼此的溝通，在人際互動上的確有它的必要性。

第五，主動積極。如果有誠意和人家建立更好的交往，請先打開心門，伸出雙手，熱誠地、主動地與人家來往。既使是友誼不只一年、十年，最近卻很少聯繫，也請你打一個電話向他或他們問候，或是乘著聖誕節、新年將近的時候，郵寄一張卡片，帶上由衷的祝福；或者在他的生日時，買一張生日賀卡郵寄給他。想想看當他從電話、從卡片中得到你的訊息，心中又將是如何激動？許多老年人很喜歡人家對他的關懷，卻不肯主動地關心別人，就難怪故舊逐漸疏遠了！萬一你聽說某一位朋友身體不舒服，甚至住院求醫，也請立即前往探視。至於最不幸的訊息，如喪偶、喪子，更別忘了馬上訪問、安慰，發揮朋友之中最高的情誼！

第六，多交一些新朋友。除了多與老朋友連繫之外，應該嘗試結交一些新的朋友。多與年輕人互動，感染年輕人的活力與氣息，瞭解年輕人的世界，你的人際網路不是就可以廣泛地撒下嗎？有幾位推心置腹的老友當然好，但是建立不同情況之下都可以取

得社會支持的網路，也是一樣的重要！

　　第七，不要鋒芒畢露。不要炫耀自己目前所擁有的一切，免得遭人妒忌、排擠。儘量讓別人有機會在你面前表現自己，你一定贏得更多的友誼。如果適當的感情輸入，發現對方的優點之後，真誠地讚美他人，喜歡他人，還擔心人家不樂於與你來往？

　　總而言之，身為銀髮族的你，要珍惜已有的友誼，再開拓友誼的新園地吧！

老人的理財規劃

　　有了老友，有了圓融而豐富的人際關係，老人還要有足夠的老本！

　　人生向前看，向錢看，也許太過於現實，可是要安居，要足衣足食，沒有金錢，一切可能免談。有錢的老人雖不能說一定幸福，但是沒錢的老人一定煩惱多多。

　　台灣老人族群中，經濟並不富裕者較多。據沙依仁（民76）之研究，經濟僅足維持者佔 41.56％，自估小康者佔 40.3％，入不敷出者佔 13.32％，自認為富裕者佔 4.75％。其經濟來源靠子女供養者佔 31.11％，靠平時儲蓄者佔 20.88％，靠退休金者佔 19.29％，靠政府補助者佔 15.51％，靠工作或勞務收入佔 11.03％，其他 1.29％，向朋友借貸 0.89％。由以上資料可知老人經濟狀況普遍不佳。

　　老人經濟狀況不佳，從某一觀點而言，老人本身應負大部分的責任，因為如果從中壯年階段開始，在所得較多時就有理財的計畫，老年時就不必老是為錢而煩惱。

表 10-2　資產負債表

```
                          資產負債表
                       (　年　月製 )

資產部份及金額                        負債部分及金額

  動產部分                            房地產貸款
    銀行定存                          房地產貸款以外其他貸款
    銀行活存                          其他應付之利息
    郵政儲存
    人壽及其他保險
    股票、證券、債券、期貨
    每月收支對除後節餘
    其他

  不動產部分
    房地產
    貴重金屬
    其他
```

　　一般來說，中壯年是一生之中收入最好也最穩定的一個階段，另一方面中年以後，子女之教育費用漸少，甚至連子女的生活費用也不必父母煩惱，這階段該是最好為以後日子（尤其是為老年的生活）規劃的時候。因為，人到老年，不過是遲早的事，趁著中壯年時，宜未雨綢繆，及早規劃，作好理財。一個人如果能夠及早多儲備一些老本，才不至於老來兩袖清風，窘迫度日。

　　首先，請檢視目前所有的資產，包括所有的動產與不動產，逐漸詳細列出；另一方面也將負債的資料一一列舉，並估量何時可以償還負債。此外，還要將每個月的收入與支出，列一明細表，以便隨時檢視。**表 10-2** 可供參考。

　　詳細檢視目前之財務狀況，可以進一步估量理財的原則與方向，是保值重要，還是想要增值？兩者各有其優缺點。**表 10-3**

表 10-3　理財之目標、工具之優點與限制

次目標 ╲ 主目標	保　值	增　值
具體工具	金融機構儲蓄、票券、債券、房地產、安養信託	股票、期貨、貴重金屬、小本創業
優　點	1.穩定 2.安於現狀 3.變現較快、流動較易	1.積極 2.資金累積快 3.擴大人脈和機會
限　制	1.消極 2.資金累積慢 3.通貨膨脹風險	1.投資損失甚至泡湯 2.利息負擔較重 3.價格起伏較大

可供比較。

接著，請將圖 10-6 與表 10-3 加以比較。

年齡還輕，不妨多考慮將大部分資產投入風險較高的投資，因為所獲得的報酬比較高，就算人算不如天算，因為還年輕，還有機會再拚。但是到了四、五十歲以後，最好還是購買風險比較小的股票、債券和共同基金，並增加現金、準現金的存量，其中比率至少應佔現有資產的一半以上。隨著年齡愈大，現金控制的比率就要調得較高，風險性投資就要逐漸減少。這樣金字塔型理財策略的好處是，一方面保證安全又有效地累積個人資產，另一方面又能保證較長期的利益。圖 10-7 及圖 10-8 可作參考。

表 10-4 中列出了一些常見的理財投資方法，其實，投資的種類還有很多，如郵票、古董、字畫、藝術品、紀念幣、高爾夫球會員證、鄉間俱樂部會員證……五花八門，不一而足。

如果，你目前已屆中年末期，再過幾年就要退休，個人在投資和花費上就要趨於保守，「保本」似乎比什麼都來得重要。退

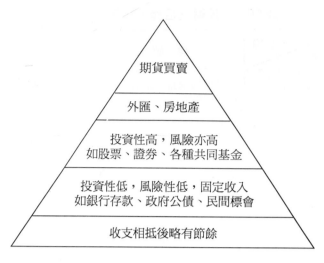

圖10-6　投資理財金字塔圖

資料來源：《台灣立報》，民國82年3月10日，唐美德製。

休前一階段時間，就要規劃退休後的財務問題。下列幾個問題應該要好好思考：

(1)目前每月節餘之中，可以用作儲蓄或投資的有多少？

(2)預估退休金可領多少？

(3)服務機關在你退休的時候，有什麼福利措施？

(4)各種人壽保單到期可領多少？

(5)退休後可從子女處得到奉養嗎？可能有多少？

有了這樣的盤算，我們還要特別提醒的是保本最重要。千萬不要人云亦云，盲目跟著別人投資。相信以你的精打細算經營，退休後的生活將過得很充實。

如果你是一位家庭主婦，雖然沒有固定薪水，還是可以撙節一些家用，以聚沙成塔、積腋成裘的精神作一些理財的規劃。以

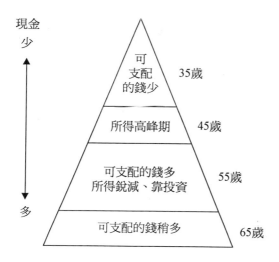

圖10-7　現金控制圖

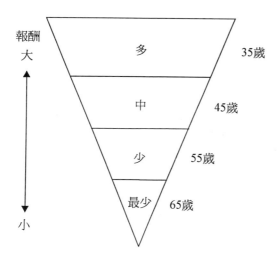

圖10-8　風險投資圖（風險投資佔總所得比例）

表 10-4　常見理財工具比較表

理財工具	安全性	獲利性	變現性	是否適合中年	是否適合老年
金額機構活期存款	○	×	○	＋	＋
金融機構定期存款	○	△	△	＋	＋
票券	○	△	○	＋	－
公債	○	△	×	＋	＋
股票	×	○	○	＋	＋（※）
外幣	△	△	×	－	－
期貨	×	○	○	－	－
黃金	○	△	○	＋	－
房地產	○	△	×	＋	＋
共同基金	△	△	○	＋	＋（※）
安養信託	○	△	△	－	＋
民間互助會	×	△	○	＋	－
國外證券	？	？	△	－	－
海外不動產	？	？	×	－	－

符號說明：○代表安全性高或獲利好；×代表安全性低或獲利差；△代表安全性中等或獲利普通；？代表安全性或獲利不定；＋代表適合投資；－代表不適合投資；※代表適合老人保值長期持有。

資料來源：劉玲慧、許惠仙等合著，《中壯年生涯規劃手冊》，pp.72-73。

下有幾點具體的建議：

(1)不妨和先生、子女討論有關規劃老年的生活細節。

(2)提早規劃，將家庭收入的總數，按比例來安排，為老年作更好的準備。

(3)善加利用理財工具：

(a)金融機構存款：家庭主婦可動用的資金不多，儲蓄方式可考慮零存整付的定存方式，以便積少成多，到期後可領回一筆大額整數。它的好處就是安全性高、利息穩定、風險小，是保本求利的穩健做法，缺點是有時候趕不上通貨膨脹的速度。

(b)參與民間互助會：互助會的好處是具有賺取利息和籌措資金的雙重功能。不過，先要考慮參與的會腳多半是什麼身分的人，以免擔心被別人倒會。得標後要積極運用，否則不但犧牲互助會的利息，以後還要增加利息負擔。

(4)看緊荷包，減少支出：開源固然重要，節流卻是更為重要。購買任何東西，請先考慮其必要性，儘量有所節制。凡事DIY，能夠自己做的就自己動手做，例如過年大掃除、粉刷牆壁等等。

退休之前，還要考慮的是「老本」的問題。

如果你是軍公教人員，究竟怎麼領老本較划算？乍看起來，好像是一次支領退休金，有一筆資金，可作第二事業發展之基金，有助於第二春之開拓。要不，將退休金以優惠存款儲存，也是蠻划算的。但是，它的缺點在於物價一上揚，本金部分就跟著貶值。長期來看，領取月退休，較不易受通貨膨脹的威脅。此外，領月退休金的人，還可比照現職人員領取子女的教育補助費，並在每年春節時領取年終獎金。

不過，年事已高或身體狀況不佳的退休軍公教人員，選擇領取一次退休金，並存入優惠存款，在有生之年，這筆退休金適用目前最高的存款利率，本息相加會比領月退休金划算。此外，就

是計劃退休後即移民，或是需要大筆現款，可能以領取一次退休金較爲合適。

至於非軍公教的退休人員，就是有退休金，也沒有所謂的月退金可以選擇，都是一次領畢。如何有效運用這筆退休金，應以安全第一爲優先考慮，基本原則是務求穩健，避免任何可能發生的風險。

一些理財專家的看法，是退休的人最好先算出自己生活所需的費用、用錢的時間，以買不同期的定存單、公債債票來運用其餘閒置不用的退休金。

如果存款利息超過二十七萬的儲蓄投資特別扣除額，購買無記名公債債票也是一個很好的投資工具，並可考慮以親屬名義領取債息。

至於退休後，收入少了，家用方面更要量入爲出，該省就省，千萬不要寅吃卯量，坐吃山空，乃至以後還要整天看子女臉色，尋求接濟；更不要借貸度日。當然該用的還是要用，過分克制自己，省吃省用，弄得營養不良，衣衫不整，也不是我們所樂見的。

其實，退休之後，生活圈子小了，應酬開支也一定少了，只要善自規劃，日子應該還是很好過的。所怕的是身體不健康，一旦病倒，雖然還有健保可幫你支付部份費用，可是還要自己負擔一大筆開支。因此，保本之外，保健也是非常重要的。關於這一點，已見前文，不另贅述。

最後，有關老人的理財計畫，還要考慮的是作好遺產的規劃。中國人一向很忌諱提到什麼遺囑、遺產，其實活在今天這個時代之中，有什麼不可面對？生死豁然心自安，先有個遺產的規劃，以免日後子女之紛爭，應該也是可以仔細考慮的。以下是幾點建議：

(1)預立遺囑：依民法規定，遺囑人在不違反保留部分財產範圍以內，得以遺囑自由處分遺產。遺囑最好以「公証遺囑」較為明確可靠。在自己百年之前，將財產的歸屬做好妥善安排，心中也較無遺憾，又可撙節法律費用與遺產稅。

(2)安養信託：對於擁有大筆資產的老人而言，生前辦理「安養信託」，既可免除遺產的繁複手續，且可節稅，又可由受託人代為經營，將遺產分配受益人（有關安養信託詳細辦法，可向中央信託局查詢）。

有了以上規劃，老人自可安泰地渡過晚年！

老人的休閒活動

休閒活動（recreation）是老人非常重要的活動，因為老人有很多空閒時間，更需要透過有益身心的活動，調劑生活內涵，祛除煩惱。最重要的是讓老人們走出所蝸居的斗室，走出自己所封閉的天地，進入所興趣的世界，進入夥伴有志一同的天地之中。

一、休閒活動的涵義

人是需要多動的。休閒活動除了遊戲與娛樂之外，實際上還有更深的涵義：

(1)從字面上來看，recreation 的本意就是再創造，休息是為著走更遠的路，老年人在退休以前，案牘勞形，忙於全家的衣食；婦女們更是被永遠做不完的家事所綑綁，如果是

職業婦女，多少年以來，雙重的生涯，裡裡外外，更是忙得不可開交，早就將少年時光一切的興趣，拋之度外。如今工作、家務、經濟重擔盡都消除。所有的日子都可以說完全屬於自己，因此不論是家庭主夫或是家庭主婦，現在正是時候，重新再拾起塵封已久的畫筆、硯台，彩繪自己的晚霞；或是整理一下好久沒有翻閱的古書，再與先聖先賢神交；或是將窗台上雜亂的空間，好好地種一些花草，讓它點綴人生，美化心靈。

(2)休閑活動的涵義，除了再創造之外，還有一些社交的意義。正像前文所說，人都需要朋友，共享所見、所聞、所思、所感；尤其是老年人，更需要談天的對象、走動的地方，閒話家常，品評人物，有時雖然舊調已彈了千百遍，卻樂此不疲。至於下下棋，更是許多老年人最大樂趣之一，下棋的固然只有兩位，圍觀的卻是不少，是否真正做得到觀棋不語的意境，倒不是很重要，關鍵卻在於當時的參與感。至於參加登山、旅行或是長青俱樂部、老人活動中心，乃至老人大學、社區組織，都是既有益身心，又可以多交一些有志一同的友伴，將自己生活的觸角延伸到更為寬廣的天地中的活動，實在是很有意義的事。獨樂樂本來就不如眾樂樂，透過社交性的休閒活動，讓老人們享受與眾同樂的滋味，也可以說是一舉數得。

(3)休閑活動還有一個更新、更重要的涵義，就是一種精神或心理的治療（therapy）。多少年以來，精神醫學與教育學者們都一致同意，讓自閉的兒童參與某種遊戲來實施治療，效果是相當理想的。因此，他們也鼓勵讓年老、精神一向憂鬱、與他人相處格格不入，甚至素來就是落落寡歡

的長者，發展他們某一方面的興趣，如繪畫、書法、園藝，乃至烘焙西點、餵養小動物，讓他們樂在其中，不知不覺地揮脫一些自我的封鎖，從興趣的提昇與成就感之中，克服了孤立、自卑、妄想與厭世之負面情緒，應該是最有效的一種心理治療。不過這樣的一個活動過程中，隨時給予正面的激勵與增強作用，是非常需要的，免得他們半途而廢，甚至覺得一事無成，反而造成更多挫折感，以後更退縮自己。

(4)休閒活動的最後一個意義是促進家人的關係。休閒活動不論在室內的奕棋、橋牌、音樂欣賞或玩玩小牌，或是戶外踏青、登山、旅遊、參加社交活動，總不可能單槍匹馬地一人參加，可以邀請老伴乃至子孫一起參加，因此也就無形之中增加了大家在一起活動的時間，更必然促進了彼此深刻的感情。

二、休閒活動的選擇因素

至於那些活動對老年人是比較適合的，視以下幾種因素而定：

(一)健康的狀況

老年人需要活動筋骨，可是任何的活動都要配合體力與感覺器官衰退的時形。視力不良，閱讀就不很方便，看電視也多少受些影響；聽力不佳，自然影響音樂的欣賞，乃至社交的生活。一般來說，老年人自健康衰退以後，都比較喜歡靜態的活動，以及一些不要很多體力的休閒方式。

如果老人生理方面有某種程度的障礙，如關節炎、風濕症或輕度中風，都會使老人成天足不出戶，無法從事什麼肌肉方面的

消遣活動。

（二）經濟的能力

收入減少，難免會影響老年人所參與的休閒活動種類與方式。它會使老年人逐漸摒棄一些商業性的娛樂，如電影、音樂會以及戲劇的表演等等。當然，也限制了他們參加旅遊與俱樂部等等的聯誼性休閒活動，甚至自覺不能奉獻教會與社區之公益活動，空間也就愈來愈小了。

不過，社會經濟水準較高的年長者，年輕時休閒活動也比較多元化，到了老年，興趣不但不見減少，反而因為空間時間較多，參與的活動也就愈多。

（三）教育水準

一般來說，教育水準愈高，休閒的興趣也就愈廣，對益智性的活動也投入更多；相反地，教育程度不高的老年人，則比較投入娛樂性、需要一些體力的活動，打牌是他們最大的興趣，到了更老的時候，也就整天看電視、打盹、閒聊了。

（四）性別

心理學家研究發現，性別在休閒活動方面扮演了很重要的角色。女性一向興趣較男性為廣泛，同時女性的休閒活動大多是靜態比動態為多，需要體力的活動更少，因此到了老年，變化也比較少。男性一到人老體衰，就比較難以打發時間，因為從來只對動態活動才肯投入，現在動不了，對靜態的活動又一向興趣缺缺，就難免不知長日漫漫如何排遣了。

結　語

　　老人生涯規劃，理財、社交、休閒各層面固然都很重要，心理之重建與自我價值之肯定，更爲首務之急。一方面要避免退休症候群，而努力於：

(1)減少心理上之空虛、寂寞、單調、權威喪失、沒有目標之感受。
(2)減少生理之困擾與減緩老化之速度。
(3)加強社會之調適，繼續開拓人際關係。

　　另一方面別忘老友，多交新友；保値老本，千萬不要盲目投資。善自經營晚年生活，任何人的桑榆都將是非常美好的。

進一步思考的問題

(1)如何將生涯規劃之基本理念，應用在你目前的生活之中？如果你只是一位大專院校的學生，又將如何規劃未來？
(2)如何將生涯規劃所應該涵蓋的層面，實際運作在你中年以後退休的計畫之中？
(3)如果你已經退休，覺得目前生活並不如何理想，該如何重新調整你的生涯規劃？

第十一章
老人的挑戰

有人曾經說過，人的一生就是順境、逆境、危機、轉機不斷變遷、挑戰的過程。唯有那些以大智、大勇，永遠以極大的毅力與決心，向著生命標竿奮力奔跑的人，才能贏得最後勝利，戴上榮耀的冠冕，到達成功的終極。

　　老年時期更是波濤洶湧、危機四伏的年代。個體生理的衰頹、病魔的綑綁、心智的遲鈍、精神的恍惚等等現象都會一一隨著年華的老大而逐漸出現。更難的心理調適是角色之轉換。這些的這些，都是老人必然要面對的壓力與挑戰。

　　還有不可避免的事故，都可能一連串發生在高齡迄至死亡的階段之中，諸如空巢期的孤寂、喪偶的悲痛與個人之如何走向死亡等等。

　　本章將就這些作進一步分析。

角色的轉換

　　莎士比亞曾經說過：「人生如戲，戲如人生。」在這個人生大舞台，誰都在扮演著不同的角色，一直到曲終人散的落幕時候。

　　對銀髮族的朋友們來說，進入老年期之後，曲雖未終，人卻多已變。社會地位的不再，故友們的零落與星散，子女之展翅高飛，家人關係之逐漸疏遠，都可能帶給他們無限的惆悵與感慨。

　　對曾經叱咤一時、風雲四起的能者而言，門前冷落車馬稀的滋味，是很難沒有「何以解憂」之痛。雖然明知世事無常，但是又有幾個老者能看破紅塵種種？其實，退一步想，人生有進必有退的時候，何不敞開心懷來迎接它！

　　退休了，不論是屆齡退休或是申請退休，反正現在你不必趕

著上班，也不必心煩永遠辦不完的公事，或是面對愈來愈活潑的學生們，心中是否感到自在？

真正說來，你現在才走入老年期，正式名登高齡化社會中最資淺之新客。以你現在這麼健康的身體，可曾算過擺在你前面的日子還有多長？

正像你所熟知的，世界各國，尤其是像我們這樣先進的國家，一般人的平均生命都在七十五歲以上（男）或七十九歲以上（女），而未來幾年中，由於醫學更發達，生命科學的研究更成功，預計一般人的平均壽命達到九十歲以上，都不算稀奇。

既然還有這麼長的路要走，總希望日子過得健康又快樂，生活過得有意義。退休之前一切的期待，都能一如理想逐漸開花結果。今後的幸福，掌握在自己手中，未來的征途，就要看怎麼邁步向前了。

美國著名社會學家艾契禮指出，老年人從退休到生命終結，其心態與心理適應情形，可分為五個階段：

第一階段——蜜月期，感到無事一身輕，逍遙無羈；
第二階段——徬徨期，感到此生無從寄，四處茫茫；
第三階段——重組期，走過情緒幽谷，力圖東山再起；
第四階段——穩定期，走入可安歇水邊，享受餘暉；
第五階段——終極期，人生謝幕。

我們要大聲疾呼的是：人都會老。老年是人生諸多階段中的一個階段，也是另一個生涯的開始，一方面應對過去的種種，做個全面檢討，面對未來，更要每隔二、三年就要考量短期計畫，才能順應社會變遷，適應自己身心狀況，活個有意義的晚年。

千萬不要認為老年已朽，百無一用。事實上，老年只是從忙

碌的全天工作或千頭萬緒的家務中退了下來，而不是被人家從人生舞台擠了下來。所以還是要隨著社會變遷的脈絡，堅強地成長，不斷地學習，多方地參與以及積極地接納人生，才能達到享受老年的理想目標。

心理健康應該重於一切。要感到喜樂，心情安定，淡泊名利，待人和藹。凡事往好處著想，不慍不怒，不忮不求，常常自得其樂，保持平和的情緒，以及覺得任何事物均富生趣等等，都是長壽所必須的。

我們更由衷地希望突破年齡的限制，以自我超越的心境去面臨各種考驗，並且不服老、不服輸地去面對老年生活，迎接未來的無數春天。

有趣的是不少希望早日退休的人，最初以為從此可以安享休息的日子，過了一段時間之後，卻發現無所事事，感到蠻無聊。因為一個退休的人，總不能整天看電視，找朋友談天，或是毫無目的逛街。

至於那些不想退休，而只是因為年齡已到不得不退休的長者，雖然心理早已有某種程度的準備，可是真正退出辦公室、研究室、工作室、教室，退回到自己的斗室，也許最初的確感到休息的樂趣，日子久了，恐怕難免感到徬徨，而不知如何自處。

可是，的確有不少人在退休以後，日子還是過得非常好，其中最重要的理由是有很好的銀色生涯規劃。

首先，要從心理建設著手：

(1)最重要的是不要把退休當成一個渴望已久的休息，或是脫離工作勞苦的機會，你要確定自己明白其真正意義之所在。

(2)要知道人生最偉大的演出,是「美哉老年」!生命本來就是一齣戲,老年這角色也原該是高度的智慧、清心的平靜、無名的高貴與無比的自由!

其次,在考慮未來所要走的路的時候,請注意:

(1)退休後的生活不要與退休前變化太大。

(2)配合自己的體力、興趣與家庭各種條件,擬訂工作與作息的時間,千萬不要留給自己太多的休閒。

(3)請多參與合乎體力的各種活動,以促進新陳代謝,促使成長永不停滯。請記得銀髮族的青春源泉,就是多動、多看、多聽、多感覺!

(4)儘量走出蝸居的天地,多參與社交活動,擴大自己的生活圈子,保持已往老朋友的聯繫,並且多認識一些新朋友。

(5)有機會多聽一些演講,參加長春學苑或類似的一些再教育的活動,以達成「活到老,學到老」的理想,充實自我,免得面目可憎,言語乏味!過去台北的美國圖書館的借書櫃台上就有一個標幟:「不希望自己老得快,就與書為伍吧!」

(6)你可以從回饋社會中找出生命新意義。

空巢期的孤寂

空巢期是生命週期中最是悲喜交集,甜酸苦辣百味俱全的一段歲月,也是最充滿矛盾與內心掙扎的旅程。

人是非常矛盾的,孩子還沒有成熟之前,巴不得他們快點長

大。可是一旦他們從依依膝下，到小鳥伊人，到展翅高飛各有前程，又不免埋怨昔日充滿歡笑與天倫樂趣的家，何其快速又何其無情地竟成為空巢。

毫無疑問，在今天這樣典型的父母與子女同居的小型家庭中，兩代之間的感情絕大多數是非常親密的，甚至可以說父母與子女是心連心的。眼看著子女先後離開而各自發展，空巢期的來臨對父母來言，一時很難調適，家庭生活究應如何重新安排，將是很大的考驗。

空巢期的父母在某一方面，是充滿喜悅、歡欣的，目睹子女的成長與成就，學業完成了，事業有了基礎，婚姻路上又走得如此平坦，內心之驕傲與安慰，是理所當然的。可是眼看他們又為著事業、婚嫁或是學業之再上一層樓而先後走出成長的家，奔向另外一個他們自己所經營的家，心裡的失落感也是可想而知。

父母對空巢期的感受，視子女所以離開的原因、子女與父母一向之感情濃度，以及子女之成就而不同。當然更要看父母的婚姻狀況、社經地位、教育水準、健康狀況如何而定。此外，子女之多寡也有極大關係。

筆者曾應邀至各地長青學苑、婦女會所主辦之中老年婦女研習會作專題演講或討論；同時也在彰化張老師多次與中老年父母座談，或直接聽取他們意見，雙向溝通。針對空巢期此一主題，大家似乎都有很多話要說，歸納他們的看法，以下幾點他們的心聲是值得深思的：

(1)一般來說，子女不論是什麼原因離開之後，對父母而言總有一段不太適應的時間。

(2)在眾多原因之中，子女不幸死亡是他們永恆的椎心之痛。

(3)子女遠赴國外深造，家中只有兩老，空巢期之感受會隨日子愈久而愈深，尤其是如果子女疏於問候的話。經常反而是父母主動寫信、傳真、打電話問孩子的好。

(4)子女因婚嫁而分開，父母是由喜悅而惆悵，尤其是完成了最小子女的終身大事之後。嫁女兒則是喜多於空虛之感，兒子結了婚就馬上搬出去住，一時真難適應。不少父母還多保留了兒子過去所住的房間，卻極其少數還保留女兒當初的閨房。

(5)空巢期的孤寂感會隨著子女有了子女，自己成為祖父母或外祖父母而大大地沖淡，不論他們是在國外發展或是在遠方工作，空巢期除了更多思念之外還是思念。

(6)大體而言，父母婚姻關係融洽，教育水準與社經地位較高，空巢期之感覺較為短暫。

(7)空巢期對於母親的刺激，遠大於對父親的刺激。尤其是一個專職的母親，多少年以來，子女是心靈上最大的喜樂，也是精神上唯一的寄托，噓寒問暖，多方愛護，是一日之中生活裡最重要的功課。如今子女長大，各自西東，家空了，一切都變了，此心能說毫無牽掛？那份百般的無奈又怎能輕易排解？

(8)同樣地，有一些父親，因為夫妻感情並不如何和諧，自己事業也沒有太多成就，就很容易將子女視為自己的生命，甚至超過自己的生命，如今也一樣地會很痛苦地感受空巢期的岑寂與難耐。

(9)最可憐的是那些寡母，多年來，母子或母女相依為命，如今子女一一離開，留卜空房獨守，真是情何以堪？

(10)其實，鰥父心情也不好過，多年來，為著深怕子女不滿

或反對，甚至不敢再婚。蹉跎至今，半百年華早逝，子女離開了，再想尋覓第二春，卻恨自己的身心俱憊。

Davidson 和 Moure（1992）曾列舉空巢期女性所以感到無比煩憂與孤寂，主要有以下幾種原因：

(1)空巢期往往出現在更年期之時。更年期對於女性的最大感受是「我老了，不再年輕！」事實上，更年期以後病痛也的確比較多。況且到了這個年齡，兒女雖未必個個婚嫁，至少都大多不再依賴父母，各有其獨立的生活空間與社交圈子，丈夫若非忙於事業，就是賦閒在家，心情都不會太好，空巢期加上更年期，遂造成她們不可承受之「重」。

(2)比較來說，女性生活圈都比較狹窄，一向注意力全在丈夫與孩子身上，個性又內向，總是壓抑自我。為著希望自己在人家心目中是「好妻子、好媳婦、好媽媽」而不斷委屈自己的女性，兒女的離開，頓使生活失去重心，空巢期的症候群也就特別明顯。

(3)至於那些缺乏情緒舒解的管道，教育水準也比較低，甚至極少參與社交生活的婦女，情緒之經常低落，也實在很難避免。

(4)在親子關係方面，無可疑義的，母親與子女之感情與子女對母親的情感，通常遠勝於父親與子女之間的關係。因此，子女之走出家庭對母親而言是較大的衝擊。

根據國內外許多資料，空巢期的具體症狀是：

(1)在生理方面，胃口奇差、食慾不振，沒理由的頭痛與腰酸，夜晚失眠等等。

(2)在心理方面，焦慮、不安、沮喪、易怒、無助感與無用感。
　　對電話的鈴聲與門鈴的聲音，都特別敏感。一天最盼望的
　　時間是郵差送信來的時候。一天裡最快樂的時間是讀著子
　　女寄來的信（那怕是已看過多少遍了），或是與老伴談子
　　女小時候的往事（那怕是講過或聽過千萬遍了）。

(3)最懊惱的是乘興去看已經婚嫁子女，卻逢他們不在家或者
　　是正忙得不亦樂乎，找不出一點點時間奉陪，只好敗興而
　　歸的感受。

(4)最暗自難過的是遠在海外負笈或工作的子女，很久沒有來
　　信，也不打電話來（甚至忘記兩老的生日，年節的替換），
　　打電話問他們近況，也是每一次都不通，在答錄機留言也
　　不回話。老伴急了，生氣了，還要含著眼淚，帶著微笑，
　　找千百個理由替子女解釋。老伴也許一時真的平息了怒
　　火，自己內心反而增添了更多憂愁！這種日子，久而久之，
　　初期神經質的各種症狀就會陸續出現，譬如抑鬱、敏感、
　　疑心、憂愁、極端焦慮等等。

　　其實，空巢期也不見得帶給父母的都是負面的、令人難以忍
受的感受。有時候，反而有下列一些正面的積極轉變：

(1)一種釋放的感覺：多年來，忙著照料子女生活的一切，做
　　母親的總希望在子女成長路上，百般呵護，因此忙到幾乎
　　沒有一點點自己的時間，甚至因為想全心照顧子女，甚至
　　放棄了自己的工作。如今，子女出頭了，再也不需要任何
　　的提攜了。做母親的雖然一時還可能有某種程度的失落
　　感，可是日而久之，一種釋放、沒有羈絆的感覺，就可能
　　油然而生。做父親的最大感受，是從此不要為子女的教育

費與生活費用而到處張羅，也不必再為他們的學業或者所從事的工作而擔心。

(2)一種自由自在的感覺：過去做任何事，都會想到子女會不會有什麼反應，譬如說：要到遠方旅遊的念頭，往往屢次打消，就因為放不下心。要邀請親朋好友到家來玩，又怕影響孩子的學業而作罷。甚至老夫老妻要想多一分親熱，也會想到子女就在身邊而不好意思。如今，可真的是諸法皆空，清心自在！

(3)重拾已往生活模式的機會：不少母親進入空巢期，只不過四十多歲至五十多歲之間，趁著再也不必一直扮演良母的角色，而再投入與原來工作很接近的工作。有的是什麼都不做，只是參加社會大學、老人學苑，選擇興趣相關的科系，作有計劃的進修。那些還沒有退休的父親就更自由了，在公餘之暇，利用幾乎完全屬於自己的時間，享受很久就被迫放棄的活動。至於已經退休的父親，就更自在地重拾過去生活的樂趣了。至少多年以來想到世界各地觀光的夢，可以好好規劃成行了！

(4)重新擬定理財策略：不論子女的學費與生活費用占了父母收入的多少比例，總是不少的一筆大數目，甚至是全家多年以來省吃省用所犧牲的代價。如今，再也不必為子女而煩惱，什麼時候要交學費，什麼時候要添置一些衣衫，都已成為過去！所有的收入，除了要支付兩老的生活與零用錢之外，就可以作為長期理財、儲蓄之用了。少了孩子的費用，多了一些未來的老本，一進一出之間，的確還不是很小的數目！

另一個角度來看子女走出生活了這麼多年的家，似乎有一些共同的現象，值得為人父母所應特別注意的：

(1)通常女兒都比男孩飛得早、飛得遠。

(2)父母管教方式愈嚴，或是對子女態度比較冷漠，子女也飛得愈快、愈遠。

(3)家裡經濟生活比較清苦，家用一向拮据，女兒最先出去發展，兒子留在家裡一段很短的時間也會出走。

(4)單親家庭的子女，一大半以上在二十歲左右就離家。

(5)父母感情愈融洽，家庭生活愈美滿，子女離家時間越晚。

(6)母子（女）相依為命的子女，通常很晚離開自己的母親，甚至在結婚之後，還希望母親和他同住。

喪偶之慟

如果說生離死別是人生最大的痛苦，那麼大半生相處的另外一半的死亡，該是最大痛苦中的最大痛苦！

沒有一對銀髮夫妻不希望鶼鰈情深的日子天長地久，可是上蒼不垂憐，天妒鶴髮紅顏，死亡之神遲早總會無情地拆散一對老鴛鴦。死者可能帶著多少餘恨，離開了與他（她）同行幾十年的老伴，讓他（她）無限淒楚地獨向黃昏。

由於女性傾向於嫁給比自己大幾歲的男性，而男性平均壽命又比女性來得短，因此在喪偶人數中，寡婦遠比鰥夫為多，也就不足為奇了。

由**表 11-1** 可看出我國男性平均壽命比女性少了六歲之多。

表 11-1　男性與女性平均壽命差距表

國　　名	出生時預期壽命		平均壽命差距
	男	女	
中華民國	72	78	6
新 加 坡	74	79	5
中國大陸	68	72	4
日　　本	77	83	6
韓　　國	69	77	8
美　　國	73	79	6
英　　國	74	79	5
法　　國	74	82	8
德　　國	73	80	7
澳大利亞	75	81	6

資料來源：經建會人力規劃處，1997 年世界人口估計要覽。

因此，假如一位女性選擇了比她大三歲之男性為丈夫。又假如她的丈夫六十五歲逝世，那時她是六十二歲，以女性平均壽命為七十八歲來說，她至少要寡居了十六年！

　　由中華民國八十六年台閩地區人口統計資料，可以看出年齡愈大，同一年齡之男性死亡人數愈比女性來得多，寡婦人數自遠多於鰥夫之人數。

　　由表 11-2 可看出，年齡愈大，女性之喪偶人數遠多於男性之喪偶者，由此也証明了前文推估寡婦之人數遠多於鰥夫。

　　根據 Sweet 和 Bumpass（1994）調查美國喪偶之資料，六十五至六十九歲一組人口中，女性成為寡婦者占女性總人口之 34％，而男性僅 7％成為鰥夫。七十五至七十九歲一組人口中，寡

表 11-2　六十五歲以上喪偶性別、年齡人數統計表

	總人數	65-69歲	70-74歲	75-79歲	80-84歲	85-89歲	90-94歲	95歲以上
總人數	849,489	123,057	132,075	116,707	81,390	43,190	12,652	2,814
男性	192,415	30,942	33,907	30,736	11,914	11,914	3,468	7,55
女性	657,074	92,115	98,168	85,971	31,276	31,276	9,184	2,079

資料出處：中華民國 86 年台閩人口統計（pp. 202-203）。
附註：本表總人數不包括 64 歲以前喪偶者。

婦佔此一組女性總人口之 60％，而鰥夫僅佔此組之 18％。八十五歲以上人口中，寡婦佔此一組女性總人口之 82％，而鰥夫則佔同一組人口中之 43％。

　　兩相對照，可看出不論我國或美國，喪偶者中女性佔了絕大多數。

　　造成喪偶、寡居之原因，一般說來有以下幾種：

(1)另一半之突然死亡。車禍、飛機失事、中風、突發性的心肌衰竭以及其他意外事件，都可能鑄成伴侶的莫大悲傷與終生憾事。屬於這類死亡的人數，英國是 4％，美國大約是 6％，我國大約也在 5-6％之間。由於死亡之神的猝然而來，未亡人在毫無心理準備之情形下，得悉噩耗，痛不欲生，泫然欲絕之情，令人鼻酸。

(2)另一半久病於榻，與病魔搏鬥日久，生病之人與其伴侶早就明知病情之很難樂觀，但仍盼奇蹟之出現。可是目睹病情的毫無起色，百般無奈之下，心裡已作最壞盤算。甚至眼看病者之痛苦掙扎，有時反而下意識地企求他（她）的

早日解脫。

(3)第三種原因與第二種類似，也與第一種有點相同。那就是病者經過一段治療，似乎有點起色，全家都在默默感到欣慰的時候，卻是另一種併發症突然奪走了他（她）的生命，讓配偶與家人由喜變悲，反而不知所措。

姑不論是那些原因造成喪偶寡居，也暫時不提夫妻結合之日子又有多長，其對未亡的那一半，都是極大的打擊。固然步入人生晚年，對於死亡之陰影早已成為心中最大之陰霾，而且多年來，昔日之同窗好友、工作夥伴，乃至親朋鄰居，先後離開塵世，心裡既悼死者，又難免為自己悲。可是，真正死神降臨在枕邊人身上的時候，還是悲慟欲絕。

許多心理學家都指出喪偶是一個人一生之中所面臨的最嚴重的心理創傷。

夫妻感情愈篤，相伴同行愈久，彼此之依賴愈深，喪偶之老人愈難承受那種刻骨銘心之痛。許多銀髮夫妻都認為他（她）是自己的最愛，只有他（她）最瞭解、最親密。多年來朝夕與共，共歡笑，共惆悵，有難相扶持，閒來話滄桑，有不盡的往事堪回味，有無數的夢鄉共徘徊，方期真的是白首偕老，卻無限遺憾眼看著他（她）含恨地先走了！

對許多女性來說，失掉了她的丈夫，不但是失掉了枕邊人、最好的伴侶，也同時失去了精神的支柱、社會的地位、經濟的來源，所留下的只是無比的哀愁、憂傷，以及此身何屬、此生何寄的不安全感。

對於鰥夫而言，尤其是年邁的鰥夫，失了老妻，也就是失去了生之意義。國內外許多資料都顯示，許多死掉了老妻的丈夫，

往往在幾個月或一兩年就跟著離開這個世界，甚至以自殺了卻自己的生命。

Colin Parkes 早在一九七二年就指出喪偶者傷痛的正常反應歷程，是經過下列四個階段的：

(1)震驚與完全失落：也就是欲哭無淚，神情麻木，腦海中一片空白的階段，這一階段雖僅是短短一剎那，卻似乎永恆之久。

(2)痛哭與絕望：喪偶者忘形地緊握死者之手，或是一直繞著遺體怒吼，責備他（她）為何如此殘忍撒手西歸，更埋怨自己在他（她）生前的諸般不是，甚至遷怒醫生醫術之不精、護士照顧之不足，乃至醫院設備之不齊！更可怕的是怪罪上帝與菩薩！

(3)極度憂傷之後：喪偶者經過了痛苦與絕望之後，慢慢地接受了一直不肯接受的殘酷事實，他（她）終於走了。地下有知，他（她）一定不願看到自己如此憂傷，因此逐漸擦乾眼淚，學習如何收拾起痛苦的呻吟，勇敢地走向未來。

(4)重組自我：走過了死亡的幽谷，喪偶者逐漸地帶著哀愁，走入可安歇的水邊。這時候，大約是死者死亡後大半年到一年之間，當然，有的人可能一直不能擺脫那痛苦之綑綁，甚至終生陷於極度哀傷的深淵而不可自拔。無法重組自我，恢復自我，然後走出自我，再進入已往歲月中的生活模式。不過，那種悔恨、焦慮、不安與沮喪、憂傷的情緒，還是會在夜闌人靜，燈下徘徊的時候，時時才下眉頭，卻上心頭！

當然，以上所說的四階段，並不見得完全適合於所有的喪偶者，同時，喪偶者之心路也不見得一定依序的由某一階段進入另一階段，不過這種說法的確描繪了大多數喪偶者之心態，值得參考。

　　其實，喪偶者對於死亡者之悼念與悲傷度，還取決於個已之健康狀況、家中之經濟狀況以及子女之接納度等等。如果自己健康本就欠佳，甚至還依賴另一半之常常照料，如今他（她）居然撒手人寰，內心之格外悲痛可想而知。此外，如果家中經濟過去依賴死者獨力支撐，他（她）仙逝之後，經濟上之不安全感也實在難免。不過，如果子女一向善盡孝心，對父母經常照顧體貼，充分表現應有職責，如今也必然對弱母或老父承歡寬顏，多少減低家庭悲慟的氣氛。

　　一般來說，寡婦較之鰥夫容易更早從痛苦深淵中跳脫，其理由是家中諸項事務，一向就由她張羅處理，痛失丈夫，也往往比較容易得到左鄰右舍和親朋好友的無限同情與支持。相對地，失去了老伴的夫婿，在適應上困難既多，悼念淒楚之心也就愈大。許多丈夫甚至連家事一向都很少過問，兩老雙雙度日，相依為命，如今驟失支柱，其痛苦之心情可想而知。尤其是，秉著男兒有淚不輕彈的諺論，強將一切悲愁壓抑心頭，偷偷地以酒澆愁，其情可憫。

　　這一種悲傷難以自解的情況，也解釋了鰥夫在喪妻之後的兩種選擇：其一是在延續心靈與肉體極端煎熬下，活著的意願低落，慢性自我毀滅，於妻子死後不到一年左右，追隨她的腳步，走向死亡。其二是經過了一段掙扎，決定再婚。觀之鰥夫再婚比率之高可資證明。

　　相反地，寡婦再婚之比例則不高。如果她們再嫁也大多數是

迫於經濟之緣故較多。

　　由美國健康統計中心（1993）之資料可知，一九七〇年時六十五歲以上寡居之女性再婚者與寡居之男性再婚之比爲 1：9。一九八〇年時，六十五歲以上寡居之女性再婚者與寡居之男性再婚者之比例爲 1：10。

　　喪偶的悲傷需要時間來克服，我們由衷地希望透過子女、親友之更多鼓舞與接納，讓他（她）們更早走出悲傷；也更希望他們自強地透過下列幾方面的努力，儘早化悲痛爲力量：

　　(1)覓尋友情的安慰。

　　(2)投身工作，以轉移自己的注意力。

　　(3)多多參與宗教活動或社會服務。

面對死亡

　　「人生自古誰無死」，「凡事都有定時，生有時，死有時」，這是誰都知道的真理。有生命的開始，當然有它的結束，我們都是百代之過客，既來到人生舞台，自然也有曲終人亡的一刻。千百年以來，浪淘盡千古風流人物，何況芸芸眾生？生有何歡，死又有何懼，也該是任何人應有的情懷，可是死亡對於大多數人來說，卻仍然充滿著恐懼與驚慌！

　　這個世界最公平的事，是人人都會死！秦皇、漢武乃至歷史上不少君王，求仙丹、求靈藥，最後還是沒有一個可以逃避死神的魔掌！

　　有人說死如落日，從西方落下，從人們的眼光中消失，但是

在地平線的那端還是不變，永遠閃亮。

老、病、死似乎總是緊緊地連結一起，以今日醫學之發達，除非有什麼意外讓年輕人、中年人比其他人早走出人生舞台，死亡人口中最大多數是年老而久病的人。因此，對死亡最感到恐懼的，也是老年人！

對大多數人來說，死亡代表了所不樂見的一種終結，一生的休止符，一生演出的落幕。它使一個人拋下妻子、丈夫、兒女、親友，乃至所有的名與利。

盛衰之理，生死自有定期，歐陽修云：「吾固知其如此，但念及纍纍乎曠野與荒城，感念疇昔，悲涼凄滄，不覺臨風而隕涕。」正像你我每想到在暮色沉沉中，走過那些充滿悲傷的墓碑與陰暗的墓園中，總難免有一絲絲的憂傷，既悲古人，又爲自己總有一天也會消逝而悲。

在本質上，古往今來，每個人所面臨的死亡都是一樣的，但是人們對它所抱持的態度就大大不同。英雄志士之慷慨就義與文天祥的「留取丹心照汗青」是一種最崇高的死亡，羅密歐與茱麗葉的從容走向死亡，又是另一種情懷；屈原的自沉，鄭成功的憂憤而早逝，都讓千古人們所一致悼念。換一句話說，他們在生死之關，作了偉大的抉擇，死亡對他們來說，反而贏得了無數的歌頌。至於那些怕死貪生，不惜犧牲名節與生命真正意義，苟且偷生，落得眾人唾罵的人，恐怕是生不如死！

對一般人來說，面對死亡的心理反應，可以分爲下列五個階段：

(一)否認與孤離

當一個人知道或預感不久即將死亡的時候，反應是極端的震驚與痛苦的困惑，並立即否認生命的已近尾聲。他會不斷地反問：

「爲什麼？該不是上天對我的一些警告吧。」這種否認部分出於害怕，部分則出於一些希望，譬如醫師之誤診、各種丹方的尋求等等。

暫時的否認，給了病人以及病人家屬片刻的安慰，舒解了一時椎心之痛，甚至有些人真的期待宗教奇蹟，以爲病人總會躲過死亡！可是，眼看病情之逐漸惡化，病人之飽受痛苦煎熬，親屬們也就不得不承認這痛苦之事實，病人也心知肚明，無法不接受命運之擺佈！

(二)忿怒

一旦病人瞭解自己的確病情已經不輕，忿怒與痛恨的情緒就吞食了自己，不時的怨天尤人，怪罪著造化之弄人，怪罪著上天爲什麼不讓這個可怕的事實發生在別人的身上，卻偏偏在我的身上！這一階段對於病人的家屬，他的態度經常是極端的不友善。開水太燙，床鋪太硬，食物太差，房間空氣太悶，都是他遷怒家人的藉口，甚至罵醫生醫術之不精，護士的冷漠無情，以及很久沒來探望的親朋好友，反正是什麼都不對，什麼都該死！

心理學家都認爲這種忿怒的情緒是正常的反應，可以暫時讓病人轉移自己疼痛與憂愁的感覺。家屬千萬不要，也不必編什麼話語來寬慰他，更不可因他的這種反應而疏遠他。一切順其自然，反而最好。

(三)協議或討價還價階段

病久了，也知道自己的日子實在不多了，更清楚怨恨怒罵只是增添自己與四週人的不快，心也就慢慢平靜下來了。可是一想到多少心願還未完成，多少理想只差臨門一腳，因此就不免企求蒼天的垂憐，讓未酬的壯志，能夠在這最後所多給一些日子裡完成，那就真可以無牽無掛走了。

於是乎他以從未有過的虔誠，祈禱上天的祝福，並承諾對過去有恩恩怨怨的人，有恩的報恩，有怨的以一笑化千仇。同時，更努力地與醫生、護士合作，反而勸慰家屬說他會沒事的。

遺憾的是醫藥有它的極限，生命也有它的極限，當病人自知一切的期望只不過是一場夢，又陷入憂鬱的深淵中。

(四)憂鬱沮喪

當病人瞭解一切希望都是幻夢，眼看自己日子實在不多，就不免身陷在極端憂鬱與沮喪之中。

他可能整日不言不語，悶悶不樂，乃至拒絕飲食，也不肯接受醫藥的治療。這一段時間對病人的家屬而言，是最痛苦的階段。萬般的無奈與深深的無力感，只有忍著讓自己的眼淚不要掉下來，卻不知道如何強顏勸解。

病人的憂鬱與沮喪是很容易理解的。他一方面為將失去的一切而悲傷，也為即將面臨的死亡而沮喪不已。那種失落感是需要以大無畏的精神加以克服的，這時候，宗教信仰的力量是可以發揮一些微妙的作用的。

(五)接受

經過一段極端的憂鬱和沮喪，病人意識到時候已將到來，反而要求活著的人要堅強，不要難過，不要為他悲傷。同時，更希望他們多陪他一些時間，甚至讓他有機會多看這個世界、所有其他的親人一眼，毫無遺憾地離開這個世界，走向不知名的地方。

當然，每個瀕死的病人所經歷的各有不同，有的是含恨以終，有的是含笑撒手人寰。其中差異，宗教扮演了一個很重要的因素，家人的溫情、個人過去修心養性的功夫，也有很大的關係。我們所要強調的是，如果大家都在生與死之間，洞察死亡的必然性，

在有生之日，好好愛惜自己，愛護別人，讓生命光輝發揮到最大的境界，就算明天不得不離開這世界，也應該了無遺憾！

還記得在大學時代，就看過英國大哲學家、數學家羅素（Rousell, 1927）所寫的一本書，書名已忘記，可是內容還依稀記得，其重點在探討生與死的歷程：

> 生命最初就像點點水滴，逐漸匯集為涓涓細流，慢慢在狹窄的兩岸中行走，沖過岩面，跳躍瀑布，濺起多少水花，不停地流，然後流過山谷、原野，岸向後退，水量也不斷變大，彙納了無數其他細流，奔向大海，在無垠的煙波中消失了自己。

當時，少不更事，對人生還沒有什麼瞭解，如今，經歷了大半輩子的閱歷，從意興風發，到現在垂垂老矣，才真正體會到羅素這一本書中這一段的內涵，生命有它的意義，死亡也有它的境界。生命一直在進行，而且永不會停止。現在只不過是過去和未來的交接點。過去的一切已成過去，喜怒哀樂也一如春夢，憂傷未來，豈不是自尋煩惱，反正那麼一天來臨的時候，還不是四大皆空！

倒是宜蘭名醫陳五福說得好：「死是沒什麼可害怕的。怕的是沒有盡到應盡的責任，就要離開自己虛度的人生！」

馬偕醫院的創辦人馬偕博士曾留下一句名言：「寧願燒盡，不願銹盡。」願大家都效法這個精神，在有生之日，寧願燒盡自己，照亮別人，而不要讓生命白白地虛度。

獨居老人

「老吾老，以及人之老」，多希望國內所有老人都能夠安享晚年，可惜的是在報章或電視新聞中，我們卻經常看到、聽到獨居老人自殺身亡或是貧病交加，死了好幾天才被人家發現的新聞報導。

國內究竟有多少獨居老人，我們查考過台閩地區戶口統計之資料，卻無從得知正確數字，但是推估應該在十幾萬以上，其理由是根據國軍退輔會之統計，單身外住榮民為數約三萬七千人，中心代管六千多人，榮院寄醫一千多人，合計單身人數約為四萬五千人左右。另據台閩地區戶口統計，六十五歲以上喪偶之老人為五十一萬餘人，而未婚者十二萬多人，兩者合計為六十三萬餘人，其中依屢次各專家之調查，六十五歲以上獨居人數從一九八六年到一九九一年都在14.52％到16％之間，則國內獨居之老人，除榮民之外應有九萬人左右。

其實，獨居人數之多寡並不重要，因為縱使獨居老人只有極其少數，他們的生活也值得嚴重關切。

一般來說，獨居老人之生活大多是相當清苦的，榮民津貼或中低收入老人生活津貼，為數均甚菲薄，縱使有兒女之補助，為數也不會太多。當然，獨居老人中憑藉著早期儲蓄與退休後之退休金而不虞衣食者，也大有人在，但是恐怕仍屬少數。

《自由時報》於民國八十八年元月十日，曾以「天倫夢寒，老人病患安養夢碎」為標題，報導了獨居老人送醫無人過問，親人亦視之為包袱，得不到家的溫暖的一些故事。其中提到台安醫

院急診醫學科主任鄭耀銘之意見，認為由於現代多為小家庭，以致獨居老人增多，這些老人在長期乏人照顧的情況下，多半營養不良而身體虛弱，稍一碰到天氣轉冷，就容易引發感冒、支氣管炎等疾病，更嚴重者心臟病發作、中風等，甚至病倒路邊等送到醫院時已回天乏術。

台灣邁入高齡化社會，獨居老人的安養與健康問題也愈來愈嚴重，但是這些老人的家人，乃至於整個社會，也似乎只有無奈地任由他們繼續孤獨地嚥下最後一口氣。類似這樣的個案，醫院的社服人員感觸最深。台安醫院社會服務室主任陳怡潔指出，在醫院內需要由社會服務人員接手處理的個案，其中有三分之一（甚至二分之一）的病患都是獨居老人、老榮民，或是子女平日忙於工作而對父母不聞不問的。最令社服人員困擾之處，就是必須儘量安撫老人的情緒，並幫助他們找到家人或親友，通知他們將老人接回或是幫助老人找到合適的安養中心。

慈濟綜合醫院社會服務室主任潘國揚也說，該院住院病人三分之一以上是老榮民、老原住民，醫治他們生理的病痛並不困難，可是要想醫治他們內心的病痛，卻實在不簡單，因為他們每一個人都有一段辛酸的往事，以及那種被人家遺棄的怨恨。

針對獨居老人問題，台北市於八十八年三月開始針對六千餘名獨居老人，舉辦了獨居老人緊急救援通報系統，除設置二十四小時監控中心提供緊急狀況通報救援外，還有護士定期探訪，電話問安，生活叮嚀服務，協助門診掛號，生活資訊及諮詢服務，交通車服務，防火偵訊及通報，瓦斯偵測及通報，社會福利諮詢，

台北市社會局將需要照護的獨居老人分成兩類：

(1)醫療需求性高，患有猝發性疾病，如中風、慢性阻塞性肺

疾病者、高血壓、心臟病、糖尿病、氣喘、手術出院等的
獨居老人。

(2)生活照顧型，指健康情形較佳，需要生活協助及關懷的獨
居老人。

我們由衷地希望台北市這項對獨居老人的關懷措施，可逐漸
地推廣至全國。

結　語

人生，原本就是一場充滿著艱辛、奮鬥、淚水多過於歡笑的
演不完的戲。尤其是到了晚年，戲碼全部變了，舞台的佈景也迥
然不同，一向演主角的，變為配角，變為跑龍套、打邊鼓，甚至
淪為觀眾，心不甘、情不願地看著別人盡情演出。

可是，戲還要再演，只是看你怎樣在微帶寒意的晚年中，接
受現實的考驗，換一個戲碼，演新的角色，準備退出人生的舞台。

給自己更大的掌聲吧！畢竟江山代有賢人出，如今，該是好
好欣賞別人粉墨登場的時候，請你給他們一些掌聲吧！

進一步思考的問題

(1)對於即將退休或剛剛退休的長者，你有些什麼樣誠懇的建議與
由衷的祝福？

(2)如果你已經負笈他鄉或出外經營自己的事業，如何讓正處於空
巢期中的父母，減少一些心靈中的寂寞？

(3)你對生與死有什麼看法？

(4)如果有那麼一天，你要到醫院探訪一位輾轉在死亡邊緣的親
人，該如何表達你的誠摯問安？

(5)對於一位獨居的老人，你覺得他最大的需要是什麼？你覺得可
以為他做些什麼嗎？

第十二章
家有老人

倫常親情
隨他同行
居家安全
陪病照顧
　結　語

古代社會中，智慧與經驗是靠著年老的一代，點點滴滴地傳承下來，因此，家有一老，如有一寶。

　　今天，世風雖然日變，家庭的組織卻還是屹立不搖。事實上，和睦的家人關係，應該是一個和諧社會的基石，所謂家齊而國治，當可說明。齊家應該由敬老做起。

　　其實，老年人辛苦了大半生，甚至一輩子，晚年理應在充滿天倫樂趣的家中，頤養天年。國內外多少次的調查，都顯示大多數老年人希望與子女同住。遺憾的是，在社會結構急遽變遷下，家有老人，卻成為許多核心家庭中所面臨的一大問題，同時也是社會各界所要共同面對的問題。

倫常親情

　　幾千年以來，養兒防老的觀念與子女應擔負照顧父母之責的傳統思想，主導了社會對年老一代與年輕子女應有之認知。

　　可是，由於工業化與都市化帶給了世代相傳的家庭結構無比的衝擊。陳寬政等（1989）的研究，發現台灣核心家庭在一九八三年佔 34.5%，一九八〇年增為 39.3%；擴大家庭（三代同居者）由一九九三年之 15.9%，減為一九八〇年之 13.5%，預期將來核心家庭的比重仍將持續上升[1]。

　　葉至誠（1997）也指出，近年來不僅家庭型態有了重大改變，家庭之功能事實上已淪為單純的日常生活單位[2]。

　　雖然如此，大多數子女仍認為奉養父母是他們應盡的最主要

---

[1] 陳寬政，＜台灣地區的人口變遷與社會安全＞，《社區發展季刊》，70 期。
[2] 葉至誠，《蛻變的社會》，洪葉圖書公司。

職責，只是限於諸多因素，在觀念上與行為表現上有了一些彈性的安排。

據章英華（民83）之研究，發現：

(1)70%之受訪者認為如有可能，仍然希望與父母同住，至少讓父母在自己兄弟姐妹家中輪流居住。

(2)85%之受訪者認為，父母的生活費用應由子女共同分攤，萬一父母生病了，亦應由大家輪流照料。

(3)受訪之老人，尤其都市之老人，呈現出比較傾向於不和成年子女同住的意願，但是不排斥經濟上依靠子女共同負擔的奉養方式。

筆者於民八十六年至八十八年三月間，曾多次以台北市教師研習中心與經濟部專業人員研究中心之研習人員（共計1113人）為研究對象，請他們表示對父母奉養之意見。學員之平均年齡為39歲，男女之比例為58%對42%，已婚與未婚之比例為74%對26％，全部均受過大專之教育。結果發現：

(1)他們父母都健在者達 89%，父歿母存者 8%，母歿而父存者 3%，他們父母的年齡由六十歲至九十歲以上均有。

(2)肯定奉養父母是為人子女最重要之職責者達91%，但亦有7%認為社會、國家也應該有部份責任。

(3)父母雙全且生活在一起者占16%；目前與父母同居者僅達45%，但表示父母正輪流居住在兄弟姐妹家中者亦有18%，父母因離婚或一方死亡而獨居者 5.5%，父母因離婚或一方死亡而與子女同居者 9.1%。父母目前正與祖父母生活在一起者5.5%，父母正住在安養機構者1.6%。

(4)父母健康狀況良好者達 72%；雖不甚良好，但仍能自理生活者 14%；不甚良好，且需家人照顧者 5.7%；正在醫院治療而需要長期照護者 4.8%。

(5)他們父母的生活費用，依賴政府或退休機構之退休金者達 76%；靠過去儲蓄者 9%；目前仍兼職者 3%；靠子女補貼者 11％。

(6)與父母同住，但分開炊食者 17%，其餘 70%為一起開伙；父母與他們同住，但卻在兄弟姐妹家中伙食者 4.5%；還有 6.7%是與父母同住，父母卻在親友家搭伙。

(7)對於父母萬一年更老，體更衰，是否考慮將他們送至老人安養機構？表示不得不如此者僅有 8%;絕不考慮者 84%；在不得已時再行考慮者 6.5%。

(8)與父母同住者，平時共同之休閒活動，以看電視（但不同節目）最多，達 81%；有空陪父母打麻將者 4.8%；談談心者 3.7%；定期郊遊者 4.5%；一起運動者 5%。

(9)自認與父母同住之相處情形，大致良好者 59%；雖未盡良好，但尚可接受者 24%；時見齟齬，但事後即雨過天青者 9%；似乎很難再長久相處者亦有 7%。

(10)自認父母與各位子女，三代之間的相處情形，大致良好者達 76％；未盡良好者 17％；其所以然者為祖父母嫌孫子女太吵鬧，不尊重老人；另一方面為孫子女埋怨祖父母說話囉唆、不注意衛生；家中多了管教的人，感到不便。

(11)未與父母同住之主要原因是,尊重父母之意願者為 34%；工作關係，不得不離開父母所居住之地方者 19%；居住之地方太小，三代同堂實際上諸多困難者 12%；父母正與自己之弟妹同住，以照顧弟妹之子女者 16%；父母目

前身居國外者 5.3%；曾經一起居住，但因相處情形未盡
理想而又分開者 4.8%；父母身體欠佳，在安養機構中生
活者 1.8%，其餘未填寫任何意見。

(12)未與父母同住，最牽掛的是父母的健康者達 87%，其次
是他們居家的安全 10%，以及生活的品質 2.5%。

(13)未與父母同住，平時之聯繫方式，以電話問安者最多，
達 83%，定期探望者次之，佔 11.2%；家庭諸兄弟輪流定
期問候者 4.8%；定期邀請父母來家小住或小聚者 1.7%。

(14)父母一方生病的時候，由另一方照顧者 70%；父母寡居
生病的時候，由子女、媳婦輪流照顧者 18%；由諸兄弟
姐妹某一人長期照顧者 9%，由諸兄弟姐妹合資僱人照顧
者 8%；正在安養機構接受安養者 1.8%。

(15)如果各種條件配合，居所較爲寬大，希望與父母同住，
以便照料者達 71%；仍尊重父母之意願者 24%；在與兄
弟姐妹磋商後決定者 4%。

　　以上調查意見，對象均爲有固定工作，收入不錯，生活安定，
受過良好教育者，自未能代表所有年輕一代對奉養父母之看法，
但是多少可看出倫常親情還是深植人心，值得欣慰。

　　倒過來而言，老人對於老年居住之方式，又是如何看法？

　　由行政院主計處於一九九三年所進行之老人居住情形調查
（圖 12-1），可看出老人目前與子女同住者爲最多；希望與子女
同住者也最多，分別佔62.93%與73.07%；但事實與希望相差達10%
以上，而希望與配偶同住者僅 13.78%，但實際同住者卻高過希望
者 5%，這一點值得玩味；而實際獨居者亦比希望獨居者高達 7%，
也應該研究。

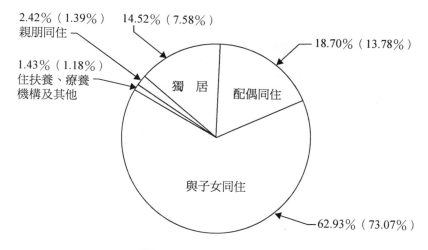

2.42%（1.39%）
親朋同住

1.43%（1.18%）
住扶養、療養
機構及其他

14.52%（7.58%）

18.70%（13.78%）

獨　居

配偶同住

與子女同住

62.93%（73.07%）

圖12-1　老人的居住情形

資料來源：行政院主計處1993年12月調查。
註：括弧內數字是老人的希望。

可惜的是行政院主計處所進行的此項調查，未就受調查對象之有關背景進一步說明。譬如老人之年齡、教育程度、社經地位，以及所居住的地方是城市或鄉村等各種變項，均未曾提及，令人不免有遺珠之憾，因為這些因素都可能影響老人之心理與所居住之方式。

更可惜的是國內在這一方面之研究不多。

伊慶春、朱瑞玲（1989）之調查發現，在其受訪老人中，78.7%希望與子女同住，71.8%則實際上與子女同住，而且表示相當的滿意。

詹火生（1994）在一項調查台北都會地區老人福利需求與家庭結構間關係之研究報告中，指出未與子女同住之受訪老人，其所以未與子女同住之原因，為以下幾項：

(1)子女在國外或無子女者(40%)。

(2)因子女工作關係，或子女婚後自組家庭者(38.1%)。

(3)因老人再婚或個人原因者(12.8%)。

(4)因相處未盡融洽，或子女不願同住者(4.6%)。

(5)因房舍空間太小者(4%)。

另據一些國外之資料，似亦可看出國內外老人未與子女同住者之心理：

(1)教育程度較高，社經地位較好，晚年經濟狀況亦較爲理想者，傾向於與子女分開居住。

(2)健康狀況良好，老夫老妻感情甚篤者，傾向於與子女分開居住。

(3)個性喜好寧靜，故不欲受子孫之可能干擾。

(4)目前住宅乃一生經營之所得，室內一切裝潢皆經自己動手；室內外一花一樹，均爲一手栽植；多少年心血，多少年感情，不忍輕易丟棄。同時，屋內空間不大，又無法讓兒孫盡都歡顏，因此寧可分居。

(5)對子女當年婚姻之結合，曾有不同之看法；子女結婚後即行獨立門戶，自不便與子女同住。

(6)曾經共同居住一段時間，相處不甚融洽，已行分開一段時日，自不願再回頭。尤其是婆媳之間，至今猶存有心結，老人家不願兒子兩面爲難，寧願分居。

由以上子女對奉養父母的心態，以及父母對子女奉養、同住的看法，我們似乎可以很主觀地提出一個結論，兩代之間固然有某種觀點與現實之間的差距，但是親情是永恆的，倫常是不變的。

目前一時之無奈，是可以慢慢在彼此共同的努力之下，力求克服的。

下一節，我們要探討的是身為現代的兒女，如何伴父母同享晚年歲月。

隨他同行

正如前文所述，絕大多數子女都由衷地期待自己的父母在垂暮之年，能愉快地、健康地、幸福地享受每一個黎明、永晝、夜晚。

另一方面，年長的父母，在人生四季的初冬裡，因為擁有愛，尤其子女之愛，不但不畏料峭的微寒，一直在此心深處都如三月陽春。

問題是子女雖力求善盡孝道，卻常常感到與他們的父母愈來愈不容易相處。而且在思想意念上，在待人接物的處理中，似乎差距越來越大了。

更可怕的是最近可能發現，老爸變了！為什麼一向充滿著生命活力、衝勁十足、永不服輸的老爸，最近老是感嘆日暮沉沉，要不，儘談當年往事，要不，終日悶悶不樂，意興闌珊，什麼都沒有興趣。

要學會和年長父母有更好的相處，不管是一起生活也好，或是隨時問候、隨時接待也好，請多瞭解他們最近所經歷的衝擊與挑戰。

其次，心理上該有個長遠的準備，那就是照顧老人與撫養嬰兒大不相同，因為你可以料得到情況會隨著日子愈久而愈壞，而

不是愈來愈好。而且照顧的生涯，可能三年五載，可能十年以上，甚至要全家大小一起動員，完全打亂了家中一向平靜的、有規律的生活方式！

陪伴父母同行的另一個困擾是，有時候父母雖已年邁，但永不服老，除非到了實在無法自理的時候，絕不承認找子女協助是確實需要的，因此身為子女的人，要學會時時察言觀色，揣摩上意。

要知道，老年人都希望持續他們生活的方式，因為那比較容易讓他們有安全感與歸屬感，所以要說服他們改變平日的生活型態，像接他們到自己家裡住，或是委婉地告訴他們說要尋求更多外來的幫助，乃至勸說他們考慮住進安養院，都是非常困難的，因為他們相信舊的都比較好。

也因為如此，倘若可行，請儘量尊重父母的抉擇，不作萬不得已的試探與說服，一定要請父母搬到你所住的附近地方居住的話，務必慎選並熟悉遷居的環境，如四周的交通狀況，附近有什麼醫療設施等。進一步而言，尊重他們本來的生活方式，也是非常重要的。譬如說，某種衛生習慣與言行態度，也許的確不是很好，在還可以接受之下，仍應給予相當程度的尊重。

還有一點要特別注意的是，不要希望改變他們的人生觀點與生活態度。譬如說，對事物之看法與用錢的方式等等。

提到用錢，不能沒有一份新的財務計畫。

在這方面，要考慮的是幾個重要的前提與假設。

第一是父母一起搬來住的必要開支；第二是寡母搬來住（通常公公會來搬來住的情形比較少）；第三是他們都還是住在原地方，你與兄弟姐妹們分攤家用，並經常開車去看他們，送他們去醫院接受治療等等情況。情況不同，開支自然也就不一樣。

一般情形來說，父母多少有點退休金與政府社會福利的津貼，以及過去的一點儲蓄，勉強該可維持最低的生活費用。如果他們自己生活，你與兄弟姐妹們，還是應該按月貼補，使他們可以提高生活的品質。除此之外，每次去看他們，或者他們來看你，塞一點錢在他們的口袋中，是表達一些孝思與關懷最好也最快的方式。

　　如果他們搬來住，家用開支必然增加不少。不妨讓父母知道你的收入與經濟情況，而且很坦誠地提出將增加的付出，需要父母的體諒，必要時貼補一些家用，至少支付部份的醫藥費用。同時，應該讓兄弟姐妹瞭解這種情形，共同分攤一部份責任。事實上，明理又疼愛子女的父母，往往不必等孩子開口表示，都會樂於負擔部份家中必要的開支，不過，事先有個詳盡的財務計畫還是必要的。

　　比較麻煩的是寡母，尤其是年長、體弱、多病的寡母，平時就沒有收入，也沒有多少儲蓄，她一個人獨居，身為子女者自不安心。說服她搬來一起住，所增加的各項開支，為數一定不少，如何撙節本來的家用，並請求政府與社會的補助，以及兄弟姐妹的支援，就需要全盤的規劃了。

　　要想進一步走進父母的內心世界，幫助他們適應老年期的挑戰，有效溝通是最重要的一件事。不過，溝通的主要目的不是說服、勸告，而是聽取他們的心聲，先求瞭解父母的感受與處境，不要預設立場，將心比心替他們著想，將大大提高溝通與相互瞭解的效果。

　　想辦法使老年父母在家裡不會閒著發呆，有事可做，而且做得很有興趣，也是非常重要的。如果你還記得小時候，老爸、老媽喜歡玩些什麼，喜歡走動的是那些地方，何不趁著現在，鼓勵

他們重操舊業，再作馮婦？譬如說，你知道老爸一向喜歡木工、修修釘釘的，那就不妨鼓勵他替孫子做一些玩具！你知道老媽愛唱歌，買一套錄音設備，不是討悅她老人家最好的妙方嗎？

週末假日時，陪伴老人家到親戚家中走走，到郊外賞花踏青，或是陪他們到國劇院欣賞平劇，到藝術館欣賞名畫，都是非常有效的途徑，帶他們走出蝸居的斗室，進入更寬廣的世界。

更重要的是經常陪他們去醫院體檢，以免萬一患了大病，大家都會措手不及。

居家安全

從老人意外事故的頻傳，就可以看出居家安全的重要。以下是我們幾點由衷的建議：

(1)儘可能讓老人住在一樓，以免上下樓梯的麻煩。

(2)家中客廳、走道、餐桌、浴室附近，避免放置不必要雜物，還要禁止孫子女任意棄置玩具，以免踩到摔倒。

(3)浴室地磚、地板要保持乾燥，在浴缸內及浴室地磚上應加止滑條、止滑墊，牆的側面可加裝扶手，以減少不小心跌倒的機會。據統計，老人跌倒最多的場所是浴室。廚房地面也最好保持乾燥，因為老年女性最喜歡走動的地方就是廚房。

(4)避免使用大理石及太硬的質材所製成的桌椅，防止不慎摔倒而碰傷。

(5)客廳中所陳列的盆栽、花瓶、花架，固可美化家居，但卻

容易因老年人步伐不穩而碰倒、碰傷，放置位置應特別注意。

(6)電話、電燈的延長線要好好安裝，免得老人絆倒。

(7)為老人準備不易打滑的拖鞋與寬鬆的衣袍。

(8)儘量不要在室內堆積過多的雜物、器材、舊衣服、舊書刊報紙，以免滋生蟲類或黴菌，影響家人健康。

(9)廚房最好裝有安全設備。

(10)家中的溫度宜加調節，避免室內過冷、過熱，冷氣也不要太強。

(11)牆壁上最好少釘鐵釘，以免老年人無意刺傷。

(12)夜晚時，走道、浴室、客廳、廚房最好都留一盞小燈。

(13)馬桶附近最好設有抓桿或扶手。

(14)從戶外進入室內之踏墊應加固定，或者使用防滑踏墊。

(15)特別交待、叮嚀孫輩不要在老人身邊玩捉迷藏或跑來跑去，以免不慎碰到老人。

其實，這些都是很小的細節，可是一不小心，就可能釀成不幸的大禍，不可不慎！

除了這些居家的安全應該注意的事項之外，以下幾點有關居家的佈置，如果可能的話，也請身為兒女者在情況允許之下優先考慮：

(1)注意屋子裡空氣的流通、光線的強弱，最好能配合老人家生理的狀況加以調整。

(2)牆壁如果添什麼顏色或是貼什麼樣的壁紙，最好選柔和、明亮的顏色。窗簾，乃至沙發的顏色，最好也是如此。據許多美學專家的意見，老人最不喜歡的是棕色、灰色、

深黃色以及深紅色。淺藍、淺綠、淺紅、淺黃等等，卻是他們的最愛。

(3)老年人一向節儉成性，什麼舊東西都不肯丟，因此房子裡可能到處都是舊衣服、舊報紙，嚴重影響整潔，甚至空氣的調節。做兒女的如果規勸不聽，就要好好幫忙整理，順便丟掉一切實在不必再保管的衣服、紙張。

(4)每個人都有他的隱私權，老人也是如此，再加上猜疑心又重，因此，沒事最好不要打擾他們在自己房中的生活，更不要在他們外出的時候，進入房間打掃或整理，免得自己出自一片好心，反而引起不必要的誤會。同時，也要交代孫子們，不要亂闖阿公阿媽的房間。

(5)多方的彼此尊重，住在一起，兩代、三代之間難免有時也會為了生活習慣的不同而起了一些不愉快。譬如說音響、電視機的聲音太大；大家喜愛的電視節目不同，乃至飲食習慣的差異，都可能造成心裡的芥蒂。在這種情況下，容忍、尊重就非常重要了。

陪病照顧

如果很不幸地，父母病了，而且病況還不很樂觀，甚至要一段很長的時間住院接受治療，乃至要動大手術，在這時候，身為人子的照顧與服侍，將是非常重要的，決定著病人是否可以早日康復。要知道就算是華佗再世，施以最好的藥物治療，都很難減輕他們身心的煎熬，只有子女、親人的奉養與協助，才能舒緩病人的痛苦情緒，使得病情得以好轉。

以下是爲人子女者在病中父母時所要有的態度：

(1)發揮最高的同理心。試著想想，假定這次生病的是你自己，你將如何面對疾病，又將如何期待親人在身邊的感受，去瞭解生病的父母的心理，將會更進一層明瞭何以病人在病榻上，渴慕有人陪伴、有人安慰的心理。

(2)克服內心的消極感覺。千萬不要自責，是因爲一向沒有好好加以照顧，以致老人家罹患這樣的病症。也不要想著因爲沒有及早發現病情，早日予以治療，以至病情如此嚴重。更不要想老人家這次重病，所費不貲，恐怕會拖垮家中的經濟狀況，甚至還要舉債度日！要知道病人都是非常敏感的，任何子女不豫的顏色，都可能造成病者心中更大的不安、自責與愧咎，加深了病情的嚴重性。

(3)儘量對病情多一份瞭解，有機會，不妨多請教醫生與護理人員有關病情，讓你對病人的現況，乃至可能發生的事，以及病人可能受到怎樣的痛苦，可以多些瞭解，心中也多一分準備。例如一個正在接受放射治療的骨癌病人，偶然的休克或是嘔吐，應該算是很正常的現象，如果事先一無所知，一看到這個現象，就可能驚惶失措。

(4)儘量保持冷靜的頭腦、樂觀的心情。千萬不要因爲愛之深、望之切，一見父母纏綿病榻多日，似乎不見得有什麼起色，就無意之中愁形於色，在言語、行爲上，流露了過分關懷、過分焦慮的心情。相反地，應該很冷靜地分析病情，以樂觀的心，向著好的方面著想。

(5)儘量讓病人瞭解醫院將要進行的治療方式，這麼一來，病人必然減輕對病情的疑慮，樂於和醫生合作，此外，也

會覺得他是被尊重、被肯定、被接納的，這將有助於病情的好轉。

(6)交談時，請不要一再強調他的病情。諱疾忌醫是一般病人的常態，除非病人一再問起，做子女的人應多與他們談談那些他們感到興趣的人物、活動或者光輝往事，免得因為子女一再強調他病中應有的作息，限制他的活動，使病人更陷入消極的病痛中。

(7)經過一段住院治療，病情好轉後，最好將病人接回家中繼續治療。一般病人都不喜歡長住醫院之中，總覺得自己的家什麼都比較好，因此只要醫生同意，不妨就讓他回家，然後要求全家人一起承擔應有的後續照顧工作。譬如說，提醒病人吃藥，或是替病人換藥，甚至要學習打針等等。儘量讓病人的生活維持原來的樣子，有助於復健，另一方面，也不會全家人因輪流到醫院照顧，大家都人仰馬翻。

(8)病人回家後，不要將全家焦點放在他的身上，這樣做的理由是儘量減少病人的壓力與焦慮，同時較不會影響全家人本來的生活節拍。

(9)多與他們溝通，但是避免他們可能的疲勞。病人是很怕獨處的，尤其是病情比較重的老年人。如果有時間，同時你也發現他們精神還好的話，不妨多與他們談談天，但是務求不作任何的批評，而只要專注傾聽。傾聽是減低病人憂慮、不安、害怕和自我防衛的最好途徑。當他知道你是如何樂於獻出時間，進一步接納與尊重他的時候，將大大有助於那種被冷漠、被拋棄的恐懼感的袪除，增添無限勇於求生的意念。不過，千萬不讓他太興奮、太

累了。

(10)尊重病人在家的隱私權，如果他是獨居一室，沒事的時候儘量不要打擾。如果他行動不便，不過還可以自行沐浴，那就要扶到浴室之後，馬上退出，讓他有自己獨處的時間，除非萬不得已，才幫他沖洗，這時候，你反而要很大方，泰然自若，以免他害羞、不安。

(11)若病人有宗教信仰，可安排教會會友或是佛堂諸大德來家訪問，以滋潤其枯乾心靈，多了一份被愛與被關懷的深深感受。此外，安排一些聖詩或佛經吟唱的錄音帶，讓他們聽聽，也是輕而易舉但大有裨益的事。

總而言之，家有病人總是一件令人遺憾的事，何況生病的又是年老體衰的父母，不過，相信在子女的細心照顧之下，必然會早日痊癒的。

如果老人家病情雖然經過多方的醫治與各位子女與親友的照料，不但沒有好轉，反而更為嚴重，終於到了病入膏肓、油盡燈枯的時候，身為子女心中的悲慟，自然是可想而知。

要面對死亡的陰霾，總是讓人心酸，更何況是年老的父或母！固然，死亡究竟是怎樣的一個情境，以及它所必須經歷的又是幾個階段，任誰都瞭解得非常有限。不過如果我們多少揣摩一下臨終者的需要是什麼，儘量地設法滿足他，讓他走得更安詳，至少會讓生者安，而臨終者的遺憾也可以減輕到最低的層次！

在臨終的希望和需要方面，綜合一些專家的意見，大約包括下列幾點：

(1)感覺安全的需要。縱然是臨終的病人，對自己的生命還是抱著最後一絲絲的希望。這時候，他所希望的是多一些

子女或親友在他的身邊，給他一點安全感。很多案例是病人拒絕護士爲他做任何事，而一直等待著子女或親友的協助。

(2)覺得別人也在關懷他的需要。身爲子女，首先要努力地克服對死亡的恐懼，以及臨終父母千般無奈的感受。固然，大可不必強顏歡笑，卻不妨儘可能地找時間陪伴他，讓他覺得自己在子女的心中，還是有地位的。陪父母聊天的時候，多讓他抒發心中的感受，多聽他訴說那些陳年往事，對老人來說，都是莫大的安慰。有時，默默地看著他，輕輕地替他按摩，無聲勝有聲的情境，也可以讓他很快走入夢鄉，或是暫時忘記了身上某部位的疼痛。

(3)舒適的需要。大多數慢性病人到生命的末期，都會感到全身酸痛。尤其是癌症末期的病人，他時時刻刻都可能要求止痛的藥物，可是，那是要看時間與分量的。當他實在忍受不了，卻又沒有到時間的話，極可能怪罪於照顧的人，尤其是子女。這時候高度的忍耐是非常需要的。此外，病榻邊還是有一些小事是可以做的。譬如說，調節房間的光線、溫度與新鮮的空氣，以及調整一下病床的高度，移動一下枕頭，替他多蓋一件毛毯等等，都可能放鬆他的情緒。扶著他走動一下，或是陪他到走廊、屋外散散步（如果他的體力還可以勉強走動的話），都會讓他暫時忘記痛疼。如果他不能起床，隔一會兒就幫他洗個臉，甚至刷牙，都會使他舒服一點。

(4)多看看家人的需要。病重的老人，最迫切的希望是看到自己一向最疼愛的孫子、孫女，以及家中其他的至親好友。身爲子女應該體諒病人這一點心願，叮嚀孩子們不要恐

懼死亡，不要害怕看到臨終祖父（母）的樣子。還要鼓勵他們多多到醫院看看爺爺或奶奶。但是，千萬不要硬性強迫，免得引起反感。此外，病人想念的親友，也希望轉知他們抽空去探望，因爲這將使得病人感到他還沒有被遺棄！

當然，臨終的病人還是有追求快樂的需要，放一首他一向最喜歡的平劇、崑曲、古典音樂，或是藝術歌曲，都會讓他感到一絲安慰的。

最後，身爲子女還要考慮的是臨終者的一些權利，應該加以尊重的。

(1)知道病情真相的權利。有些醫生爲了避免病人的過分擔憂，往往只將病情告訴家人，而對臨終者卻做了善意的隱瞞，其實病人對自己的情況還是非常關心的。因此，如果病人一再向醫生提起，醫生應告以真實的病情，但卻不必說存活時間只有多久！如果病人其實早就心知肚明，而不願接受殘酷的事實，那也就大可不必告訴他。

(2)臨終病人有權決定要不要告訴別人他的病情。有的病人不願隨便告訴他人有關自己的病情，做子女的應尊重他的期望。

(3)病人有權知道治療的方式，以及它的後果。任何一個病人都應該有權利知道醫生對他病症的治療方法，以及其預期結果，也應該有權決定要不要接受這種治療。因爲有些治療法會帶給病人相當痛苦的副作用。如果醫生沒有明白地說出，兒女們不妨多向醫生請教，然後委婉地告訴父母。有的病人因爲心痛治療要花好多錢，因爲那是健保所不支

付的，所以嚴加拒絕，子女應該多多勸告。萬一病人非常
不同意，也不妨尊重他的決定。

(4)臨終病人有權決定去世的地方，以及處理後事的方式。有
些病人希望回到家裡，在自己生活了這麼多年又那麼熟悉
的地方，度過生命中最後的日子，而在眾多親友鄰居之旁，
安然去世。有的人希望在醫院過世，因為醫護人員可以減
輕最後的痛苦。做為子女，應該予以尊重。至於遺體要火
葬、土葬，甚至願意捐贈身上的器官，也要完全尊重臨終
者的決定。

(5)臨終父母有權處理他的財物，或改變他的遺囑。不少老年
病人在生命最後的時刻，頭腦還是非常清楚的，他會在這
一段時間內，交代財物處理的方式，訂立或改變他的遺囑，
身為兒女應該摒棄任何私念，更不要埋怨臨終者的不公與
偏心，免得他含恨以終。

(6)臨終病人有權坦然去世。臨終者一旦知道自己的時間實在
所餘不多，就不希望看到自己子女哭哭啼啼的樣子，免得
心中更是難過。在僅餘以時、分計算的時刻裡，兒女應該
坦率地告訴快要離開人世的父或母，思念的心、永恆的愛，
不會因死別而褪色，好讓走向死亡的臨終者可以帶著微
笑，了無遺憾地永遠睡著。

最後的最後，我們還是以無限的虔誠，祝福那些目送至愛父
母擁抱死亡的兒女們，神明的愛將與各位常在。

結　語

　　家有老人，原該是如何美好的事，如今卻出現了許多現實的困境。

　　倫常親情，是人間最純真的愛。多少千年萬載的人類能夠代代相傳，共寫生命的史詩，就靠著親情所發出的人性光輝，照耀亙古到今。

　　老人從一家之寶，蛻變為一家之包袱，是社會變遷過分快速之惡果，也是大家所最不願見到之轉變。可是，如果年長的一輩多一些體恤子女之無奈，而為人子女，也儘可能善體父母心意，在言語、行為、應對進退之間，多盡一點孝心，家有老人，應該還是可以在彼此同心同力的相互尊敬下，讓安康、溫馨永在。

　　陪病照顧原該是子女最重要的職責。如何將職責化為對父母最大的愛的表現，讓困境中猶見光輝，就要靠身為子女的多忍耐、盡心奉養了。

進一步思考的問題

(1)請問，你愛祖父母、外祖父母以及其他老的一輩嗎？你通常是怎樣表示你的愛心或孝心？

(2)你覺得祖父母、外祖父母相處得很好嗎？

(3)你有陪病照顧的經驗嗎？

(4)年長的病人，對死亡都有一些莫名的恐懼，身為子女應如何加以勸解？

第十三章
老人的社會福利

推動社會福利是我國憲法所明定的基本國策，近幾年來，政府為了配合社會發展的需要，先後訂頒民生主義現階段社會政策，現階段社會建設綱領，以及社會福利政策綱領等重要措施，以為推動社會福利的依據，而且已收到相當的成果，為社會發展奠定了穩固的基礎。

　　政府並於民國八十七年七月二十日、二十一日舉辦全國社會福利會議，以「跨世紀社會福利的新方向」為大會主題，其中對老人福利措施的推展與如何確保老人生活保障，提出了若干具體之建議，令人欣悅。但是，較之世界各國老人社會福利的推展情況，我國在此一方面，有待努力之處尤多。本章將就此一觀點，詳加分析。

社會福利的理論架構

　　社會福利的目標在於提高全民的生活水準，積極補助社會中貧苦受難的一群。這些補助包括社會的、經濟的、健康醫療，乃至育樂各方面。

　　社會福利的理論基礎不僅與其他社會科學有密切的關係，而且與精神病學也有相當的關聯。

　　社會福利措施的大前提，既在於為全民求福祉，以解決社會問題，以增進社會中絕大多數人民的生活品質，**社會學**因此就成為社會福利研究體系中最重要的一環。

　　研究眾人心理的**心理學**，尤其是心理學中的社會心理學，更為社會福利中所不可缺乏的一環。民之所欲與全民之心理需求，究竟是什麼，政府與社會熱心人士又該採取何種因應之道，都有

賴心理學中的不同領域加以研究，才能使社會福利工作更順利開展。

要使社會福利蔚成一種制度、一種組織，並充分發揮團隊精神，以最佳的組織氣氛，推展各項業務，就要靠**政治學**中的理論與實務，以資運用。

社會問題中一大環節，是貧富之不均與資源分配之不當，社會福利是治標，如何提昇國民之經濟生活水準才是根本之道，因此**經濟學**之研究方法與結果，社會工作者都是要詳加研究的。尤其是如何充分運用社會福利之經費而發揮其功能，也是社會工作諸多理論之中，所不可或缺的。

再說，**文化人類學**（cultural anthropology）之研究重點在於不同文化、習俗中之人類生活，社會福利之推展重點也是人在不同社會環境中所有之適應問題，因而社會工作者應對文化人類學之基本理念有基本之認識。

最後一提的是**精神醫學**（Psychiatry），它所研究的是人為什麼會精神錯亂，心因性的諸多病症的病人，絕大多數是被摒棄於正常的社會生活，而需要長時期的社會福利，予以多方面協助。精神醫學在這方面的幫助很大。

總而言之，社會福利不僅是讓社會上有需要的人得到他們所需要的協助，社會福利有關人員並不是只扮演散財童子，而是慎重規劃將有限的經費運用在真正社會生活有困難的人們身上。同時，社會福利除了濟貧之外，還應該在全民生活品質之提昇方面，提供一些必要的服務，如休閒活動、康樂設施等等，這些都是應該考慮的。

社會福利有賴於不同領域的專業知能而充實其內涵，而增進其效率，可是除了這些學科所提供的資源之外，還要推展這項工

作的一些人，秉其專業素養，從不同角度提供最大之服務，並與其他領域的工作者，分工合作，以竟全功。實際上，社會福利錯綜複雜，沒有不同部門的工作人員，充分發揮團隊精神，則很難避免事倍功半，甚至事倍功微，徒耗人力與物力！

社會工作員當然在社會福利業務推廣中，扮演極為重要之角色，同時亦與精神病醫生、醫生、護士、心理學家等專業人員的工作息息相關。我們比較陌生的是娛樂性病理療者與政策計劃者兩名詞。前者是指遊戲治療的設計與推動者；後者則指整個社會福利的設計、規劃與評鑑者。兩者之工作在國外已受到普遍之注意。

一個能幹的社會工作員，至少知道借重人家專長的重要。

我國老人福利措施

多年來，政府為照顧老人，特別針對老人需求：醫療保健、經濟保障、休閒育樂與機構安養等方面，採取多項措施，並配合老人福利法修正通過，研訂相關子法，以落實社會中老人的福利。

另一方面，各級政府亦多次進行老人福利需求調查，以便進一步瞭解他們對福利措施之意向，例如：

民國七十二年內政部對台灣地區七十歲以上老人的需求調查，發現一般老人認為應該加強辦理的福利服務項目是： (1)安置頤養；(2)休閒娛樂；(3)醫療服務。

民國七十五年台北市政府社會局對全市七十歲以上老人之問卷調查，發現老人需求項目依序為：(1)醫療保健；(2)經濟扶助；(3)文康休閒；(4)關懷訪問；(5)安養服務；(6)其他。

這些調查報告多少反映了絕大多數老年人的心聲，雖然為時已過十餘年，但似乎迄至今日，這些需求隨著社會變遷而愈顯迫切。令人欣慰的是這些老年人的需求傾向，大多成為各級政府擬訂老人福利計畫的主要依據，並已逐漸逐項實施。

綜觀政府這幾年在老人福利措施方面，除於民國八十六年六月十八日頒佈老人福利法，以為推展之準繩外，其他具體之福利政策措施，據內政部社會司劉邦富司長之報告[1]，包括以下幾項：

(一)居家服務

雖然在高齡化社會中，家庭功能急遽變化，但是大多數老人仍然期望與子女同住或隔鄰而居，或與配偶同住。因此政府乃提供下列必要的措施，協助老人在家安養。

(1)低收入戶及中低收入戶老人生活津貼。至民國八十七年三月，受惠老人已達 165,000 人。核發狀況可由**表 13-1** 得知。

(2)老人居家服務。為使居住在家中老人仍能享受政府溫情關懷，全省二十一個縣（市）及台北、高雄兩直轄市均有老人居家服務之提供，八十六年度計有 193,221 人次受益。另亦委託專業服務團體，如中華民國紅十字會與中華民國紅心字會等等，提供居家服務。

(3)中低收入戶老人重病住院看護費補助及重病醫療費補助。其中包括無力負擔健保應自行負擔醫療費用，每人每年度以三十萬元為限，以及中低收入戶家庭老人重病住院看護費補助，每年度補助九萬至十八萬元（視家庭總收

---

[1] 劉邦富，＜不分年齡人人共享的社會──談老人福利政策之展望＞，《社區發展季刊》，第 83 期，pp.4-10。

表 13-1 低收入戶及中低收入戶老人生活津貼核發狀況

	最低生活費用	地方政府發放標準	內政部補助後發放標準	低收入戶內若有 65 歲以上老人其費用核發狀況	中低收入戶家庭內若有 65 歲以上老人其費用核發狀況			
					1.5 倍之最低生活費用	核發狀況	2.5 倍之最低生活費用	核發狀況
臺灣省	5400 元	一款：2,200 元（每人每月）二款兒童：1,600 元（每戶限兩名）	一款：5,400 元（每人每月）二款：3,800 元（每戶每月）兒童三款：1,400 元（每戶一人為限）	每位老人每月加發 NT$6,000 元	8,100 元	6,000 元	13,500 元	3,000 元
臺北市	6640 元	戶長：6,290 元 戶內人口：4,290 元（每人每月）	生活照顧戶：6,290 元（每人）生活輔導戶：3,800 元（每戶）	每位老人每月加發 NT$6,000 元	9,960 元	6,000 元	16,600 元	3,000 元
高雄市	5400 元	一類戶長：2,100 元（每人每月）戶內人口：1,500 元 二類：1,800 元（每戶每月）孤苦兒童：1,000 元（每人每月）	一類：5,400 元（每人每月）二類：3,800 元（每戶每月）孤苦兒童：1,800 元（每人每月）	每位老人每月加發 NT$6,000 元	8,100 元	6,000 元	13,500 元	3,000 元
金門縣	4400 元	800 元（每人每月）	一款：4,400 元（每人每月）二款：3,800 元（每戶每月）	每位老人每月加發 NT$6,000 元	6,600 元	6,000 元	11,000 元	3,000 元
連江縣	4400 元	一款：1,400 元（每人每月）二款：1,400 元（每戶每月）	一款：4,200 元（每人每月）二款：3,800 元（每戶每月）	每位老人每月加發 NT$6,000 元	6,600 元	6,000 元	11,000 元	3,000 元

資料來源：內政部社會司，1995。

入之多寡而定）。

(4)為鼓勵子女與老人同住，所得稅法已有扶養七十歲以上父母增加 50%免稅額的決定。

　　在居家服務方面，除了政府之努力，我們還是希望老人與配偶共同生活，共同照護，但是問題仍是不少。

　　由配偶照護老人，自然是上策中之上策，一則與他（她）同行幾十年，彼此心意早就相通，什麼地方不舒服，什麼時候該吃藥，什麼情況該如何早已不言而喻。二則同命鴛鴦，甘苦與共，那種貼心之情，是很難用言語來形容的。問題是其中一個人病了，而且還病得不輕，平時相依為命，再苦的日子也可以挺下去，如今卻是一個人臥病不起，子女雖住不遠，有難時卻是隔如天邊，呼天叫地都不靈，再加上自己年齡也一大把，身體也不是挺好，伴侶這一病，似乎自己突然覺得不但體力不支，而且也實在沒法子再撐下去，尤其是普通的護理常識都沒有，好多侍候病人的事都不知道如何下手。在這種情況之下，社會所提供的居家服務就扮演了非常重要的角色。

　　另一方面，子女本來就有照顧父母在家安養的責任，問題卻在子女如果還在打拚事業的時候，有多少時間可以回家裡侍奉生病的老人，尤其是慢性的疾病，不是短時間之內就可痊癒康復，長時期忙著公務，忙著自己的家務，再忙著照料自己的子女之外，究竟有多少時間可以在生病的老人身邊，善盡人子奉養之責，的確有時候還是心有餘而力不足。就算是勉力以為，看在老父老母眼裡，心中也是一定很不好過的。

　　更值得注意的是，今天的老人國度中，成長最快的是高齡八十五歲以上的較高齡老人。在這一組老人之中，他們的子女也可

能是六十歲以上的即將步入老年行列之中的一群。也許他們的健康狀況也不見得很好，由較年輕老人來照顧年長老人，此中問題恐怕也不少。

在這種情況之下，如何由社區力量提供一些照顧，實在是非常逼切必要的。

（二）社區照顧

據劉邦富意見（民 87），藉由社區資源協助提供社區需求的滿足，乃推展社會福利社區化的主要精神。為求落實社區式安養，建構社會福利服務網絡體系，就顯得非常重要[2]。政府在這一方面，這幾年之中有很多重要措施：

(1)日間照顧：內政部為使老人日間生活安全得以保障，特獎勵直轄市及各縣市政府，提供日間照顧服務。更獎助老人安養、養護機構辦理外展服務計劃，以充分發揮機構之資源效能，增進社區居民對機構的認識與支持。

(2)營養餐食服務：為協助自理能力隨年齡增加或健康影響而退損之老人，政府特推廣營養餐食服務，一方面提高老人之營養，一方面減少他們炊食之危險。

(3)短期或臨時照顧：當家庭照顧者因病或因故而短期或臨時無法照顧時，特提供短期或臨時照顧，以舒緩家庭照顧者之壓力，情緒及增進專業知能。

(4)社區安養設施：民國八十七年九月時，台灣地區各鄉鎮市公所負責之二十二所安養機構中，共可安養 642 人，使老人得以安養於社區之中。

(5)興設老人公寓：為協助老人留住於社區，台南市、高雄縣、

---

[2] 同註 1。

台北縣政府均獲內政部補助，興建老人公寓各一所，台
北市政府亦已著手籌設中。

(6)配合內政部詳和計畫，廣結志士推廣居家服務：主要提供
家事服務、關懷慰訪、陪伴就醫等，以改善老人生活環
境，充實其生活內容。

（三）機構安養

政府近年對於如何促進機構福利服務功能，樹立專業品質，
保障安全之新形象，進而導引協助未立案之老人安養機構，盡速
依規定辦理立案，至為注意。對於未立案老人安養機構合法化問
題，政府一向極努力推展各項措施。以台灣省政府在此一方面之
措施為例：

(1)自八十六年三月十六日起，依據「台灣省社區型社會福利
機構設立輔導要點」，函請各縣市政府加強輔導未立案老
人機構盡速立案，納入管理。

(2)積極督促各縣市政府確實清查未立案老人機構，並會同消
防、建管、環保、衛生單位，組成專業小組，實地訪察、
督導，改善其安全措施及服務品質。對有嚴重安全問題及
品質低劣，經輔導仍無意願改進或辦理立案者，依建築法、
消防法規加強取締查封工作。

(3)責成縣市政府定期公布轄區內已立案、未立案老人福利機
構之名稱、地址、服務內容、收容現況等資訊。

據台灣省政府前社會處長唐啟明之報告[3]，台灣省老人福利

---

3 唐啟明，〈台灣省推動社會福利事業民營化的現況及展望〉，《社區發展》，
第 80 期，p.10。

業務的特色為：

(1)結合民間資源共同推動老人福利工作。台灣省對老人福利
工作，經整體考量暨實際需求，訂定了「台灣省安老計畫」，
期望在結合各縣市政府及民間社會慈善團體共同努力下，
將台灣省老人福利工作做好，使每一位台灣省長者均能受
到妥善的照顧與服務。

(2)採公民營或委託民間辦理老人福利業務。台灣省無依老人
及癱瘓老人，部分採取委託私立老人安養、養護機構收容
方式辦理，省立台北仁愛之家頤園自費安養中心採公設民
營方式辦理，符合目前政府推動社會福利民營化之政策。

(3)經常辦理講習訓練，提昇老人福利品質。過去三年辦理的
主題包括：老人福利社區化、老人長期照護、社區老人照
顧，以及在宅服務研習等等，參加人數約有二千五百餘人。
此外，並應業務需要巡迴辦理分區座談或研習會，一般反
應均甚良好。

此外，台北市老人福利措施中，尚有下列各項：

(1)長春懇談專線。對象為全市老人，項目為信函處理、訊息
提供、法律及醫療保健諮詢、家庭生活協談。電話專線
為 2733-5656（我去商商吾樂吾樂）。

(2)老人福利電話語音查詢。對象亦為全市老人，項目與上述
懇談專線同，但多一項查詢相關機構服務。其專線電話
為 2736-0606（我去商樂，您樂您樂）。

(3)各區公所均辦理若干老人福利措施，以台北市文山區為
例，其服務流程可見圖 **13-1**。

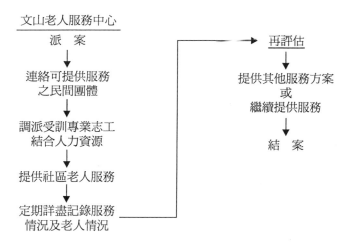

圖13-1　台北市文山區福利社區化老人服務流程

　　台北市許多公私立機構在過去幾年中，亦常常舉辦「關懷咱的社區」市民活動，都很值得稱道，此外還舉辦義診、營養諮詢、衛生常識解說等等。

　　有關台北市社會救助，分為經濟補助、醫療協助、居住（安養）協助、教育協助、就業協助、急難協助與災害補助等福利措施，雖為杯水車薪，但多少有助於若干迫切需要協助之民眾，暫時解決燃眉之急。

老人的安養機構

　　雖然絕大多數年長的一代，最大的希望是與子女一起居住，含飴弄孫，以娛晚年，可是在台灣卻還是有為數可觀的老年人，或因獨居，或因喪偶，或因子女遺棄，或因長年受病魔所折磨，或因單身榮民經濟狀況較差，又因慢性疾病纏身，而住進各種型

態之安養機構。

當然，部份有經濟能力而希望由自己安排生活，願意付費居住於安老機構者，也日漸增多。尤其是在台北市郊、台中市、高雄市郊，最近都先後興建不少高級住宅式的安養機構，收費不貲，但是設備良好，以人性化之服務與科學化的管理，為安養老人之高品質服務，開闢了一塊新領域。

目前我國老人之安養機構，大致分為下列幾種方式：

(1)立案之公私立扶養機構，其中又可分為：

    (a)慢性醫院。

    (b)護理之家。

    (c)老人福利機構：又可分為療養機構和扶養機構。三者
       功能之比較見**表 13-2**。

(2)行政院國軍退除役官兵輔導委員會各安養機構。

(3)未立案之安養、療養機構。

由於申請立案手續繁苛，其設置之標準又大多未切實際，造成在台北市為數百家以上，全國為數兩百多家安養機構在社區中尚未立案卻營業，造成各級主管機關反而無法可管理或協助之窘境，影響老人權益至深且鉅。

其實，當家中有老年人面臨需要長期照護服務，而家人又無法直接照護時，除了長期佔用醫院之病床、僱傭看護人員提供必要之照護外，唯有依賴機構式之照護，使病者安養，家屬亦可稍有喘息之機會。

雖然目前六十五歲以上老人樂於進住安養機構意願並不高，但是由於老年人口之不斷增加，未來老人安養需求人數一定比現在來得多，詳見**表 13-3**。

表 13-2 「慢性醫院」、「護理之家」與「老人福利機構」功能比較表

類別	慢性醫院 (78.10.9)	護理之家 (82.8.27)	療養機構 (70.11.30)	扶養機構 (82.7.3)**
服務對象	指從事平均住院日在 30 日以上須長期住院療養病人	1.罹患慢性病須長期護理之病人 2.出院後須繼續護理之病人	照顧罹患長期慢性病或癱瘓老人 *提供慢性疾病或癱瘓老人	1.收養自費老人或留養無扶養義務親屬之老人 2.扶養義務親屬無扶養能力之老人
病患評估原則	1.除應視病人需要予以診療外，每週應評估病人病情至少一次 2.除應視病人需要予以物理治療外，每週應評估病人病情至少一次 3.除應視病人需要予以職能治療外，每週應評估病人病情至少一次	對其服務對象，應於收案 48 小時內，由醫師予以診察。其後，應依病人病情需要，至少每個月由醫師再予診察一次		
主管單位	衛生主管機關	衛生主管機關	社會福利主管機構	社會福利主管機構
申請資料限制	公立、私立、財團法人	公立、私立、財團法人	財團法人	財團法人

* 以「老人福利機構設置標準」為主，另參考「台北市私立老人養護所設置管理辦法」(民國 80 年 1 月 30 日)。
**「老人福利法」修正草案。

表 13-3 　 依 78 年 65 歲以上老人進住安養機構意願推估未來老人安養需求

	老人人口數(千人)	需求率*(%)	需求數(人)
民國 79 年	1,231	2.73	33,606
民國 80 年	1,293	2.73	35,299
民國 81 年	1,357	2.73	37,046
民國 82 年	1,423	2.73	38,848
民國 83 年	1,490	2.73	40,677
民國 84 年	1,555	2.73	42,452
民國 85 年	1,618	2.73	44,171
民國 86 年	1,679	2.73	45,837
民國 87 年	1,736	2.73	47,393
民國 88 年	1,790	2.73	48,867
民國 89 年	1,842	2.73	50,287
民國 90 年	1,890	2.73	51,597
民國 91 年	1,940	2.73	52,962
民國 92 年	1,988	2.73	54,272
民國 93 年	2,034	2.73	55,528
民國 94 年	2,079	2.73	56,757

注：*係 78 年 65 歲以上老人希望進住安養機構之百分比。
資料來源：1.民 80 行政院經建會，「中華民國台灣地區民國 79 年至 125 年
　　　　　　人口推估」。
　　　　　2.民 79 行政院主計處「老人生活狀況調查報告」。

　　如果再以目前五十至六十四歲者進住扶養機構意願另行推估未來老人安養需求數字一定更大。

　　由表 13-3 可以看出未來老人安養需求數，最低爲 48,867 人，最高爲 56,757 人，都遠超過目前公私立各種安養機構之數量，政府應如何從速規劃長遠之計，實爲當務之急。

　　首先，我們要檢討的是安養問題的現況。

　　讓人困惑的是，究竟安養照護，尤其失能老人安養，應該是醫療問題還是社會問題？如果是前者，應該由衛生署主管，如果是後者，由內政部督導。

事實上，目前社會上林立的安養中心就是一個處於衛生和社政灰色地帶的明顯例子，除了生活的照顧外，必要的若干醫護行為，究竟應歸社會局或衛生局管？

前內政部長葉金鳳一九九七年在亞太國際老人照護研討會中，曾提出＜台灣地區老人安養政策之現況與發展＞一文，提到老人安養機構在現況而言，已供過於求，目前進住率只有七成左右。目前公立安養機構有十六家，私立安養機構有三十七家，一共可服務九千人左右[4]。

從葉金鳳的報告可知，老人安養目前乃由內政部掌管。

在這兒，我們要提出的問題是，目前全國公私立安養機構何以進住率只有七成左右？又何以在屢次各種民意調查中，一般老人與其家屬對於申請進住安養機構的比率如此低落，而事實上他們也清楚地感受到長期在家安養也不是長久之計？又為什麼在一般社會人士之眼光裡，住進安養機構無異身陷險境？

事實上，就以失能老人進住安養機構之問題而言，據中華民國老人健康養護協會理事長謝瀛華醫師之報告，在民國八十五年，全台灣有約一萬一千多名失能老人，合法之公私立醫院與安養機構僅能容納八千名左右，理論上是供不應求，而實際申請的，卻是不到五千多名，呈現了葉金鳳所說的進住率只有七成的情形。造成此中的落差，有以下幾點因素：

（一）「送老人進安養機構是不孝的行為」的觀念

「送老人進安養機構是不孝的行為」的觀念深入民心，總認為將自己父母住進安養機構，是大大的不孝。因此，根據台灣省社會處對全省公私立仁愛之家自費安養的老人調查指出，院民之

---

[4] 葉金鳳，＜台灣地區老人安養政策之現況與發展＞，《厚生基金會出版》，pp.3-10。

中百分之四十六本來就是獨身，另有百分之九十五的院民表示是自己願意入仁愛之家安養，爲的是在家多牽累子女，到仁愛之家，反而有機會和一些老人在一起，有伴共度晚年，但是在訪問者探訪過程中，總會發現不少的無奈。

(二)醫療資源嚴重落後

據謝瀛華指出，在八十四年全台合法的安養院只有不到三分之一有駐診醫生；合格護士人數，平均每院只有三人左右，其中不少還是菲律賓藉之護士。每一護士平均要照顧十至十二名老人。合法立案老人安養機構已是如此令人不滿意，更別提在台北市就有一百多家的地下安養院。

(三)若干雖已立案之私立安養院設施奇差

衛生署民國八十五年探訪十八家財團法人立案之養護機構及六家未立案之養護中心後發現，前者醫療品質尚可，設施就嫌不足，譬如空間太小，空氣通風不足；後者則嚴重問題多多，其最大的缺失是無障礙設施少；多由民宅改建，寢室面積較小；採統艙式管理，病人毫無隱私權；安全措施堪虞，逃生設備簡陋，甚至完全沒有；通風及廚房衛生欠佳。值得特別一提的是，有一半養護機構設在二樓以上，不僅病人無法享受曬太陽等最基本的戶外活動，萬一發生火警等緊急事故，更可能釀成逃生無門的悲劇。

(四)多數安養中心老人心理有待輔導

正如《聯合報》民國八十八年四月廿五日的報導，住在台北市浩然敬老院中的老人，每一位老人都是一張臉孔，一個故事。七百多位院民之中，不少是整天待在房裡或院裡的交誼廳，鎮日也沒半句話，充分顯現老人的落寞、孤寂及不適應。

其他的報導也指出，老人的孤寂往往來自親人的疏離。安養中心裡雖然一般的生活品質不佳，老人們都表示可以接受，最難

過的是忍受噬心的孤寂。通常只有星期天、假日，安養中心才會出現一些探訪的家屬，帶給這些老人片刻、短暫的心靈慰藉，可是卻有更多老人自從住進來之後，就還沒有人來探望過。比起前面所說至少還有人偶爾來看看他們的情形，這些似乎已被家人遺棄的老人，其內心深處的苦楚，是可想而知的。

遺憾的是在所有公立安養中心中，只有一兩家聘有專任心理輔導人員，更別提私立之安養機構。也因此老人的心結也就愈來愈深！

（五）老人安養中心收費標準仍嫌太高

目前台灣諸多公私立安養中心之收費標準，依其所提供的服務內容而有所不同，較為貴族化的老人安養中心，一個月可達五萬以上，比較中等的也在兩萬元上下，對一般家庭來說，還是一筆不小負擔，而公立機構名額太少，往往申請幾年尚未能核准，轉往私立又負擔不起，造成不少困難。

遺憾的是老人福利法公布將屆滿兩年，民國八十八年六月十八日政府依法對未立案安養機構展開取締，估計全台約有 717 個未立案機構面臨被取締的命運。全台尚有十二縣市在輔導安養機構立案之成績上完全掛零。

難怪《民生報》於民國八十八年五月十三日之社論即以「安養中心問題，值得再予檢討」為題，文中提及：「內政部已明確表示，如果私立老人福利機構立案期限屆滿，但業者仍未配合立案，必要時將依法接管。內政部堅持依法行事，主要是因為防範業者玩法，但迄至目前，私立安養中心仍有八成以上尚未完成立案，部份縣市竟超過九成，全部接管顯然有實際困難。」

事實上，上述 717 所尚未立案的安養中心，多數顯然不可能

在最後期限完成立案，由於這些安養中心現有容納的老人超過兩萬人，主管機構倘若依法強制取締，非但公立安養中心不可能全部加以收納，對這些老人已經繳納的費用如何處理，恐怕也是一大難題。

不過，內政部所訂定的設置標準，包括建管限制、人力配置等，要求固然周延，但是否陳義過高，不符合當前社會情況，似仍有待商榷。

更值得內政部檢討的是，現有六家省立安養機構，雖然都是合法立案，收費亦不高，空床率卻都超過五成。一般的解釋是國人的愛面子，但似乎有些牽強。如果這些機構各方面條件都很好，應該還是有很多人樂於在其中安養的，否則私立安養中心又豈能有那麼大的生存空間？

老人福利措施的檢討

我國老人福利政策，從老人福利法之規定來看，係採殘補性的為主。據沙依仁（民 87）的意見是發生問題後，事後謀求補救。例如老人遭受虐待後之保護及安置；老人罹患長期慢性疾病或無法獨立生活之後，送入長期照護機構，或養護機構安養，均缺乏事前預防政策[5]。

這種殘補性的政策，目前已是設施及人力、財力都嫌嚴重不足，無法緩和及解決所面臨之問題。我們不能不擔心的是將來老年人口大量增加，各種問題一定是層出不窮，到那時候又將如何

---

[5] 沙依仁，《高齡學》，五南圖書公司，pp.317-319。

謀求補救之道。

當前老人福利政策的另一嚴重問題是未賦予老人有意義的新角色，而是任其閒散（沙依仁，民87）。由於老人自認為「老朽」、「待斃」、「毫無價值」，而傳統社會中那種敬老尊賢的美德，又早已蕩然無存，取代的是年輕一代對他們的漠視與厭煩。久而久之，必然產生一些心理失調或其他心因性的疾病，又帶來了家人的不安，與醫療及社會之負擔。惡性循環之結果，使得老人問題將益發錯綜複雜。

我國老人福利政策，欠缺前瞻性與宏觀性。目前我國老人福利法將其服務對象定位在六十五歲以上之老人，殊不知今日老人之諸多問題，如健康問題、經濟問題，乃至家人之人際關係，均種因於個人中年以後，而延續、惡化在老年期中。因此我國老人福利政策應具有前瞻性，注意中老年人的心理訓練。同時，老人福利政策應考慮到社會今後各方面之發展。政治、經濟、文化、教育諸層面都應加以考慮。同時他山之石，像日本老人福利措施的若干重點，都可效法。

我國目前老人社會福利政策之擬定與推動，政出多門。目前老人福利業務與老人之醫療衛生業務，乃至於年長勞工之退休生活照顧，分別由內政部、衛生署及勞委會掌管，固有利於專業制度之建立與人事措施之運用，但易形成業務重複與資源之浪費。同時，經費與人力配合也比較困難。政府亦有鑒於此，行政院研修小組擬將現行醫療衛生及社會福利劃歸一部——厚生部掌理，但「行政院組織法修正草案」自民國七十七年送立法院審議迄今已十一年有餘，可惜的是尚未見任何進展。社會福利整體業務尚有待統整，老人福利業務之整合恐怕更遙遙無期。中央政府如此，各縣市老人福利之出現明顯的不均，自難避免。以敬老福利津貼

來說，有的縣市發五千元，有的三千元，有的根本沒有錢發給，就是很明顯的例子。

福利服務項目繁多，彼此多不連接。以目前老人福利津貼為例，即有中低收入老人生活津貼、老農生活津貼，部分縣市敬老福利津貼、中低收入戶身心障礙者生活補助（老人年齡愈大，身心障礙之比例亦愈多），種類繁多，但彼此分屬於不同法令，不相連接，但發放方式仍採取所得與資產調查之補助方式。由於非依據社會救濟法，也不一定都依老人福利法辦理，因此所補助之對象亦可能有所不同，破壞了社會福利法的原來美意。

此外，整個社會福利措施，大多為救濟性質，老人福利也難免多為救貧、救難之一時性質。甚至可以說，救助措施方法都無法迎合人們需求。

謝高橋（民 87）就指出，貧窮問題本就是社會的重要問題，社會救助經費雖逐年增加，但貧窮人口占總人口比例平均一直維持在 0.63％。貧窮範圍主要取決於最低生活費用標準，唯該標準訂定之目的在於僅夠勉強謀生，無法兼顧最低社會文化生活需求之滿足，因而相對社會經濟發展而言，政府用於決定貧戶的最低生活費用標準，有偏低現象[6]。

正因為有偏低的現象，因此那些得到老人救助補助的老年人，不但不心存感謝，還覺得區區數目，僅夠維持三餐，此外一切費用還是無著，尤其是若干縣市政府因本身財政狀況不盡良好，往往拖延時日，才發至鄉鎮公所，由鄉鎮公所再撥至里辦事處，又是延誤二三天，甚至有些里長還通知他們自己來領取，都造成政府之美意盡付流水。目前雖有以轉帳方式辦理者，但仍時

---

[6] 謝高橋，<社會福利實施現況檢討與改進>，《社區發展季刊》，87 年 7 月 21 日，p.160。

表 13-4　台北市社會局現有喘息式照顧服務方案

	身障者臨時及短期照顧	居家照顧	日間照顧
服務對象	北市身障者	北市身障者及老人	北市身障者及老人
補助對象	單親家庭、低收入戶、父母一方或主要照顧者滿六十五歲。	低收入戶、單身榮民、中度以上失能老人	同左
服務方式	到府與定點臨時性照顧	定期性到宅服務	定期性定點日間服務
費用	一般戶每小時一百三十元	一般戶每小時二百五十元左右	一般戶每月三千至一萬八千元不等
服務內容	身體照顧、生活機能照顧	同左	生活照顧與休閒、教育服務
洽詢單位	社會局第三科	各區老人服務中心	同左

資料來源：鄭學庸。

常有延遲的情況。今後如何寬籌經費，視經濟狀況酌量提高津貼，並改善發放情形，似乎都是應該詳加考慮的。

　　其實，這幾年政府社會福利機構也在默默地展開各種服務，只是往往集中在台北市、高雄市中的若干點的工作。以台北市喘息服務之擴大為例，成效頗著，值得推廣。

　　據《自由時報》民國八十八年三月十七日報導，台北市社會局即日起擴大實施喘息服務，其對象是家有身心障礙者的單親家庭、六十五歲以上照顧者，都可以享有每個月最多二十四天照顧的全額補助，並可自選到宅或定點服務。申請者可以自選送至萬芳醫院或位於濟南路的弘愛服務中心，或請保育員到府服務，服務項目除一般看護外，還包括餵食、盥洗等項目，詳見**表 13-4**。

我國老人福利措施今後之展望

（一）相關知能的不斷鑽研

　　劉邦富（民 87）以爲在高齡人口急遽增加之時，老人福利服務益顯其迫切性與重要性，是以更應不斷鑽研相關知能，分享服務經驗，藉以提昇服務品質，因應需求拓展服務項目，使政府機構、社會資源相互爲用，以全方位、人性化的需求導向，提供適切的老人福利服務[7]。

（二）鼓勵老人參與社會事務制度之建構

　　《社區發展季刊》第八十三期社論，強調老人退休後，不應讓其自我隔絕於社會生活之外，以免加速老化，降低壽命，而應該鼓勵他們作積極的社會參與。老人人力銀行體制的建構，希望在朝野一致努力之下，在最短時間內完成。

（三）從速建立老人保護網路體系

　　包括設置緊急通報站，建立完整之通報制度，建立獨居老人安全網，落實老人安養、福利服務各項措施，以及設置老人福利服務網際網路資訊站，都是有待推展之工作項目。

(四)老人福利政策應從速由殘補性、矯治性改爲預防性

　　事實上，許多老人之慢性疾病是可以預防的，即使一時疏於防患，及早和及時地予以矯治，也可以避免病情之繼續惡化。沙依仁（民 87）曾引用 Fries 和 Crapo（1981）之理論，認爲我們可運用各種訓練方法以延續老化時間，使初步衰老時間，從六十

---

[7] 同註 1，p.185。

多歲延至七十五歲或八十歲以上，也可以使多數老人都能過著健康、愉快的生活。最重要的是讓健康老人能得到自然的死亡。

結　語

　　多年來，政府對老人福利的推展，的確投下不少關切與人力、物力。對老人而言，尤其是低收入戶或中低收入戶老人，生活津貼以及各種特殊、專案的補助，對他們的確有很大的幫助，雖然是杯水車薪，卻解了不少燃眉之急。

　　更可佩的是許多民間團體、熱心公益人士，基於人飢己飢、人溺己溺之偉大情操，對於那些需要幫助的老人，伸出了最溫暖的手，有力出力，有錢出錢，令人非常感動。他們提供居家服務或社區照顧的各種愛心表現，更照亮了多少陰暗的家庭，尤足稱道。

　　所遺憾的是國人對安養機構，始終未能建立信心與應有之看法；另一方面，國內許多安養機構也的確有太多措施有待大力改進。希望在最短的將來，一方面能夠澄清大家對安養制度未盡正確的觀念；另一方面在政府大力督導下，安養之家可以真正發揮其功能。

進一步思考的問題

(1)你對於社會福利政策中對老人社會福利的措施瞭解多少？如果有相當程度的瞭解，你的滿意度又如何？

(2)你對老人福利政策目前只注意財務之協助，而缺少心理之輔

導，有什麼看法？

(3)你可曾參觀過老人安養之機構？有什麼感想？

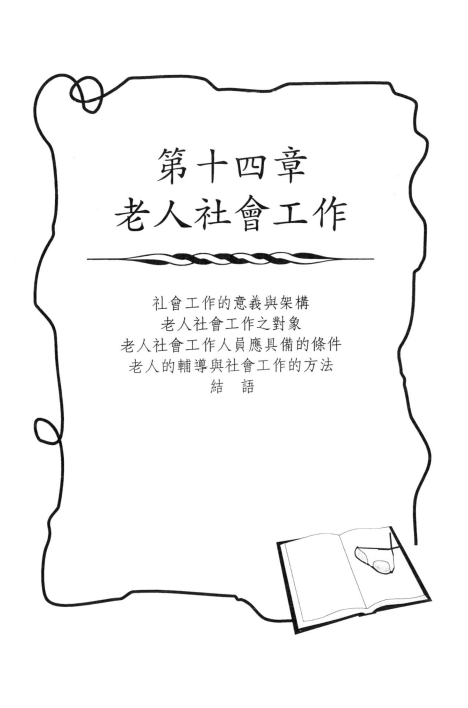

第十四章
老人社會工作

徒法不能運作，老人福利法及其相關子法，訂得再周詳，還是要靠社會工作員深入社會各階層，乃至最偏遠的社區，發現老人問題並親自瞭解其真相，尋求解決問題的可能途徑。

有學者認為社會工作的發展，源於工業化與都市化後社會問題的產生。由於工業革命以後，重塑了個人及社會的關係，社會工作乃因應社會的需要而逐漸發展。

政府自民國七十年，即注意社會工作的重要性，並在各縣市編列約聘性質之社會工作員及社會工作督導員，明訂其工作重點，老人福利與老人服務更是其中最重要之工作要項。由於當前老年人口迅速增加，有困難的老人也必然日益增多，而問題的嚴重度自然也會隨之加深，社會工作員在老人問題中所扮演之角色，也難免愈來愈複雜。

本章將先就社會工作之理論基礎、類型、實施架構的四大體系及其發展方向，詳加分析，繼而探討老人社會工作之對象應如何確立，老人社會工作員應運用那些方法與技巧，以供參考。其中將特別分析社會工作員應具之條件。

社會工作的意義與架構

社會工作之定義，眾說紛紜，學者專家各基於不同之觀點，提出不同之解釋。本書採用林振春（民 82）的意見，以為社會工作是由政府或專業組織（機構）透過各種助人活動的提供，以科學知識為理論基礎，以藝術的運作為實施過程，所進行的人群服務。其宗旨在於預防和解決社會問題，恢復和增強人們的社會功能，以達到個人、團體、社區和整個社會之最佳福利狀態的制度

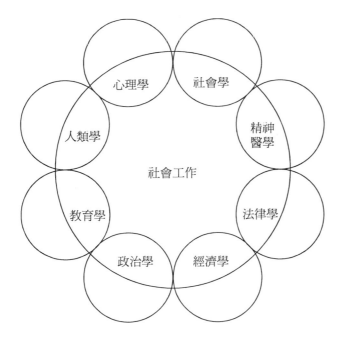

圖14-1 社會工作與相關學科關係圖

化。

　社會工作在專業化的過程中，從各種行為及社會科學乃至精神醫學中吸取了科學的方法。因此社會工作與相關學科之關係，是非常密切的。

　請閱筆者所設計的社會工作與相關學科之關係圖（**圖 14-1**），以作下文分析依據。社會工作與相關學科之關係可分述如下：

(1)社會工作與社會學：社會工作與社會學的關係最為密切，都在探討人際互動所發生的問題。社會學偏重理論的研討，而社會工作注重實際問題的解決，它有時被認為是一種應用的社會科學。

(2)社會工作與心理學：社會工作人員必須運用心理學的原理、原則及心理分析的方法，處理個人的個別問題，促成專業的個案工作。此外輔導諮商、人格心理學對於老人的輔導工作，也有很大的助益。

(3)社會工作與人類學：社會工作重視個別差異及社會文化環境因素對個人行為的影響，而人類學的研究增加了社會工作者對於社會生活及人際關係中文化因素的瞭解，進而幫助案主解決所面臨的問題。

(4)社會工作與教育學：教育學之內容中，教育社會學、教育心理學及特殊教育都與社會工作有密切之關係，社會工作藉教育學的方法去瞭解個人行為動機及個人社會化的問題，並藉教育增進人類適應的能力。

(5)社會工作與政治學：近代許多政治學學者都認為現代國家主要功能之一，就在於增進人民之福利。社會工作方法之一的社會工作行政，採用政治學中之公共行政及公共政策的知識與方法來推行社會福利。

(6)社會工作與經濟學：經濟學促使更多的資源有效的運用，包括社會工作之推行在內。另一方面，由於社會工作之推展，建立安全社會，亦有助於經濟之發展，國家社會乃能加速成長，二者之間的相輔相成，可以想見。

(7)社會工作與法律學：社會工作要靠立法，依各種社會福利法規，推行社會福利措施，尋求解決社會問題之道。

(8)社會工作與精神醫學：社會工作之對象，不少是精神異常與心理調適有嚴重問題的個案，有賴精神醫學之理論、方法與實務經驗，瞭解與協助這些個案。

總而言之，社會工作之理論建構於不同的相關科學，而其推展更有賴相關學科所提供之方法與實務。

社會工作的實施領域，包括了公共救助、社會保險、家庭服務、保健服務、心理衛生服務、矯治服務、兒童服務、老人服務、就業服務、青少年休閒服務、住宅服務、社區福利服務、退伍軍人服務、原住民服務、勞工服務，以及犯罪矯治機構等等。

至於社會工作的目的，主要為下列幾點：

(1)保障個人、家族等生活，促進個人身心健全。

(2)維護個人人格尊嚴及應有權利，從而提高個人之自尊心、安全感及社會地位，促進社會進步。

(3)協助提高個人生活、謀生能力，使人人免陷於失業、疾病、老弱、貧困、殘廢、死亡等之不幸遭遇與痛苦，增加社會生產能力與財富。

(4)發揚人性、人道主義互助精神，促進社會發展。

(5)安定社會，促進社會和諧，達到安和樂利之社會。

(6)協助個人解決其所面臨之社會問題，從而提昇國民生活品質與其所生活之環境。

其實，這些也是老人社會工作的最重要的目的。

為要達成這些目的，社會工作人員之角色和職責，根據 Ron Baker（1993）的觀點，社會工作的角色有：

(1)直接服務的角色。

(2)間接服務的角色。

(3)綜合服務的角色。

要達成這些角色所扮演角色，需要透過觀察、傾聽、互動、

評估、策劃、焦點介入、記錄以及再評價諸階段而完成任務。

在進一步探討老人社會工作之前,還要澄清的是社會福利、社會服務以及社會工作三個經常一併使用之名詞。

(1)社會福利:是指國家的政策和社會民眾的理念。這種政策和理念,旨在增進社會上每個人的生活能力,以滿足其需要,包括衣、食、住、行、育、樂和潛能發展。這種社會福利的政策和理念的實現,有賴透過社會服務各種活動才能逐步完成。

(2)社會服務:是根據社會福利政策和社會民眾的理念所採行的各種方案、活動、項目以及程序。社會服務活動是講究其服務的程序的推展,以實現社會福利的目標。也就是說,使用社會工作專業方法和技術的社會服務,才能達成積極性的社會福利目標。

(3)社會工作:是指一種專業的知識體系,包括倫理、知識、方法和技術。這種專業知識和技術,是根據現代民主社會哲理和社會組織的原則原理、人類行為的科學知識、專業診斷和治療的原則和技術,以從事協助他人和改善環境的功能,因此,社會工作專業是用以強化社會福利的政策而促進社會服務的功效。

由以上所述,可見社會福利、社會服務以及社會工作,三者是一體的三面。社會福利的決策者和執行者,應具備充足的社會工作專業知識,從事社會服務活動的工作人員,也必須學習如何運用社會工作專業方法和技術,始能有效推行各項社會服務。同時,社會工作的專業教育和訓練,要以增強社會福利與提高社會的功效為導向。

老人社會工作之對象

一、依老人問題的種類區分

老人問題千萬種，其中錯綜複雜，牽連甚廣，有待社會工作者協助之老人，按沙依仁（民 85）之分類，以老人問題的種類區分可分為：

(一)長期患病、身體嚴重衰退的老年人

這種老人由於久病不癒，多年來為慢性疾病所苦，非常需要長期的醫療資源，或入住養護機構，或居家照護，都引發家庭經濟困難、家人累倒、生病、放棄原有職業，甚至嚴重影響兒童及少年的正常發展。據非正式統計，此類老人為數大約在四至五萬人之多，亟待社會伸出援手。

(二)經濟困難的老人

這種老人包括退休後因收入減少，支出卻因行動不便、身體衰退而增加，逐漸發生入不敷出的困境。還有一些早年退休，在通貨膨脹壓力下，幣值大貶，生活亦就日漸拮据。至於無退休金可領的老人，生活之陷入絕境亦可想像。此外，還有一些榮民，未進住於榮民之家，而散居於各地城市中之違章建築與臨時搭蓋之所謂居所者，生活潦倒者更不知多少。政府雖開辦了中低收入戶老人生活津貼，按不同標準發三千元至六千元，據內政部的統計，截至八十七年三月底止，受惠老人已達十六萬五千人，但杯水車薪，究有多人實際裨益，令人疑問，此外因各種情況未能領取此一區區之數，當仍大有人在。社會工作人員倘能及早發現此

一類型老人，協助透過社會資源之獲得，當可避免更嚴重問題（如自殺）之出現。

（三）失智與失能的老人

據劉季枝（民 88）的推估，台灣地區六十五歲以上人口中，26250 人患阿茲海默氏症（失智症人），另 17500 人患輕度到中度的失智症。這些老人往往都需要他人全心全力的長期照顧。社工員在這一方面所要提供的服務是多方面的。至於失能的老人，據內政部統計，約佔領有身心殘障手冊五十萬人中的三分之二，也就是說大概有三十餘萬之多。這些失能的老人，除部份接受醫院的治療與養護機構的收容之外，大多數還是由家人照顧的。

失智與失能，對個體及家人都是莫大的打擊，如何予以適當的心理輔導與諮商，社會工作員在此一方面，正是百事待舉！

（四）人際關係欠佳的老人

年紀大了，許多老人的人格特質都有了某種程度變化，性情暴躁、猜疑心重，加上自卑、孤獨的心理，都影響了正常的夫妻關係、親子關係，乃至親朋好友的關係。

如果因為喪偶或是驟逢故友的生離死別，更將造成心靈上的無比創傷，悲觀沮喪，頹廢無助，肇致生理健康的諸多問題，最嚴重的是自殺與自傷。

社會工作人員在這時候，應該更積極地扮演瞭解者，瞭解他們的心結；充當勸慰者，儘量說服他們人事的無常與有生必有老，也必有死的觀念；扮演治療者，力求療傷止痛，以減輕身心所感受的痛苦。最後，引導他們自我肯定，化悲傷為力量，將對某個人的小愛，化為回饋社會的大愛。

二、依所服務或有待服務的人區分

據沙依仁（民85）的分類，需要服務的老人包括：

(一)遭遇問題與困難的老人

遭遇問題與困難的老人的情況，已見前述。

(二)老人的家人

老人年齡愈大，社會參與日益縮減，在家時間愈多，最後因身體完全衰弱老化，而完全生活在家庭之中。家人相處時間愈多，如果彼此不互相體諒，又各自堅持己見，年長父母與年輕子女也許還可以溝通，如果是第三代的問題，那就比較棘手，因此社工人員應該運用專業技巧，對老人的家人予以有效的輔導。

至於久病不癒的老人，心情自然不容易很好，往往小事就遷怒家人，社會工作人員就應該多多與其家人溝通，讓他們發揮高度的同理心，充分容忍、接納生病的老人。

(三)老人的親友或家庭以外的個人

老人對自己的態度，往往受親友或家庭以外受僱照顧他們的其他人態度的影響。生病的老人，本就極為敏感、多愁，對於來探視他們的親友，也就大多抱著相當不同的心情，既希望有人來看他們，卻也不願意看到人家那種施捨式憐憫的眼光，或者聽到人家問長問短的語氣。社會工作人員一方面要對生病的老人委婉勸導；另一方面也要對那些親友，予以適度的建議。

至於那些因久侍病人，日夜照顧，體力難免不支的家人或照顧的人，社會工作者也應該多方鼓勵他們發揮最大愛心，容忍病人有時過份的要求，千萬不要在言語或臉色上，表現冷漠、不滿，甚至厭煩、拒絕的表現。

老人社會工作人員應具備的條件

　　人才是任何工作取勝的最主要條件，現代老人社會工作之推展，社會工作人員除須具備一般職業從業人員所應具備之各種條件，還應該具備下列條件：

(一)專業的教育

　　現代社會工作人員應在一般教育的基礎上，接受社會工作之專業教育，以便能在較充分的社會科學與有關的自然科學基礎之上，再接受各種專業社會工作之知識的研究。

(二)老人心理學與老人社會學的基本知識

　　現代社會工作人員，如果想真正有效地幫助老年人解決他們的問題，自然應該對個體發展到中、老年期的生理變化與心理特質，有相當深入之瞭解。尤其對他們退休之後的心理調適以及社會關係之轉變，也應該有基本的認識，才能夠有效地提供輔導策略。

(三)豐富的生活常識與社會經驗

　　社會工作所需接觸或處理的問題頗爲複雜，工作中所遭遇者每爲各種複雜的人生問題或社會問題，工作人員本身如無相當豐博的生活常識及社會經驗，常難於瞭解問題，也就無從協助他們解決問題。

(四)豐富的同情心與高度的服務精神

　　社會工作人員所面對的大多是貧病交加，窮極潦倒的年老人士，自然必須能愛人、信人與容人，乃至善於知人，才能充分瞭解其所接觸的不同個體，並學習與他們如何相處得更好。個性急

躁，凡事急功好利，甚至孤僻、冷漠的人，除了份內工作之外，很吝惜付出的人，都不適合從事神聖的老人工作。

更重要的是老人社會工作人員，應以服務老人、服務社會爲前提，不計個人報酬、得失或利害。因爲此一工作不僅辛苦，且經常會遭遇一些困難或磨折，甚至遭遇少數人之懷疑、非議、冷嘲熱諷，因此，非具有高度的服務熱忱與無我精神，實在很難勝任愉快。

(五)高度的組織力與創造力

社會工作人員不但能與他人充分合作，有時還需要善用組織力量，面臨較爲複雜問題時，尋求在集思廣益之基礎上，化阻力爲助力，化無用爲有用，自矛盾中求協調，由逆境中走出康莊大道。社會工作人員還需要比人家看得遠，將問題看得更透澈，突破困境，化失望而希望。組合過去之經驗，但不受已往之綑綁；分析問題之癥結所在，尋求解決困境之新契機。

由於老人社會工作，不僅以協助個人爲對象，有時且要以一個家庭、一個團體、一個社區，甚或以一個更大的地區爲單位，因而需要組織各種力量全力以赴，始竟全功。

(六)熟悉有關機構及其他社會資源

老人社會工作人員常需配合、聯繫或運用各種有關公民營之福利機構，或政府有關機關的人力與物力資源，共同推展有關老人福利或社會服務之工作。平時就應經常聯繫，保持適當之關係，以便隨時借重他人的專長。

除了上述幾點條件以外，健全的身體與良好的品格也是非常重要的，因爲老人社會工作往往費時費力。任務之達成，每需工作人員的充沛精神與體力，更要堅毅不拔、捨我其誰的強烈意志。

老人的輔導與社會工作的方法

　　不少老人在急遽變遷的社會環境中都遭遇到某些心理適應上的困擾；有的是自己勇於面對各種考驗，戰勝了挑戰；有的卻需要社會工作人員或是社會服務機構中的輔導人員，運用輔導的策略與社會工作的方法，協助他們認識自己的新角色，認識自己所處的新環境，而謀求最好的調適。

　　本節將先簡要介紹輔導、諮商與心理治療的一些基本觀念、其中相互的關係以及運用於社會工作時應注意的相關事項，然後再詳細分析個案工作、團體工作與個案管理的一些方法。

一、輔導、諮商與心理治療的基本概念

　　要積極透過社會工作人員來預防老人問題的發生，打開他們的心結，矯正其偏差的觀念，以及改進他們異乎常規的行為，輔導、諮商與心理治療的基本觀念，應該是所有社會工作人員必須研修的功課。

　　「人心不同，各如其面」，社工人員應瞭解所面對的不是一群老人，而是一個個來自不同社會背景，出身於不同家庭，具有不同能力、不同需要、不同興趣、不同經驗、不同價值觀念與不同問題的年長人士。所以他不可能期待以一句話、一個態度、一個要求、一個動作，讓老年人口服心服地接受規勸、督導與協助，以改變觀念與言行。因此，社工人員一方面應多方接近他們，瞭解他們，設身處地明瞭個別老人的需要和困難，一方面則彈性運用各種輔導策略，因人、因事、因地、因時而制宜，達到殊途同

歸的輔導與協助的目標。

輔導（guidance）是一種教育的歷程，在此一歷程中，受過專業的輔導人員，運用其專業知能，協助輔導者瞭解自己，認識世界，根據其自身條件，建立其有益於個人與社會的生活目標，並使之在身心發展與人際關係上，獲得最好的適應。它也可以泛指由專業人員所從事的人群服務，當然也包括老人服務在內。

諮商（counseling）一詞可以界定為輔導的歷程，也可以視為心理治療的歷程。前者偏重於消極方面，澄清當事人的觀念，解除心理困惑，並積極地引導個人在才能方面獲得充分的發展；後者則針對生活適應困難或心理失常者給予適當的幫助，使之改正不良習慣，重建正常人格，從而恢復健康的人生。

心理治療（psychotherapy）乃運用心理學上研究人性變化的原理與方法，對心理疾病患者或生活適應困難者，予以診斷與治療的一切措施。心理治療的目的在於：

(1)增進當事人對自我的瞭解。

(2)協助當事人解除內心衝突。

(3)培養當事人自行改正不良習慣之能力。

(4)引導當事人認識自我與生活環境。

(5)支持當事人面對現實，恢復信心，重建未來的幸福生活。

教育、輔導、諮商與心理治療等四種助人專業之間的關係，請見圖 **14-2**。

教育、輔導、諮商、心理治療四種助人關係之層次、類別、專業之人員與工作場所，請見圖 **14-3**。

參照圖 **14-4**，可以瞭解輔導員在各個層面的功能。

綜合以上所述，並參照各圖，當可瞭解不同助人關係之分層

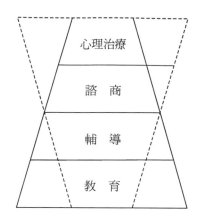

基本上是著重
個人的

個人無法處理之心理
問題

心理治療

諮　商

並非個人無法處理之
問題，通常與自我瞭
解之需求有關

基本上是著重
個人之間與團
體之間

輔　導

對資料之需求，以發
揮自我引導之潛力

基本上是大團
體方式進行的

教　育

所有個體一般性的需
要

圖14-2　教導、輔導、諮商與心理治療之關係

資料來源：Gurran, C. A.(1952).Counseling in Catholic life and education.New
　　　　　York:Macmillian Co., P.18.

負責之範圍，也是社會工作者在協助老年人的時候，在介入社會
工作之前，所應該瞭解的。接著要談的是社會工作員所要運用的
幾個方法，包括個案工作、團體工作與個案管理。

二、個案工作

如果老人的問題是社工人員所可獨自處理，而不需要轉介價
其他機構者，就可以某一個案，作為輔導與協助的對象。Perlman
（1959）指出個案工作的特質是：(1)由各種資料瞭解個案；(2)協
助個案探究其困難之所在；(3)予以治療性的服務。

不同的個案，有其不同的特質，在探究其問題之癥結，並提
供治療性服務的時候，自然需要運用不同模式，來協助老人。以
下是幾個最常見的個案工作模式。

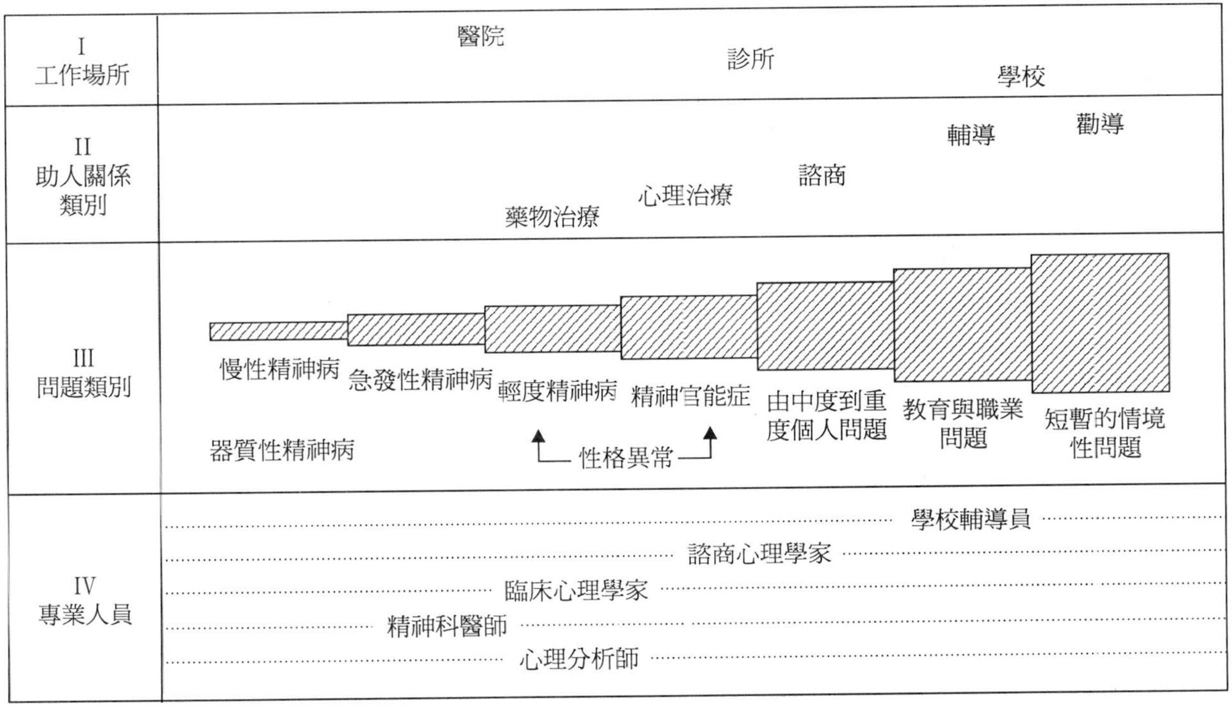

I 工作場所	II 助人關係類別	III 問題類別	IV 專業人員
醫院	藥物治療	器質性精神病 慢性精神病 急發性精神病 輕度精神病 精神官能症 性格異常	精神科醫師 心理分析師
診所	心理治療 諮商	由中度到重度個人問題	臨床心理學家 諮商心理學家
學校	輔導 勸導	教育與職業問題 短暫的情境性問題	學校輔導員

資料來源：Shertzer, B., & Stone, S. C. (1981). *Fundamentals of guidance.* (4th ed.) Boston: Houghton Mifflin.

圖14-3　助人關係之層次、類別與工作場所

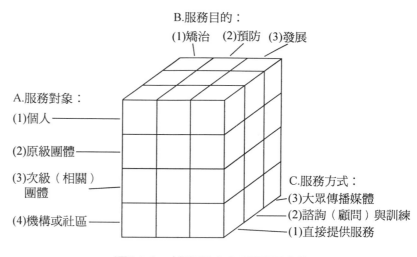

B.服務目的：
(1)矯治　(2)預防　(3)發展

A.服務對象：
(1)個人
(2)原級團體
(3)次級（相關）團體
(4)機構或社區

C.服務方式：
(3)大眾傳播媒體
(2)諮詢（顧問）與訓練
(1)直接提供服務

圖14-4　輔導員之各種層面功能

(一)心理動力模式（Psychodynamic Model）個案工作

　　這個模式的主要理論源自佛洛伊德的精神分析，並結合自我心理學適應（adaption）的理念及 Erickson 的發展任務學說與心理社會危機的一些看法。其中心的理念是一個人一生之中，都以各種方式適應其環境。老年人的問題多多，乃是因為應付危機、維持良好適應的心理能量與生理能力都較差，導致了失落與退化。

　　無疑地，老人最敏感的是一連串的失落與退化，包括生理、經濟、社會地位、人際關係各方面，因而產生了自我退化性的適應，如罪惡感、沮喪、焦慮、退出所有的社會活動，自我放逐在小小的天地中，過著日益衰竭的生活。

　　事實上，這些退化應該是自我防衛的一種方式，用以對抗被人遺棄的恐懼，以及對衰竭焦慮的一種反應。老人社會工作者應該設法支持這些防衛，緩和其所面臨的內外壓力，讓個案能夠恢

復其自我信心。

　　多方鼓勵與提供正面增強，將大大幫助這些已經有某種程度退化，或已經出現一些依賴行爲傾向的老年人，讓他們感受到被充分接納之後的溫暖，而對如何重新面對生活改變的壓力，樂於全力以赴。

　　Butler（1963）與 Lewis（1971）以及 Olstein（1969）都先後主張將回憶（reminiscence）運用在老人心理動力的治療工作中。他們發現藉由回憶過去的成就、已往的快樂等等正向的回憶，可以增進老人的自我概念與認同過去，從而支持個人生命的完整連續性，有助於老人面對老化與衰退所帶來的心理創傷。當然，在有系統地使用回憶治療時，先要很客觀地瞭解並評估案主的已往，評估他們記憶的內容與性質，儘量避免勾起過去所不願意回味的往事，而著重於這些老人所樂於稱道的成就與趣談。

(二)行爲模式（behavioral model）個案工作

　　基本上來說，行爲模式個案工作者是有計畫、有系統地運用行爲修正的原則與技巧，一方面減少不當行爲，一方面增加期望行爲。

　　大部分行爲模式的程序，源自於操作式學習（operant learning）、反應性學習（respondent learning）及模仿性學習（imitative learning）三種人類最基本的學習方式。

　　行爲模式在老人機構中，最常使用的是以代幣制度鼓勵老年人學習如何自我照顧、穿衣、進食、移動與控制排泄等日常活動，結果證明效果是很不錯的。此外，口語增強也顯示很適用於機構式處遇的老人身上。

　　另外一些專家也發現缺乏示範性社會技巧，也是一些智能比較低的老人所以有沮喪行爲的主因。處遇中的主要部份就是教導

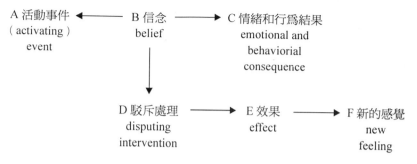

圖14-5　理情治療各因素相關圖

社會技巧，讓案主可以更有效獲得所需的社會增強，減輕沮喪。

　　不過，一般人都認為行為模式的個案工作，過於費時又費力，而案主在學習某種適應反應，又大多無法應用到新的情境中，因此逐漸被淘汰出局。

(三)認知模式（cognitive model）個案工作

　　這一派運用了最知名的理情治療法（rational psychotherapis）於個案工作之中。

　　理情治療由 Ellis（1962，1974）及 Beck（1976）所創，是常常使用在個案工作上的主要方法。它的中心思想是，人類的情感不單只是受事件本身的影響，而是人們對情境或事件的想法、看法、信念與自圓其說的結果。Ellis 將這樣的概念發展為一種人格 A-B-C 理論。所謂 A 是存在的事實、事件，或一個人的行為與態度。C 是情緒和行為的結果，或一個人的反應，此反應有時是適當的，也可能有時不適當的。A 與 C 並沒有直接的關係，而是 B，它是一個人對 A 的信念，並肇致了情緒的反應 C。**圖 14-5** 可以說明三者的關係。

　　Ellis 以為 A、B 與 C 之後是 D（disputing），它是用以協助

當事人引發非理性信念。首先，當事人先要偵測（detecting）那些信念是不合理的，然後嘗試如何澄清、辯論這些功能障礙的信念，最後去分辨非理性與理性的信念，最後進入 E 階段，也就是效果。一個新的、有效的理性，是以合宜的思考取代不合宜、不恰當的思考。如果我們很成功地達成了這效果，就創造了 F，一種新的感覺。

應用理情治療法，在老人的個案工作中，要做到的是：(1)協助他們認識應對自己所製造的問題負責；(2)協助他們相信自己有能力改變造成困擾的想法；(3)協助他們認識情緒的問題來自非理性的信念，並清楚地察覺這些信念，並駁斥它；(4)最後，協助他們接受新的、合乎理性的信念。

更具體地說，理情治療的主要目標是減少當事人的自我挫敗，以獲得更實際的中心生活思想。其他的重要目標是減低生活中的不如意感受而責備自己和他人，同時教導當事人有效地處理目前與未來的可能困難。

理情治療還可以協助老人增進對自己、對家人、對社會的興趣；對各種事物、環境的容忍與彈性，不要因為小小事情的不如意，就亂發脾氣，結果自己不快樂，人家也不快樂，能夠自我接納，也接納別人。最重要的是要凡事思考，不要老是認為自己都是對的。

社會工作人員與當事人之間，應該先建立一種默契，取得彼此的互信，這樣子才能引發當事人自由地談出心中所有的感覺，讓工作人員對當事人有更多的瞭解，以便提出更有效的協助。

(四)現實治療法（Reality Therapy）的個案工作

現實治療法的基本概念是：人類的行為有其目的，行為開始於個人的內在，而非源自於外在的環境。雖然外在的環境力量有

時也多少影響我們主觀的意念，但是不會左右內在的力量與改變我們的行為。

　　現實治療法強調行為必須配合人們心理需求和生理需求。前者包括歸屬、權力、自由與樂趣；後者則指生存上生理的需求。當心理需求不能滿足，我們便感受到痛苦與挫折，相反地，我們將從各種需求的達成，得到認同成功與自尊，讓自己的感覺很好。

　　這一派的重要目標，就是教導個人一些更實用、更有效的方法，以滿足其生活的欲望。

　　多數老年人，由於社會參與的減少，以致對於當前的社會環境及社會變遷中的各種現象，缺乏應有的瞭解，就難免不容易認同現實，總覺得過去的一切都是好的。也因此，就很容易跟年輕一代發生意見上的衝突。

　　現實治療法就是由社會工作員給予個別老人一些機會，讓他們瞭解當前的社會現象、價值觀、年輕人的想法，以及社會變遷的一般狀況。唯有老人瞭解這些之後，才會想到自己某些觀念或作法，的確有些不盡合宜、有待改進之處。

　　具體來說，現實治療法有三個重要的特徵：

(1)它摒棄傳統上心理疾病的概念，因此它不使用藥物治療，而主張即使某些行為令人不愉快，甚至痛苦，仍然具有某一種程度的作用，譬如「壓力」就是一個例子。

(2)認識「成功的認同」這一個概念，是瞭解現實治療法的前提。有成功認同感的人，視自己是一位能夠給予他人愛，也能夠接受他人之愛的人。同時，認為自己是有價值的，也相信每個人都有他的價值。

(3)現實治療法非常強調責任之重要性。所謂責任，就是個人

為滿足他的需求，但不妨礙別人實踐其需求的行為。一個有責任感的人，具有高度的自律性，也知道如何切實地滿足他的需求與目標。

這一派的創始人 Glasser（1984）並強調個案工作者應該避免批評任何人，認為批評只會帶給他人對自己信心的喪失，嚴重影響對成功的認同，以及對責任的放棄。

（五）危機調適的個案工作

所謂危機，據《張氏心理學辭典》之解釋有兩種意義：(1)指一種關鍵性的處境，可能由之轉入佳境，也可能由之趨向惡化；(2)指面臨一種兩難情境（矛盾或衝突），需要抉擇時所感受到的心理壓力。

所謂危機調適，屬於一種心理衛生的救助措施，對個別心理適應陷於危機狀態者適時救援，助其渡過危機，然後再從長計議，視情況輕重，或由心理輔導、社工人員親自介入，以和緩危機所引發之諸多壓力，或轉介有關機構接受治療。像國內「生命線」設置，其目的即在於危機調適。

危機理論針對老人所經常經歷的二種情緒問題——焦慮與沮喪，提出了三個基本指導的原則：

(1)社會工作人員應該協助個別案主辨別、隔離那些導致所以感到焦慮、沮喪以及自認為沒有能力解決其所面臨問題的癥結（通常這些因素都是凌亂、未經整合，甚至是下意識的）。因而，社工人員要與案主一起有系統地記述問題，藉而達到認知重建的目的。

(2)社會工作者應該以高度的同理心，接納年老案主的混亂情感以及其所表達的言行。更重要的是試圖依據老人心理發

展與狀態，探求其形成原因，不過千萬不要加以任何標籤，直覺地認為這位老人的確是衰老、退化了。

(3)當社會工作者對老年案主有進一步瞭解之後，就要試圖運用案主的人際關係與社會資助，提供必要的幫助。

三、團體工作

人沒有辦法離開團體而獨自存活。

團體具有四個特癥：(1)團體中各成員間彼此覺知其存在，由於成員間的交感互動而生隸屬感與依賴心；(2)團體集個體而成，但其本身仍為實在體，其既有之團體規範，不因某個體之去留而存廢；(3)團體的維護賴於團體規範與成員們的共同利益與興趣；(4)團體是一種組織，組織有其追求的目標，團體之維繫，有賴於團體目標與個人目標一致。

個體透過團體的維繫，與家族、親戚、朋友、工作、學校、休閒、政治的生活以及所有社區活動打成一片。身為社會中一分子的自我意識，反映了他人的互動結果與所累積的社會經驗。老年人自我觀念之混淆與迷糊，事實上乃是因為與團體生活隔絕的影響。

要提供老年人任何社會服務與社會工作時，首先要考慮的是此一人口群中生活的需求。老化說明了對老年人的一個顯著而且艱困的挑戰，這個挑戰的中心存在著高度的變化、失落與不確定性。不論老年人是健康且具活動力，抑或較易受傷害，甚或老弱無依，都要努力地因應變化、失落，以及經濟、生理、心理及社會四方面的挑戰。社會工作人員在這方面應該努力的是，透過團體工作，讓一些老人能夠從團體中獲得面對老化的正面而積極的態度，克服一切考驗。以壓力為例，一個人如果愈能調適與控制

壓力，則壓力所帶來之傷害也必定愈少。

心理學家指出老年人生活中有三個中心需求：(1)需要繼續一個有意義的生活，以面對不可避免的失落、變化，以及不可預期的衰弱與死亡；(2)維護、加強自我之需求；(3)改善個人與自然及社會環境的需求。同時，相信所有的老人不論其年齡之高低、能力之多寡，都有權利充分發揮生命中的一切力量。因此，老人之社會工作的焦點，應該基於老人的優點與潛力，而非只考慮其不足，最好的途徑就是透過團體的互助與互動。

Schwartz（1961）曾提出：

團體是具有互助目的的組織，它的組成是基於彼此的需要與大家所確定的共同問題之上。它是一種助人的系統，案主需要其他人，也需要工作者的協助。因此，運用彼此的智慧與力量，去創造多面的助人關係，是團體過程一個必要的要素。

Schwartz（1986）並提出互助團體對老人的意義：

(1)分享資料、想法、信念及由生活中所體會的問題解決方法。

(2)透過意見辯論、澄清，建立自我新觀念。

(3)互助團體提供機會，使他們充分表達自己的意見。

(4)團體的聯結，可減少老人孤立、疏離及寂寞的感覺。

(5)相互的支持，使人們感到有能力爲他人服務，而同時也得到人家對他們的支持。

(6)相互需要及期待，我們的基本信念是老人是可成長、可給予、互相需要、互相期待的。最重要的是在幫助別人的時候，自己也得到幫助。

(7)特別問題之協助，使老人有能力去面對各種困境，重要的是團體成員應給予最大的鼓勵與支持。

(8)鼓勵成員用各種方法，提出他們對於某一種問題的想法，甚至用一問一答的形式，說出心中的焦慮與沮喪，以增進其思考、感受及行為的一致性。

(9)從同伴中獲得肯定，是給予團體成員最大的鼓舞。當需求以集體方式給予支持的時候，往往比個別的掌聲與喝采有更大的效果。

總而言之，團體成為一個減緩老人所常經歷的孤寂與疏離的方法，是老人社會工作中很重要的一環。尤其是，協助老人因參與團體所產生的歸屬感，可以大大地增進老人的自我接納與接納他人。

四、個案管理（Case Management）

老人個案倘非社會工作員單獨所能解決，而需經過幾個機構的社會工作員或其他工作人員方能辦妥者，就要應用個案管理辦法。

個案管理是以問題解決、任務取向為協助過程之直接服務方法，可以整合相關服務功能。在協助過程中，針對案主之多元性需要問題，擴大服務範圍，透過不同機構之社工人員或工作人員服務內容之組合，有系統地達成服務成效，以促進個案問題之解決或行為能力之增進。

個案管理因之被視為可結合不同服務體系之服務方法，重點在於需求評估與資源整合，故在運用過程中資源之整合居關鍵因素。由不同專長的社會醫療機構人員結合起來，形成一些組合，

彼此分工、合作，以更大力量維持社區老人的健康。

個案管理之基本哲學是：

(1)以最大之彈性來因應案主在不同時空之情境下的不同需求。

(2)以案主自給自足目標為導向，提供支持性之服務，協助其熟悉社區生活。

(3)鼓勵案主積極參與個案處理過程。

(4)個案處理乃一種持續不斷之過程，針對案主所需各項服務，及時地提供各種服務。

國內目前已實施之個案管理，多為社福機構與公共衛生護理人員，其服務目標仍多限於自我照護能力之提昇，其效果與服務層面，似尚有很大發展空間。

結　語

總而言之，社會工作，尤其老人的社會工作，是永遠做不完的工作，只有在社工人員會同有關機構，運用輔導、諮商與心理治療的基本觀念，透過個案工作、團體工作及個案管理，才能將它的光輝，照在所有亟需協助的老人身上。

進一步思考的問題

(1)如果有一位老年人，在家中飽受了不同層面的虐待，你將如何提出輔導的計畫，幫助他走出陰影？

(2)如何更有效地發揮團隊精神，將社會工作社區化，更順利地開
展老人社會工作？

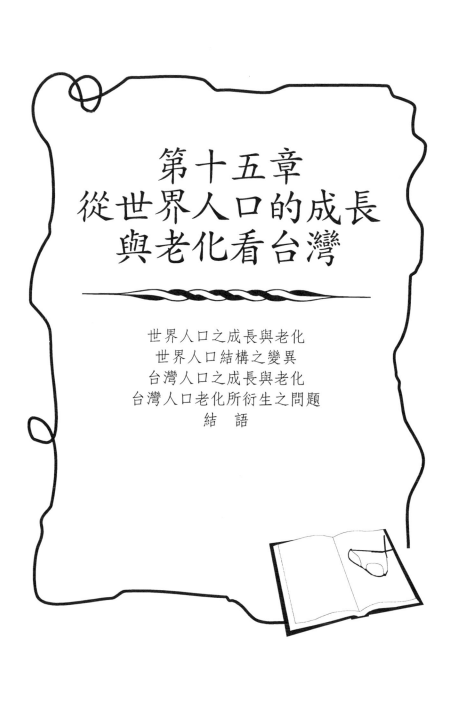

第十五章
從世界人口的成長
與老化看台灣

我們生活在這個小小的世界中，任何地區、任何國家所發生的大事，不可避免地都將對我們有息息相關的影響。當然，人口的成長與老化的趨向，必會對這個地球村引起某種震盪。

　　本章將首先探討世界人口，尤其是先進國家人口的成長與老化，如何引發了人口結構之變異。然後用數字來剖析台灣近幾十年人口成長與老化之現況，作為分析其所衍生諸多社會問題之依據。

世界人口之成長與老化

　　隨著人口學（Demography）的興起，我們對於人口之數量、結構、分配，以及其演進，有了更明確的研究方向。人口學是一門統整社會學、經濟學、地理學、生物學、人類學與醫學的學術。它一方面探討有史以來世界人口之發展，尤其是最近兩百五十年中，工業革命如何帶給世界人口以極大的震撼；另一方面也試圖進一步研究在未來若干年中，世界人口成長的一些變項，又將如何影響全球各方面的整體發展。

　　很難想像在人類漫長的歷史中，世界人口曾在相當悠久的一段時間中，因天災、瘟疫、飢荒與戰爭所造成的可怕死亡率，每一千年才增加了百分之二，可見成長率腳步之緩慢，而個人生命的存活率也非常的低。

　　但是，由於農業革命的成功與農業社會的出現，人們生活漸趨安定，死亡率明確減少，生育率也不斷增加，人口也就緩慢地小幅增加。工業革命以後，人們生活品質日漸改善，世界人口也就出現快速的增加。

以下是幾個具體數字，顯示世界人口之成長：

(1)公元元年全世界人口大約三億。

(2)公元一六五〇年全世界人口大約五億，可見在一千六百多年中，人口的增加不及一倍。

(3)公元一八五〇年世界人口首破十億，由一六五〇年之五億到一八五〇年的十億，其中剛好是兩百年。

(4)自公元一八五〇年人口十億，到一九三〇年之二十億，僅八十年之中，人口又增加了一倍。

(5)自公元一九三〇年世界人口二十億，到一九七五年之四十億，四十五年中人口又增加了一倍。

(6)據推估世界人口在公元二〇〇〇年達到六十五億，在公元二〇二五年將達到八十四億，可見成長之快速。

造成世界人口如此快速成長的原因，自然是生育率的不斷提高與死亡率之明顯下降。

事實上，根據民國八十八年三月九日我國行政院主計處所公佈之國情統計顯示，在民國八十七年年底，世界人口已達五十九億三千萬，其中以中國大陸之十二億四千萬人居冠，印度之九億九千萬人居次，而台灣人口近兩千兩百萬人，僅占全球總人口的0.4％，排名世界第四十六名。

值得注意的是在世界人口急遽增加中，所出現的世界人口老化現象。這種老化的現象，更將在未來若干年中，快速地出現。

據《遠見雜誌》一九九九年四月號的報導，「一九九〇年時，經濟合作開發組織（OECD）的會員國中，六十歲以上的人口占了18％，到了二〇三〇年，六十歲以上的人口將提昇到30％，屆時，預計八十歲以上的人口會比現在的 3％多出兩倍。事實上，

從公元二○○○年起,已開發國家六十五歲以上人口,將超過十四歲以下的青少年及兒童。」

事實上,亞洲國家和第三世界國家之人口老化速度,尤其快得驚人。根據美國雜誌的報導顯示,到了公元二○二五年,亞洲的老年人口將占全球老年人口的 58%,其中中國大陸與亞洲其他國家老年人口,屆時將占全國總人口 22% 以上。

聯合國並預測到二○二五年,除了非洲大部地區(北非及南非除外),世界其餘國家都已經先後進入高齡化社會之列。

根據高齡學(gerontology)學者的意見,整個地球人口的高齡化現象,源自於生育率之急速下降。一九七二年,每一位婦女在一生中所生育的子女數爲 5.6 個,但是到了近年,全世界有六十六個國家的婦女生育率等於或低於人口的死亡率,或所稱之人口替代水平(replacement level)[1]。

另一方面,人類平均壽命的增長,也促使地球人口高齡化。今日,凡是經濟高度開發、政治昌明、社會安定的國家,通常是死亡率低、嬰兒出生率更低、老年人口比例最高國的國家。以西歐、北歐、日本、北美、澳洲及紐西蘭等國爲例,一九九八年,老年人口就佔全國總人口 15% 左右,到二○二五年,這些國家中每四人就有一人的年齡在六十五以上。

日本是人口趨向老化非常快速國家之一。第二次世界大戰後出生率激增,其後雖急遽下降,但戰後之嬰兒潮的男女,最近二、三十年中成爲高生育率之父母,據一九九○年日本的官方統計,六十五歲以上的人口達一千一百三十二萬,佔總人口數之 9.5%,到公元兩千年,日本老年人口的比例將超過英、美兩國,三者之

---

[1] 陳子鈺,〈2000 年全球一起老化〉,《遠見雜誌》,1999 年 4 月,pp.123-124。

比例分別爲 15.6%、12.8%與 14.7%。到公元二○二五年，估計
日本六十五歲以上的老年人口將佔總人口的 21.3%，高居全世界
所有國家之冠，超過德國之 20%，英、法之 18.6%，以及美國之
15.8%。

　　相反地，在經濟低度開發，政治動盪不安，甚至因國內種族
紛爭而內戰頻仍之國家，如非洲及中南美諸國，出生率雖不低，
死亡率卻更高，老年人口平均都在總人口 5%以下，自然沒有老
化的現象。

世界人口結構之變異

　　固然我們所研究的重點在於人口之老化，也應該集中討論六
十五歲以上之人口組群，但是由於人口學專家們指出，嚴格說來
人類一出生就開始老化，因此也就不得不探討在生命延續過程每
一個階段中，所應扮演的角色與所應達成之任務。

　　每一個人在他（她）生命的週期（life span or life course）中，
受制於生物之因素，由出生、成長而衰老之歷程中，都有階段性
的生命特徵，先是在嬰兒期到青少年前期，依賴著父母或其他親
人的教養或引導而快速成長，然後進入社會成爲生產的人口，善
盡育幼與養老的職責，而在歲月不斷奔馳下，身心逐漸衰老，又
成爲依賴人口。另一方面社會的結構，又將參照生命之週期，賦
予每一階段以其應行完成之任務。十五歲以前的個體，十五歲到
六十五歲以前，以及六十五歲以後的所謂老人，各有其社會之期
待，也各有其所應扮演之角色。

　　當然，不同之社會結構對於個體之期待，不可能完全相同，

形成人口結構中之不同階段的個體，有著不同之成長模式。以工業革命以前的社會爲例，由於生產之技術較之現代而言是相當簡單的，父母之傳承，就足以承擔家計，因此從兒童期進入成年期就非常快速，在某些部落中，甚至早在七、八歲，最遲在十二歲，就可以有能力協助父母農耕、畜牧或紡織，成爲生產的人口。而且由於整個大社會的環境限制，窮他們一生，也可能只是在自己家園中成長、結婚生子，而逐漸走向衰老而死亡。只有貴族或上等社會之子女，才可能託庇於先人之餘蔭，而不必付出勞力，就可以一生無憂無慮地坐享別人生產的成果。

可是，隨著工業革命所帶來之高度科技，人們非得經過相當教育與訓練，才可以輕易謀生，因此非到十五、六歲，甚至十七、八歲，在較長的學習之後，就無法承擔生產之任務。同時，歲月不居，六十五歲以後之老人，又在高度競爭之工商社會中引退，成爲依賴人口。更重要的是，因爲生命之不斷延長，退休之後到死亡之前，可能有一段很長的時間，依賴著生產人口的扶養與政府有規劃的福利措施，才能維持最低的生活水準。

世界各國人口的負成長，意味著參與勞動人口的減少，更明確地顯示一個必然的事實，那就是目前的年輕一代，或者說今日出生的一代，都將在他們十八歲以後，六十五歲以前，參與工作人口之列，來撫養日益增多的老年人。同時隨著年輕人口之減少，年老人口之增加，每一年輕人口的負擔，自然日益沉重。

同時，由於勞動人口結構的改變，必然影響了政府稅收的減少，可是政府要支付的老年福利費用不但沒有減少，反而要大幅增加，也嚴重地影響了國家的財政狀況，無法將有限的稅收投資於經濟的持續成長，因此又造成惡性的循環，工作機會少了，稅收也少了，只有老人福利支出在不斷增加。所以，目前才有許多

國家提出一些危險的信號：世界的經濟正被急速成長的老人所侵蝕！

　　事實上，目前很多國家正為著龐大的退休金，以及日益膨脹的社會福利支出，而出現財務短缺的困境。德國的國民稅收已經高達 42 ％，但由於老年人口的增加，近年來已出現了嚴重的財政赤字。

　　日本也面臨類似的問題，據估計到了公元二○一○年，日本三十歲以下的工作人口會下降 25％，因此多數日本人都擔心政府有沒有能力實現照顧他們安享晚年的承諾！其他許多西方國家也正在努力採取一些必要的步驟，如訂定鼓勵婦女生育政策，藉以提昇不斷下降的生育率，以減緩高齡化的速度。另一方面也在考慮提高退休年齡，讓人活到老，做到老，以解決人口老化的問題。

台灣人口之成長與老化

　　台灣地區也是人口成長與老化非常快速的地方。

　　想像未來某天，台灣街頭一半以上的人都超過五十歲，會是什麼樣的光景？這並非脫離現實的夢想，這一天離我們已不太遠。在公元二○二○年之前，所有開發國家中之人口，40％都將超過五十歲，全球化的高齡社會即將來臨，台灣自不例外。

　　台灣人口由民國前之不及三百萬，增為民國三十六年之六百萬，人口成長了一倍。光復後，社會安定，出生率日高，死亡率日降，人口自然增加率也就不斷提昇。

　　根據內政部所做之中華民國台閩地區人口統計，可得到**表15-1** 所列舉的資料。

表 15-1　中華民國台閩地區人口統計

年　代	年終人口數	年增加率	自然增加率	出生率	死亡率
民國 35 年（1946）	6,090,860	－	－	－	－
民國 37 年（1948）	7,396,931	47.89	25.33	39.67	14.35
民國 44 年（1955）	9,077,643	37.55	36.70	45.29	8.59
民國 64 年（1975）	16,149,702	18.76	18.28	22.98	4.69
民國 74 年（1985）	19,258,053	12.91	14.84	19.59	4.75
民國 84 年（1995）	21,304,181	8. 44	9.91	15.50	5.60
民國 86 年（1997）	21,683,316	9.87	9.48	15.07	5.59

由**表 15-1** 可看出：

(1)自一九四八年以後，人口快速增加，主要是大批大陸人口，尤其是國軍部隊及其眷屬隨政府來台定居，人口總數在一九五五年時達九百多萬。

(2)由於生活之安定，來台定居者又多爲年輕人口，因此出生率在一九五五年甚至提昇爲 45.29％，以後隨政府家庭計畫之成功而不斷遞減爲一九六五年之 32.40％，一九七五年之 22.98％，以及一九九七年之 15.07％。

(3)相對地，因爲醫學之發達，人民生活品質之提高，死亡率由一九四七年之 18.15％，降爲一九六五年之 5.45％，再降爲一九七五年之 4.69％，但由於老年人口之增加，死亡率又有上昇之趨向，一九九七年增爲 5.59％。

(4)由出生率與死亡率之消長，人口自然增加率自一九五五年之 36.70％（最高率），逐年下降爲一九六五年之 26.96％，一九七五年之 18.28％、一九八五年之 14.84％，以及一九九七年之 9.48％。

表 15-2　1988 及 1997 年人口三階段之年齡百分比

年　齡	1988 年	1997 年
0-14 歲	28.2%	22.9%
15-64 歲	66.2%	69.2%
65 歲以上	5.6%	8.0%

綜觀上述數字，台閩地區之人口成長極快，人口增加一倍的年數也愈來愈短。同時，人口增加愈快，老年人口之比例，相對於出生率遞減、年輕人口所佔比率之降低，而出現快速增加。

根據內政部的資料，可由**表 15-2** 看出一九八八年、一九九七年人口三階段之年齡百分比。

由**表 15-2** 可看出在這十年間，年齡在十四歲以下者，比例明顯下降，意味著一九九七年這一組人口將較一九八八年出生者，負起更多安養老人之責任。年齡在六十五歲以上者，一九八八年爲 5.6%，一九九七年增爲 8.0%，也意味著今日與未來都需要更多生產人口來照護他們。

台灣人口老化所衍生之問題

當全國人口之中有越來越多之人口爲老年人口，而出生時預期壽命又愈來愈長的時候，必然帶給社會莫大衝擊，尤其是又缺乏足夠新生代遞補的話。最明顯的是工作年齡人口所占比率減少，經濟發展缺乏勞力，嚴重地影響到國家整體競爭力。最現實的問題是年長一代由誰扶養。

根據政府所提出資料，一九九一年我國人民的平均壽命爲

74.26 歲，每戶平均的人口數為 4.16 口人，到了一九九七年，壽命增長了，家庭的人口數下降為 3.84 口人。如果是一個標準的三代共同居住的家庭，子孫的負擔無疑大幅增加。再根據經建會（1992）所提出資料，民國九十年約九位勞動者扶養一名老人，民國一二五年時則每三位勞動者扶養一位老人。由人口老化所衍生之全民負擔問題，自不能等閒視之。

更值得注意的是過去若干年之中，政府所宣導之家庭計畫相當成功，「兩個孩子恰恰好，一個孩子不嫌少」的看法也早已深植民心，因此民國八十七年全年出生數僅二十七萬二千人，比八十六年減少五萬二千人，總生育率為 1.5%，創下歷史新低，並且已低於替代水準，預估民國一二七年以後，台灣人口將呈現負成長。

針對生育率可能再持續偏低，所將帶來之人口更形老化與勞動力不足之危機，行政院經建會於民國八十八年三月三日所召開委員會議中，已大聲呼籲請全國民眾重視此一問題，並在詳盡討論「台灣未來人口推計及其政策意涵」主題之後，提出人口政策應轉向鼓勵生育之決議。其中重點之一就是未來將減輕育兒成本，並考慮增加第三個以上子女的所得稅免稅額。

多年來，過去我國人口快速成長，人口年齡結構之日趨高齡化，不僅產生了工作人口的負擔日趨嚴重，而政府所負出的軍公教退休人員之經費，也因為國人平均壽命之延長而成為極重之財政包袱。

此外，人口年齡高齡化之後，政府用於老人慢性疾病之健保費用，以及安養他們的費用，自然也就大幅度增加。在社會福利經費不斷增加之後，相對政府可以運用於教育與建設等有關民生之經費，也就必然要大量刪除或撙節，影響所及，對全國之福祉

與生活品質之提昇，也就無可避免的產生極大的負面衝擊。

　　以上我們討論的重點在於人口老化過程中，所衍生的人口結構改變之後，下一代不得不承擔之重擔，而政府不能不採取的調整人口政策問題。接著所要討論的是人口老化與貧窮問題。

　　固然，貧窮的定義很難界說，而所謂貧窮線（最低生活費）也不容易予以明確的定位，但是我們如果說絕大多數老年人的生活水準，遠低於一般年齡之人口，應無庸置議。事實上，套用一句商場口語——「活得愈久，拿的愈少，生活也愈苦」，似乎也不會有很多人反對。

　　造成老年人口的高貧窮率的主要原因，應該是退出勞力市場或從公民營機構退休之後，有的是缺少薪資所得；有的是退休金趕不上物價指數，又未有其他適當收入所致。縱使他們在六十五歲以後，仍然有些人繼續參加生產行列，其收入也僅為十五至六十四歲工作年齡者的二分之一到三分之二（見一九九五年行政院主計處的家庭收支調查）。

　　在台灣有另一特殊原因，導致了今日年齡在八十五歲以上老年人口的格外貧窮，那就是他們在二十年前退休的時候，退休金之偏低。台灣各大報曾揭露了前國立台灣師範大學校長、名老教育家退休之時，僅領得六十多萬退休金，以此數目，也只好一簞食、一瓢飲，過著最清苦的生活。堂堂高級知識分子，一生從事教育，晚景卻如許淒涼，更遑論一般升斗小民，當肩不能挑的時候，也就只好終日坐困愁城！

　　國民年金緩不濟急，而社會福利服務對象之決定標準又相當嚴苛，因之老化與貧窮之問題也就實在不易尋求有效解決之道。

　　或者有人認為奉養父母乃身為人子之應有職責，事實上也有不少子女不匱孝思，或在家供養，或多方設法接濟，但是由過去

幾十年中之人口結構變化可知，每一家庭子女之人數都減少了，而子女數之減少又代表了養老資源的枯竭。

另一方面，今日已老化之人口，在中年時代即開始有很好的理財計畫，善自經營退休後之生活者，實在為數不多。一方面固然是收入菲薄，平時即寅吃卯糧，甚至捉襟見肘，要想如何再節衣節食來作儲蓄投資，也真的是不甚容易；另一方面又深受「養子防老」的傳統思想，總認為老年之後，子女輩將承歡膝下，又何嘗料到事與願違，垂老之年還要為衣食而看子女、媳婦、女婿的臉色？

事實上，由行政院主計處（1993）之資料可知，六十五歲以上之老人平均子女大都在二人至三人之間，其中提供長期扶養之子女僅為一人，經濟負擔不謂不重。白秀雄也指出台灣子女奉養比率正逐年遞減，由一九八六年之 65.8％，降至一九九三年之 52.3％，七年間減十四個百分點，由一九九三年至今，必然又下降不少，顯示政府社會福利政策和健全扶養制度的逼切必要性。

由於貧窮通常又與疾病密切相關，所謂貧病交加，正足以說明。因此，老、病、貧三者相關問題，實在有待朝野有識之士，思考有效之對策。而中年以後之人士，應如何為老年生活善加未雨綢繆，似乎也是刻不容緩的課題。

結　語

生活在今天這個世界裡的每一個人，真的是有福了。因為他可以安享我們老祖宗、老老祖宗那一世代中，無法想像的生命光輝。

從「人生七十古來稀」，到今天百歲以上人瑞數以萬人計（台灣百歲以上之人瑞就有七百四十位），人們的壽命在不斷延長著，卻也帶來了無限的人口老化問題。

如果說有一天這個世界老年人多於年輕人，依賴的人口也遠多於生產、工作的人口，將是如何光景？

如何在下一個世紀初葉解決人口高齡化所衍生的問題，是世界各國政府，乃至全球人口所要面臨的最大挑戰。

進一步思考的問題

(1)《遠見雜誌》（1999 年 4 月）中有一篇文章＜白髮覆蓋地球＞，認為人口老化問題是各國政府的一大挑戰，你的意見如何？

(2)對於目前很多國家，包括我們國家在內，都在考慮採取若干有效的措施鼓勵生育，你又有什麼看法？

(3)對於有些國家也在考慮提高退休年齡，從現在的六十五歲延長為七十歲，乃至七十五歲，你可否同意？為什麼？

老人福利法

中華民國六十九年一月二十六日

總統台灣（一）義字第〇五六一號令公布

中華民國八十六年六月十六日

總統華總（一）義字第八六〇〇一四一三八〇號修正公布

第一章　總　則

第 一 條　為宏揚敬老美德，維護老人健康，安定老人生活，保
　　　　　障老人權益，增進老人福利，特制定本法。

第 二 條　本法所稱老人，係指年滿六十五歲以上之人。

第 三 條　老人福利之主管機關：在中央為內政部；在省（市）
　　　　　為社會處（局）；在縣（市）為縣（市）政府。
　　　　　為執行有關老人福利業務，各級主管機關應設專責單
　　　　　位或置專責人員。
　　　　　涉及老人福利各項業務之相關的目的事業主管機關應
　　　　　就主管項目主動配合規劃並執行之。

第 四 條　各級政府及老人福利機構應各本職掌或宗旨，對老人
　　　　　提供服務與福利。
　　　　　各級政府得以委託興建、撥款補助、興建設施委託經
　　　　　營、委託服務或其他方式，獎助民間為之。
　　　　　前項獎助辦法，由各級政府定之。

第 五 條　各級主管機關爲協調、研究、審議、諮詢及推動老人
　　　　福利，應設老人福利促進委員會；其組織規程，由中
　　　　央主管機關定之。

第 六 條　各級政府老人福利之經費來源如下：

　　　　一、按年專列之老人福利預算。

　　　　二、社會福利基金。

　　　　三、私人或團體捐贈。

第 七 條　有法定扶養義務之人應善盡奉養老人之責；各級政府
　　　　及老人福利機構得督促、協助之。

第 八 條　各級政府爲提高老人福利專業人員素質，應經常舉辦
　　　　專業訓練。

　　　　前項專業人員之資格，由中央主管機關定之。

第二章　福利機構

第 九 條　地方政府應視需要設立並獎助私人設立下列各類老人
　　　　福利機構：

　　　　一、長期照護機構：以照顧罹患長期慢性疾病且需要
　　　　　　醫護服務之老人爲目的。

　　　　二、養護機構：以照顧生活自理能力缺損且無技術性
　　　　　　護理服務需求之老人爲目的。

　　　　三、安養機構：以安養自費老人或留養無扶養義務之
　　　　　　親屬或扶養義務之親屬無扶養能力之老人爲目
　　　　　　的。

　　　　四、文康機構：以舉辦老人休閒、康樂、文藝、技藝、
　　　　　　進修及聯誼活動爲目的。

　　　　五、服務機構：以提供老人日間照顧、臨時照顧、就

業資訊、志願服務、在宅服務、餐飲服務、短期
保護及安置、退休準備服務、法律諮詢服務等綜
合性服務為目的。

第一項機構之設立標準，由中央主管機關定之。但涉
及醫事服務者，會同中央衛生主管機關定之。

第一項各類機構所需之醫療或護理服務，應依醫療
法、護理人員法或其他醫事專門職業法等規定辦理。

第一項各類老人福利機構之獎助辦法，由各級主管暨
目的事類主管機關定之。

第一項各類機構，得單獨或綜合辦理：並得就其所提
供之設施或服務收取費用，以協助其自給自足。

第 十 條 老人福利機構之名稱，除應依前條第一項規定標明其
業務性質外，其由地方政府設立者，應冠以該地方政
府之名稱；其由民間設立者，應冠以私立二字。

第十一條 創辦第九條第一項老人福利機構，應以申請書載明下
列事項，申請當地主管機關許可：

一、名稱及地址。

二、組織性質及管理計畫。

三、經費來源及預算。

四、業務性質及規模。

五、創辦人姓名、地址及履歷。

前項經許可後，應呈報中央主管機關備查。

第九條第一項老人福利機構設立許可辦法，由中央主
管機關定之，但涉及醫事服務者，會同中央衛生主管
機關定之。

第十二條 經許可創辦私立老人福利機構者，應於三個月內辦理

財團法人登記。但小型設立且不對外募捐、接受補助或享受租稅減免者，得免辦財團法人登記。

未於前項期間辦理財團法人登記，而有正當理由者，得申請當地主管機關核准延長一次，期間不得超過三個月；逾期不辦者，原許可失其效力。

第一項但書關於小型設立之規模、面積、設施、人員配置等設立標準，由中央主管機關定之。

第十三條 老人福利機構應按年將工作報告及收支報告送請主管機關備查；主管機關對老人福利機構應予輔導、監督及評鑑。

私立老人福利機構，辦理成績優良者，主管機關應予獎勵，其獎勵辦法，由各級主管機關定之。

私立老人福利機構不得兼營營利行為或利用其事業為任何不當之宣傳。

私立老人福利機構辦理不善或違反原許可設立之標準或前項規定者，主管機關應通知其限期改善。

第十四條 老人福利機構之業務，應擇用專業人員辦理之。

第三章 福利措施

第十五條 省（市）、縣（市）政府應視實際需要，辦理下列事項：

一、政府直接興建之國民住宅，提供符合國民住宅承租條件且與老人同住之三代同堂家庭給予優先承租之權利。

二、專案興建適合老人安居之住宅，並採綜合服務管理方式，專供老人租賃。

三、鼓勵民間興建適合老人安居之住宅，並採綜合服
　　務管理方式，專供老人租賃。

依前項第一款規定承租之國民住宅，於老人非因死亡
而未再同住時，國民住宅主管機關應收回該住宅及基
地。

第十六條　老人經濟生活保障，採生活津貼、特別照顧津貼、年
　　　　　金保險制度方式，逐步規劃實施。

前項年金保險之實施，依相關社會保險法律規定辦
理。

第十七條　中低收入老人未接受收容安置者，得申請發給生活津
　　　　　貼。

前項中低收入標準、津貼發給標準及辦法，由中央主
管機關定之。

第十八條　為協助因身心受損致日常生活功能需他人協助之居家
　　　　　老人得到所需之持續性照顧，地方政府應提供或結合
　　　　　民間資源提供下列居家服務：

一、居家護理。

二、居家照顧。

三、家務服務。

四、友善訪視。

五、電話問安。

六、餐飲服務。

七、居家環境改善。

八、其他相關之居家服務。

前項居家服務之實施辦法，由地方政府定之。

第十九條　無扶養義務之親屬或扶養義務之親屬無扶養能力之老

人死亡時，當地主管機關或福利機構應為其辦理喪葬，所需費用，由其遺產負擔之；無遺產者，由當地主管機關或福利機構負擔之。

第二十條　老人得依意願接受地方主管機關定期舉辦之老人健康檢查及提供之保健服務。

　　　　　前項健康檢查及保健服務之項目及方式，由中央主管機關會同中央衛生主管機關定之。

第廿一條　老人或其法定扶養義務人就老人參加全民健康保險之保險費，部分負擔費用或保險給付未涵蓋之醫療費用無力負擔者，地方政府應予以補助，其辦法由中央主管機關定之。

第廿二條　老人搭乘國內公、民營水、陸、空公共交通工具，進入康樂場所及參觀文教設施，予以半價優待。

第廿三條　老人志願以其知識、經驗貢獻於社會者，社會服務機構應予介紹或協助，並妥善照顧。

第廿四條　有關機關、團體應鼓勵老人參與社會、教育、宗教、學術等活動，以充實老人精神生活。

第四章　保護措施

第廿五條　老人直系血親卑親屬對其有疏於照料、虐待、遺棄等情事致其有生命、身體、健康或自由之危難，直轄市、縣（市）政府及老人福利機構得依職權並徵得老人同意或依老人之申請，予以適當短期保護與安置。老人如欲對其直系血親卑親屬提出告訴時，主管機關應協助之。

　　　　　前項老人短期保護與安置所需之費用，直轄市、縣

（市）政府及老人福利機構得檢具費用單據影本及計算書，通知老人直系血親卑親屬限期繳納；逾期不繳納者，由直轄市、縣（市）政府老人福利經費先行代墊後，請求扶養義務人償還，並移送法院強制執行。

第廿六條　為發揮老人保護功能，應以直轄市及縣（市）為單位，建立老人保護體系。

第廿七條　老人因無人扶養，致其有生命、身體之危難或生活陷於困境者，直轄市、縣（市）政府得依職權並徵得老人同意或依老人之申請，予以適當安置。

第五章　罰　則

第廿八條　未經依法申請許可而成立老人福利機構者，處其負責人新臺台幣三萬元以上十五萬元以下罰鍰，其經限期申請設立許可或辦理財團法人登記，逾期仍未辦理者，得按次連續處罰，並公告其名稱，且得令其停辦。
　　　　　前項規定於本法修正公布日起滿二年實施。

第廿九條　私立老人福利機構經主管機關依第十三條第四項規定通知限期改善，逾期仍不改善者，得令其停辦。
　　　　　依前條或前項規定令其停辦而拒不遵守者，再處新臺幣五萬元以上二十五萬元以下罰鍰。
　　　　　經主管機關依前項規定處罰鍰，仍拒不停辦者，處行為人一年以下有期徒刑、拘役或科或併科新臺幣五十萬元以下罰金。
　　　　　私立老人福利機構停辦、停業、歇業或決議解散時，主管機關對於該機構收容之老人應即予以適當之安置，老人福利機構應予配合；不予配合者，強制實施

之，並處以新臺幣三萬元以上十五萬元以下罰鍰；必要時，得予接管。

前項接管辦法，由中央主管機關定之。

第三十條　依法令或契約有扶養義務而對老人有下列行為之一者，處新台幣三萬元以上十五萬元以下罰鍰，並公告其姓名；如涉及刑責，應移送司法機關偵辦：

一、遺棄。

二、妨害自由。

三、傷害。

四、身心虐待。

五、留置無生活自理能力之老人獨處於易發生危險或傷害之環境。

第卅一條　老人之扶養或其他實際照顧老人之人違反前條情節嚴重者，主管機關應對其施以四小時以上之家庭教育與輔導。

前項家庭教育與輔導，如有正當理由，得申請原處罰之主管機關核准後延期參加。

不接受第一項家庭教育與輔導或時數不足者，處新台幣一千二百元以上六千元以下罰鍰，經再通知仍不接受者，得按次處罰至其參加為止。

第卅二條　依本法所處之罰鍰，經通知限期繳納而逾期仍未繳納者，移送法院強制執行。

第六章　附　則

第卅三條　本法施行細則，由中央主管機關定之。

第卅四條　本法自公布日施行。

參考書目

一、中文部分

王正一，《健康快樂 100 歲》，民 88 年，天下遠見出版股份公司，
　　台北。

王瑋等，《人類發展學》（下），民 79 年，華杏出版股份有限公司，
　　台北。

王麗芬編，《 60 歲以後的健康》，民 69 年，國家出版社，台北。

王凱竹譯，《現代人如何奉養雙親》，民 83 年，遠流出版公司，
　　台北。

白秀雄，《老人福利》，民 85 年，三民書局，台北。

全映玉譯，《如何享受老年》，民 83 年，遠流出版公司，台北。

呂麗芬，《不老的身心》，民 84 年，遠流出版公司，台北。

沙依仁，《人類行為與社會環境》，民 72 年，五南圖書出版公司，
　　台北。

沙依仁，《高齡學》，民 85 年，五南圖書出版公司，台北。

李平譯，《經營多元智慧》，民 88 年，遠流出版公司，台北。

李宗幸譯，《老人安養手冊》，民 88 年，洪葉文化事業有限公司，
　　台北。

李開敏譯，《老人福利服務》，民 85 年，心理出版社，台北。

沈定國譯，《你也可以活 100 歲》，民 81 年，方智出版公司，台北。

吳東權，《越老活得越好》，民 87 年，希代出版股份有限公司，台北。

洪鳳儀，《生涯規劃自己來》，民 85 年，揚智文化事業股份有限公司，台北。

徐立忠，《中老年生涯規劃》，民 84 年，三民書局，台北。

施寄青譯，《高齡的魅力》，民 78 年，遠流出版公司，台北。

柯素娥，《老人看護指南》，民 83 年，大展出版社，台北。

姜德珍，《老年心理與自我調適》，1998 年，安徽科學技術出版社，上海。

莫藜藜，《醫療社會工作》，民 87 年，桂冠圖書股份有限公司。

梅可望，《不老的秘訣》，民 86 年，中華民國幸福家庭協會，台中。

梅可望、黃堅厚，《老人生涯規劃手冊》，民 86 年，中華民國幸福家庭協會，台中。

楊國樞、葉啓政，《台灣社會問題》，民 80 年，巨流出版公司，台北。

孫得雄等，《人口老化與老年照護》，民 86 年，巨流出版公司，台北。

彭駕騂，《婚姻輔導》，民 85 年，巨流出版公司，台北。

彭懷真，《婚姻與家庭》，民 85 年，巨流出版公司，台北。

郭靜晃等，《社會問題與適應》，民 87 年，揚智文化事業股份有限公司，台北。

曾文星、徐靜，《精神醫學》，民 74 年，水牛出版社，台北。

陳怡安，《人生七大危機》，民 79 年，洪建全文教基金會，台北。

陳建宇，《台灣十大死因與防治》，民 88 年，聯經出版事業公司，

台北。

程超澤，《社會人口學》，民 84 年，五南圖書股份有限公司，台
　　北。

張笠雲，《醫療與社會》，民 87 年，巨流出版公司，台北。

張英陣等，《社會福利與社會工作》，民 87 年，洪葉文化事業股
　　份有限公司，台北。

張鐘汝等，《老年社會心理》，民 87 年，水牛出版社，台北。

葉至誠，《蛻變的社會》，民 86 年，洪葉文化事業有限公司，台
　　北。

蔡文輝、徐麗君，《老年社會學》，民 74 年，巨流出版公司，台
　　北。

蔡培村，《老人學習與生涯發展》，民 84 年，麗文文化公司，高
　　雄。

廖朝崧、楊基譽，《老人疾病的防治與保健》，民 86 年，正中書
　　局，台北。

詹火生等，《當代社會變遷與社會問題》，民 81 年，國立空中大
　　學，台北。

詹火生編，《迎接高齡社會的挑戰》，民 87 年，桂冠圖書公司，
　　台北。

劉秀娟，《老年家庭》，民 87 年，揚智文化事業有限公司，台北。

劉玲思、許惠仙等，《中壯年生涯規劃》，民 86 年，中華民國幸
　　福家庭促進協會，台中。

謝瀛華，《健健康康過一生》，民 87 年，迪茂國際出版公司。

譚健民，《健康快樂又長壽》，民 87 年，精美出版股份有限公司，
　　台北。

關銳煊，《老人醫療及護理實務》，民 86 年，桂冠圖書股份有限
　　公司，台北。

二、英文部分

Ellis, Albert (1998). *Optimal Aging. Get over. Getting Older.* OpenCourt Publishing Co. Chicago.

Gerike, Ann. E. (1997). *Old is Not a Four-Letters Word.* Papier-Mache Press. U.S.A.

Hendricks, John, & David (1980). *Aging in Mass Society* (2nd edition). Wiuthrgp Pub.Fnc.Ma. U.S.A.

Hess & Markon (1992). *Growing Old in America* (4th edition). Trausaction Publisher. N. Y.

Lauer, R. H. (1998). *Social Problems & the Quality of Life* (4th edition). McGraw Hill Co. N. Y.

Margolis, R. J. (1990). *Risking Old Age in America.* Westview Press.

Marshall, V. W. (1986). *Later Life. The Social Psychology of Aging.* SAGE Publish, Co. London.

Perlmutter, M. & Hall, E. (1992). *Adult Development & Aging.* Willey, New York.

Schrader, C. (1999). *1001 Things Everyone Over 55 Should Know Doubleday.* New York.

Scissons, E. H. (1987). *Happily Even After. Making the Most of your Retirement.* Demner Book Co., New York.

Singleman, C. K. (1991). *Life Span Human Development,* Thomson Information Pub. C.A.

Soroks, M. P. (1995). *Social Problems.* A World At Risk, Allyn & Bacon, Boston.

老人學

著　　　者☞彭駕騂

出 版 者☞揚智文化事業股份有限公司

發 行 人☞葉忠賢

責任編輯☞范湘渝

地　　　址☞新北市深坑區北深路 3 段 260 號 8 樓

電　　　話☞(02)8662-6826

傳　　　真☞(02)2664-7633

登 記 證☞局版北市業字第 1117 號

印　　　刷☞偉勵彩色印刷股份有限公司

初版四刷☞2011 年 9 月

定　　　價☞新台幣 400 元

國家圖書館出版品預行編目資料

老人學＝Gerontology／彭駕騂著. - - 初版.
 - -臺北市：揚智文化，1999〔民 88 〕
    面：　公分. - -（社會叢書；13 ）
  參考書目：面
  ISBN　957-818-052-7（平裝）

  1.老人學

544.8   88012119